■ 2012年受邀FM107.3"教育面对面"
做家庭教育节目专访

■ 2013年在十一学校做"让爱流
动——有效亲子沟通"培训

■ 2013年在人大附中西山学校做"解
密孩童行为信号"讲座

■ 2013年在景山远洋学校做"走
进孩子的心灵"讲座

■ 2012年北航附中家长《杰出教子方程
式：1+2+3+4=?》沙龙

■ 2013 年 3 月北京家长课程合影

■ 2013 年 4 月在北京百万庄图书大厦做亲子沟通培训合影

■ 2013 年 6 月在北京 101 中学做"杰出教子七大工具"讲座

■ 2013 年 6 月为北京考生做中考减压讲座

■ 2013 年在北京海淀外国语实验学校做"心智成就未来"心智训练辅导

■ 2014 年高老师给苏州昆山的家长和孩子做"好习惯成就好前程"的演讲

■ 2014 年 6 月西安——家长分享会

■ 2014 年 7 月在北京大学百年讲堂给孩子们做"好习惯成就梦想"培训

■ 2014年8月杰出心智训练营和孩子们在一起

■ 2015年3月北京苹果园二小"爱的八大误区"家长讲座

■ 2015年北京海淀外国语实验学校家长培训

■ 2015年北京97中教师培训

■ 2015年天津亲子训练营培训

只有家长发生改变，心智模式成熟，

才能从真正意义上塑造孩子健全的人格，令其走向优秀

杰出**教子**
方程式

$$1+2+3+4=?$$

高建伟◎著

杰出教子方程式=1套心智理论+2项教育原则+3个教育秘诀+4种教育工具

反思"教育"真正本源。只要爱对了，爱的伟大和奇迹就会发生，一切都是那样自然和美好

清华大学客座教授 **于丹**	聚智堂教育集团董事长、北大三宽家长教育学院副院长 **杨志**	**倾 情 推 荐**
CCTV中学生频道	中国儿促会"榜样少年"之"榜样家庭"组委会	

中国财富出版社

图书在版编目（CIP）数据

杰出教子方程式：$1+2+3+4=?$／高建伟著．—北京：中国财富出版社，2015.5

（盛世卓越父母大学堂）

ISBN 978 - 7 - 5047 - 5661 - 9

Ⅰ．①杰…　Ⅱ．①高…　Ⅲ．①家庭教育　Ⅳ．①G78

中国版本图书馆 CIP 数据核字（2015）第 079288 号

策划编辑	单元花		**责任印制**	方朋远
责任编辑	邢有涛　单元花		**责任校对**	饶莉莉

出版发行	中国财富出版社	
社　　址	北京市丰台区南四环西路 188 号 5 区 20 楼	**邮政编码**　100070
电　　话	010 - 52227568（发行部）	010 - 52227588 转 307（总编室）
	010 - 68589540（读者服务部）	010 - 52227588 转 305（质检部）
网　　址	http://www.cfpress.com.cn	
经　　销	新华书店	
印　　刷	北京京都六环印刷厂	
书　　号	ISBN 978 - 7 - 5047 - 5661 - 9/G · 0596	
开　　本	710mm×1000mm　1/16	**版　　次**　2015 年 5 月第 1 版
印　　张	16	**印　　次**　2015 年 5 月第 1 次印刷
字　　数	262 千字	**定　　价**　36.00 元

推 荐 序

　　刚认识建伟时是在 2004 年，那时的他还很稚嫩，站在讲台上用几近颤抖的声音给大家分享着一些教育理论和案例。那时的我是被邀请做家庭教育讲师的评委，从他的演讲风格里，感受到更多的是"形式"，"内容"上总是感觉缺点什么东西。从我多年的经验判断——他还没结婚，更没有孩子。一个没有孩子的讲师讲家庭教育，肯定是学来的，讲的都是道理，所以那时的他给人的感觉是青涩而无味。但是他对教育热情、投入、专注、认真的精神打动了我，尽管内容上不够饱满，但是我断言，在未来的家庭领域里一定会有这个小伙子的一席之地！

　　事实上，我的猜测是对的。我是见证着建伟成长的。他十年如一日地在这个领域钻研，他集百家所学：心理学、教育学、哲学、社会学、脑科学、宗教学等学科于一体。在研究各种类型的孩子时，他喜欢追根溯源，在孩子外在表象的背后，研究究竟是什么在影响着孩子的一切言行。

　　就在前几月他拿书稿《杰出教子方程式：1 + 2 + 3 + 4 = ?》给我看，并且兴致勃勃地给我讲"心智"是孩子行为的核心主宰时，我才更清楚建伟研究的人的"心智模式"力量的强大，以及对孩子言行的影响。经过细细地品读这部书稿，我才知道建伟这些年的付出和研究总算没有白费，他终于有了结果。在恭喜之余，我也做了思考。

　　我作为一个研究人的精神领域三十余载的工作者，在全国有名的重点大学从事教育培训工作，我突然想问：什么是教育？教育的本质是什么？孩子们在未来的十年、二十年需要具备什么样的能力来应对他们将来的生活？这些问题充斥着我的大脑，使我久久不寐。如果说，我们的教育是在用一个模板打造人才，这可能不被教育部门所乐见，但确实如此！在清华，有多少个学子在考试上都是尖子，但是在情商上却远不及他的考试能力。说到这里，突然想起了前几年的刘海洋用硫酸泼熊事件，一个在学习上一路绿灯的高智商学子，居然怀着好奇心试验熊的嗅觉，将3只熊烧伤。殊不知这背后，跟智商无关，却跟他的情商息息相关。他是家庭教育的反面教材，从小父母离异，父爱的缺位，让一个高智商的人走向犯罪而不知。

刘海洋用硫酸伤熊的事件在社会上引起了强烈的反响。为我们所有的家长提了一个醒：我们重视孩子的智育，注重给孩子提供丰富的物质生活，但对孩子的爱心培养和道德建设却欠缺和无知。独生子女只知道接受别人的爱，并视为当然，这种教育背景下培养的孩子，易产生冷漠、残忍的情感，对生命不珍惜、形成不良性格。大家想想，像刘海洋的这种行为并不是独一的，比如我们偶尔会看见小孩若无其事地把蚂蚁踩死、把蛤蟆腿扯断、把蜻蜓翅膀拔掉等，如此对生命漠视，长此以往就会成为另外的"林森浩"。

在学校和家庭教育中要有情感教育和尊重、敬畏生命的教育。公民道德是因为情感而产生的自律行为，不是人所强迫的。道德丧失，只能走向违法和犯罪。复旦的高材生因为和同宿舍的人发生了一点矛盾，居然毒杀舍友。这种随意践踏生命的做法丧失了基本的道德情感。道德建设对个人的成长及社会的发展至关重要。试想，如果一个人没有爱心，特别自私，怎么可能全身心爱他的伴侣？怎么会给家庭和社会带来安全和温暖？而这些，学校课本上的教育远远是不够的，这需要走进家庭教育，走进每一个为家长的心里。所以为孩子、为家庭、为社会、为国家，厚德育子我们义不容辞！

《杰出教子方程式：1＋2＋3＋4＝?》这本书全面阐述了孩子的教育定位和教育方向，更难能可贵的是作者更细致地分析出9种心智模式培养和9种习惯养成方法，加上大量案例，做到有理有利有节，育子先育德，德好差不了。这本书审视家庭教育的角度一定会给读者耳目一新的感觉！

清华大学客座教授　于丹
2015 年元月

自　序

不知不觉，我走进教育这个领域已经有 10 个年头了，今天和往常一样坐在工作室里开始记录着我正在教导的几个孩子心智的点滴变化，不觉得有一种莫名的感动：感动孩子能有那么多的激情和热情，让我一直在这个领域坚持着；感动家长们不离不弃的信任和支持，同时也感动自己还那样执着地坚持和守望。

看着为孩子们写过的那些评语，思绪也随着那些朴实动人的文字飘回到了 10 年前。回望那时的我，才刚踏入教育行业，凭着对教育的满腔热爱和坚定的执着，在讲台上稚嫩地挥洒着对教育的热忱。时至今天，当我离自己最初的教育梦想越来越近的时候，真的由衷感谢那些在我的生命中出现的每一个家庭、每一个孩子。是他们，教会了我怎样更好地理解伟大的教育；是他们，成就了我伟大的教育梦想；也是他们，照亮了我踽踽独行的教育前程！

还记得在若干年前，一位妈妈问我："高老师，教育孩子那么辛苦，你不觉得累吗？"

"你看见过大夏天中午有人在篮球场上打篮球吗？"

"看见过。"

"那你觉得打篮球的那些人累吗？"

"应该不累！"

是的，因为喜欢所以不累，因为愿意所以追求！

在我面前的墙壁上正是若干年前问我问题的妈妈和他儿子的照片。照片中妈妈比若干年前笑得更灿烂了，而他的儿子比若干年前更自信了，而他就是我的学生王磊（化名）。依稀记得六年前第一次碰面，他像一只随时要把自己包裹起来的刺猬，露出一双胆怯的双眼不停地观望着。王磊妈妈言语中透露出来的焦急与无奈，让我感受到妈妈对于孩子的绝望和对家庭的失望。

"没自信、封闭、磨蹭、懒惰、乱发脾气……"这是王磊妈妈当时对王磊的形容。面对着忧心忡忡的妈妈、似乎无可奈何的孩子，我的心深深地被触动了。当时，我问王磊妈妈："你相信自己的孩子能改变吗？"她很坚决地回应说："相信！"感谢妈妈的相信，正是这样的信念，让这个家庭在未来的六年发生了翻天覆地的变化。

王磊持续参加了 10 期训练营、3 期好心智好习惯训练营。在和我慢慢熟悉、建立教练关系的过程中，我惊喜地觉察到了他的进步和变化。王磊妈妈也会经常和我分享孩子每一点一滴的进步：

"高老师，今天磊磊主动帮我拖地。"

"他今天跟 3 个小伙伴做游戏，在里面充当队长。"

"他今天没有因为我没给他买玩具而发脾气。"

"他现在学习一点都不用我们费心，而且还获得了全国华罗庚数学竞赛二等奖。"

"他终于如愿以偿地考上了北京四中。"

每每听到这些，我都深感爱的伟大和神奇，只要爱对了，一切都是那样的自然和美好，让我的内心当中感受到成长的喜悦和快乐。

回首过往，我看到的不仅仅是孩子的喜人变化、家庭的成熟，更深切地感悟到了这些背后的教育的力量。我不得不总结和反思：教育是什么？

在科技高速发展的今天，学校和家长被灌输了太多急功近利的思想，而我们同样把这种急切表达在了孩子身上，渴望追求一种一蹴而就的教育成果。他们希望孩子成才，却又拼命"阉割"孩子生命的能量；让孩子在温室里成长却渴望孩子能经受风雨；让孩子在物质上当上皇帝精神上却成为奴隶；家长骨子里希望孩子平安（平安即平庸），却又渴望孩子不平凡！

为了适应当下所需，忽然之间，各种所谓的神奇教育"大法"铺天盖地而来，此起彼伏。到底怎样的教育才是正确的教育，这是我时常会反省的问题。

王磊一家的经历，给了我许多感悟。当有人问起我们是如何培养出这样一个出色的孩子的时候，坦率地讲，我不敢贪天之功为己有。王磊的转变首先是因为他妈妈的学习和进步，在此期间虽然妈妈也有过焦虑哀叹和伤心失望，但妈妈很快就找到了拯救孩子和拯救自己的正确法门。

妈妈投入学习的时间并不比孩子少，妈妈经常会说，"我改变了，孩子一定会改变"。妈妈是这样说的，也是这样做的。当妈妈对孩子执着的相信、当妈妈学会悦纳、当妈妈学会了正确地爱的时候，孩子拥有了坚实的后盾。

来自家庭的伟大而坚定的爱让孩子找回了真正的自己；孩子回报给父母的，是自主高效的学习和优异的成绩、良好的人际关系和成熟的心智；而我所做的，无非是提供了一面镜子，时刻让家长审视和整理自己的思想。6年时光，对于一个孩子来说有多么重要！对于一个家庭来说又是多么漫长！可是他们都义无反顾地坚持下来，最终喜尝硕果。

教育，是没有终结的"持久战"。突然想到了"润物细无声"这句诗，来形容教育再好不过了。"润"讲究的是浸染，如何浸染，要"细水长流"，粗看似软弱，力量却是坚韧长久的。任何事情都容易改变，唯有心之改变却很艰难。"水滴石穿"让我们看到的是一种柔弱的力量对强硬者的改变。

这种改变让每个人感动！

王磊妈妈的坚信和支持就如同水，流过总会有痕，久了必有印记。经营教育这么多年，从中获得的感动就如同"水滴石穿"后的惊喜、执着的前行、温和的感化、静心的体会。如果把教育当成一项事业的话，我认为它需要以一颗温和、淡然、执着之心来经营。

仅就王磊的经历让我发现，家庭教育的持久和心智教练的感化共同塑造了一个优秀的孩子。这种共同之处绝非偶然，而是文化的自然切合，是父母之爱和教育之传统理念的融合。中国传统文化中沉淀的很多智慧无不透露着教育感化的气息。

我从道家的智慧中真切体会到教育是真实的、温和的、传统的、柔软的，像水一样细腻，存在于每个缝隙里。顺应天道，自然天成。这样的体会和现在社会推崇的主流思想超越、灌输等伪思想有些许冲突，但是细细想来，儒家的"德""仁""和"的思想很多时候也是解决当前社会问题的重要依托。而作为树人之教育更不应该摒弃这些传统而鲁莽地随波逐流。

10年了，接触孩子心智的10年，时光如水，冲刷了很多记忆，而置身教育数年，总有些东西无法割舍，如那水抚过的沙滩般，渐渐地沉淀、沉淀。很感谢王磊一家带给我的感动，妈妈的执着、孩子的温暖、爸爸的深沉。

当然，王磊一家是千万家庭中的一个，有更多的家庭正在用水一般的温柔之爱浸润着孩子的心。一路走来，从事教育、教育别人，瞬间回头，发现竟被教育感化。10 年的教育，拂去了我心头的尘土，让我抛却了世间的浮华，心也变得更加安宁。

眼前浮现一幅画面，许多的父母，急切地在世间找寻开启孩子智慧之门的钥匙，而历经艰难，无一例外的发现，那枚钥匙，其实一直就藏在自己的口袋里！

高建伟

2015 年 1 月

导　读

　　对于所有的家长而言，如何培养出优秀的孩子，如何塑造孩子健全的人格，如何帮助孩子真正从精神上摆脱父母的依赖，促使其走向心智成熟与独立，这是一个值得深思与探讨的共同话题。本书在对现代家庭教育现状进行深入调查的基础上，列举了大量真实、生动、富有针对性的教育案例，旨在为广大家长提供一套完善的、符合人性发展的教育解决方案，让孩子在成长的过程中获得最大的心灵支持，形成健康的自我！

　　所谓"教子方程式"，概括而言，即"1套心智理论＋2项教育原则＋3个教育秘诀＋4种教育工具"。本书立足于现代家庭教育理论和实践，从现代家庭教育定位、心智理念、教育原则、教育秘诀、教育工具、九大心智、习惯培养7个方面入手，把大脑科学、心理学与教育实践融为一体，系统地阐述了孩子心智成长规律，致力于通过科学的心智教育促进孩子的成长成才！

　　在现代家庭教育中，孩子普遍存在着不同程度上的心理障碍和性格缺陷，诸如胆小懦弱、自我封闭、性格急躁、优柔寡断、以自我为中心、自制力差、缺乏独立思考意识……于是我们不禁要问，是什么原因造成了孩子的性格缺陷？真正的原因在于孩子缺乏成熟健全的心智模式。心智模式是一个人思想方法、思维习惯、做事风格、心理素质、性格倾向的反映，也是一个人成功的重要前提。因此，家长必须要重视对孩子心智的培养，这关乎孩子一生的前途和命运！

　　本书最大的特色在于，紧贴当下现代家庭教育现状和热点话题，深刻指出家长对子女教育问题上的偏见和盲区，对家长面临的种种教育困惑进行了客观翔实、系统全面的分析和讲解。本书融严肃性与通俗性、专业性与趣味性于一体，以抽丝剥茧的方式揭示了教育的本质和真相，引领家长彻底打破传统教育观念的桎梏，同时为广大家长提供了许多可操作性强的教育策略和方法。

本书作者高建伟，中国科学院儿童发展与教育心理学硕士，国家注册心理咨询师。从 2004 年开始致力于家庭教育领域研究，主要研究亲子关系、心智成长。2007 年师从李中莹老师系统学习 NLP（神经语言程序学）课程，10 年来先后参加国内外著名心理导师的工作坊，接触了上万孩子，帮助了上千家庭，具有 9000 余小时的授课经验，近 100 期青少年训练营经验，是实战派儿童青少年心智培养专家，其教学风格生动、讲解清晰、语言丰富。主讲课程有《让爱流动——有效亲子沟通》《解密孩童的行为信号》《男孩女孩的教养差别》等。

本书将重点阐述：如何对孩子进行正确的教育定位，帮助家长走出家庭教育的盲区和误区；如何培养和塑造孩子健全的心智模式，有效激发孩子的潜意识；如何增进亲子关系，让孩子在潜移默化中建立完善的心智认知；如何培养孩子正念、利他和延迟满足的能力，从而塑造出孩子的完美性格；如何给孩子提供一个积极正面的教育环境，构建和提升孩子的心智模式；如何培养孩子的健全人格和高贵品质；如何培养孩子良好的生活习惯和行为习惯，让孩子在成长道路上获得更多的健康和快乐……

目　录
CONTENTS

第1章

重新为现代家庭教育定位：
你真的了解自己的孩子吗

追寻教育的真谛： 你真的了解自己的孩子吗

在我从事教育咨询的过程中，经常有家长向我反映各种各样的问题，比如：孩子的自制力很差，经常贪玩，不能沉下心来学习；孩子做事总是畏首畏尾，遇到不会的题目不敢问老师，怕被老师训斥；孩子总是粗心大意，考试的时候不该错的题错一堆；孩子讨厌上学，不喜欢学习，对与学习相关的事情不感兴趣；孩子做任何事都喜欢拖拖拉拉、磨磨蹭蹭，如同有拖延症一般；孩子的自理能力差，凡事喜欢依赖别人，不能独立解决问题……凡此种种，不胜枚举。

根据心理学和教育学等相关的研究，一个人的心理和行为除受先天遗传因素影响外，后天的教育和培养也起着至关重要的作用。而之所以上面的家长会对自己的孩子有如此多的抱怨，很大程度上是因为他们对自己的孩子并没有足够的了解，没有采取具有针对性的正确的教育方式。

1. 家长容易出现的教育误区

如果说孩子的教育是一项系统工程的话，那么，家长必然是这项工程的首席工程师，于是，"工程师"的"施工"理念和措施也就决定了"工程"质量的好坏。教育界有这样一句话："人生而具备为人父母的本性，却未必具有教育子女的能力。"家长在孩子的教育过程中经常容易走入一些误区（如图1-1所示），而这些误区常会影响教育孩子的质量。

（1）期望虚高，喜欢攀比，脱离孩子的实际情况

由于目前我国很多家庭都只有一个孩子，于是，大部分家长便对孩子的

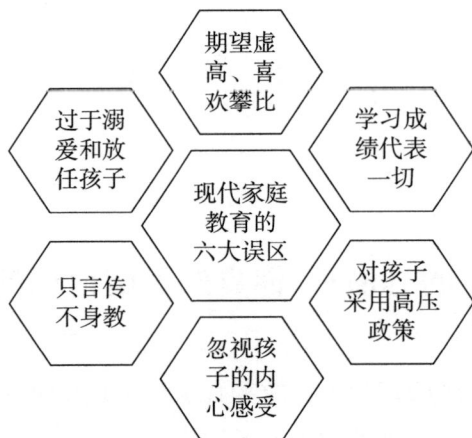

图1-1　现代家庭教育的六大误区

期望虚高，认为孩子"输不起"，一味地对孩子高标准、严要求。还有很多家长经常自诩自己如何如何爱孩子，但在实际的表现当中"爱面子"要远远胜于"爱孩子"，喜欢拿自家的孩子与别人的孩子进行比较。

世界上没有两片相同的树叶，也没有唯一的培养标准。每个孩子都是与众不同的，不仅生理调节不同，他们的兴趣、爱好以及所擅长的领域也各不相同。所以，家长应该视孩子的实际情况培养孩子，让孩子的潜力得到充分发挥。

（2）学习成绩至上，忽略孩子身心健康和品德的养成

我们看一下周围的家长，就会发现他们谈论最多也最关心的就是孩子的学习；我们看一下周围的孩子，发现他们每天做得最多的事情也是学习，除了日常的学校学习外，他们还要参加各种各样的辅导班，"学习成绩"似乎已经完全成为了父母教育的指挥棒。

虽然孩子青少年时期以及之前的阶段，奠定良好的学习基础是主要的任务，但却并非唯一的任务。从清华大学学生的"硫酸泼狗熊"事件到复旦大学研究生的"毒杀室友"事件，这令人触目惊心的一幕幕让我们不得不反思：我们只重视学习，培养出来的孩子是优秀的吗？是成功的吗？是于社会有益的吗？

（3）强迫孩子学习，久而久之，令孩子厌倦学习

我们打开电视机，就会发现这个社会竟然有如此多的神童，他们小小年纪就拥有可与成人相比的知识量，除了震惊、赞叹，我觉得我们也应该反思："伤仲永"的故事会不会重演？

孩子在幼年时期会葆有对未知事物的浓厚兴趣，这个时期如果家长进行适当的指引，确实可以为其以后的发展打下比较好的基础，但家长更应该注意方式和方法，因为，强行塑造孩子只能获得短期的功利，于孩子一生的发展无益。

（4）唠叨、指责多于倾听和表扬，忽视孩子的内心感受

大部分家长经常声称自己"凡事以孩子为中心"，但在实际的教育过程中却是以家长为主导，这种家长主导的教育方式主要体现在两方面：第一，唠叨自己的种种抱怨，而不倾听孩子内心的想法；第二，当孩子犯错时急于指责孩子，当孩子进步时却疏于表扬孩子。

很多家长在孩子的表现未能如自己所愿时，不倾听孩子的解释，还会习惯性地使用"你怎么这么笨！""真是猪脑子！""你太没出息了！"之类的语句责骂孩子，这样不仅容易伤害孩子的自尊心，还会造成家庭关系紧张，让孩子产生叛逆心理。

（5）只顾言传要求孩子，忽视律己及身教

在本章一开始，列举了一些家长提出的问题，事实上，一些家长对孩子的不满也存在于家长自身的行为当中。

很多家长在家庭教育当中会为孩子制定各种"规矩"，比如：按时作息，锻炼身体，讲究卫生，不说脏话，乐于助人，但实际上自己却有可能一点也做不到。对于年幼的孩子来说，他们并没有明确的是非观，而且他们喜欢模仿成人的行为，有时孩子说出一句脏话，有可能他并不知道这句话的意思，仅仅是因为家长经常说这样的话。在孩子的教育过程中，家长一定要谨记：如果你希望孩子成为什么样，你自己就应该是这个样的。

（6）教育方式不当，过于溺爱或放任不管

根据心理学的研究，亲子依恋可以分为安全型、反抗型和依赖型三种，在这三种依恋当中，安全型是最适合、最有利于孩子长远发展的。对于亲子依恋的其他两种类型所体现的其实也正是两种错误的教育方式——过于溺爱或放任不管。

俗话说"庭院里跑不出千里马，温室里长不出参天松"，如果过于溺爱孩子，表面上看上去是为孩子营造了安全舒适的成长环境，实际上既不利于孩子的健康成长，也不利于其潜能的发挥。而父母如果以工作繁忙等为借口对孩子放任不管的话，也容易使孩子成长的过程过于缺乏关爱和教育，容易误入歧途。

2. 家长应遵循的教育规律

虽然个体之间存在明显的差异，每个孩子的教育都应该因材施教，但个体的身体发展须遵循一定的规律，家长在孩子的教育过程中首先应遵循这些规律（如图 1-2 所示）。

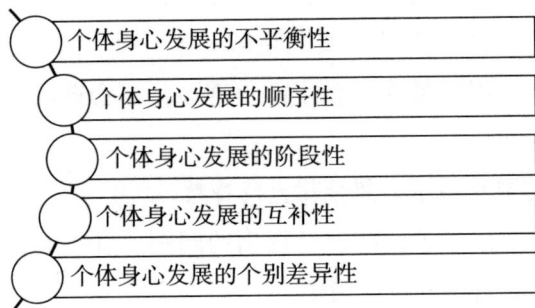

个体身心发展的不平衡性

个体身心发展的顺序性

个体身心发展的阶段性

个体身心发展的互补性

个体身心发展的个别差异性

图 1-2　家长应遵循的教育规律

（1）个体身心发展的不平衡性

人的身心构造是复杂的，其发展也是不平衡的，这种不平衡性主要体现在两个方面：第一，身心某一方面在不同年龄阶段的发展不平衡，比如，人的身高体重与不同年龄阶段的增长速度是不同的；第二，身心不同方面的发展不平衡，比如，个体心理方面的发展顺序基本是感知觉在先，思维和情感在后。

个体身心发展的不平衡性，决定了家长应该有针对性地对孩子进行培养和教育，只有这样才不会错过孩子个体身心发展的最佳时期，起到事半功倍的效果。

（2）个体身心发展的顺序性

个体的身心发展具有一定的顺序，比如，美国心理学家柯尔柏格的研究发现，个体的道德会经历前世俗水平到世俗水平再到后世俗水平的发展过程，在身心发展的其他方面也具有类似的顺序性。

而这也就决定了家长在对孩子进行教育时，应该遵循其所处年龄阶段的身心特点，以防造成"揠苗助长"等不利于孩子长期发展的情况。或者，在家长不了解孩子所处阶段时，误会孩子想要表达的意思。

（3）个体身心发展的阶段性

个体身心发展的阶段性指的是个体在每一个阶段都呈现出不同的特征、存在不同的矛盾、面临不同的发展任务，而个体的阶段与阶段之间则起着前后承接的关系，前一阶段的发展会影响后一阶段的发展。

美国心理学家埃里克森就曾经把人的发展分为八个阶段，认为每一阶段都有一个特殊矛盾，矛盾的顺利解决是人格健康发展的前提。比如，他认为婴儿期的主要任务是获得基本的信任感，克服基本的不信任感，而家长就应该满足孩子的这种需要。

（4）个体身心发展的互补性

由于人体是一个有机组成的系统，所以各个部分之间具有一定的关联。个体身心发展的互补性，一方面是指当机体的某些功能受到损伤的时候，其他方面会超长发挥进行补偿，比如，我们经常发现盲人的听觉、触觉和嗅觉更加灵敏；另一方面是指个体的心理会弥补生理的不足和限制，比如，坚强的意志能够帮助人克服疾病的折磨。

因此，家长一方面应该正确对待孩子生理方面的发展，另一方面应该注意培养孩子坚强的意志、豁达的心胸。

（5）个体身心发展的个别差异性

个体身心发展的个别差异体现在很多方面，比如，不同性别、年龄、种族的个体之间都存在差异，这些差异往往是由很多因素综合影响的。

而这也就决定了家长在孩子的教育过程中应该正确看待自己的孩子，发挥他的优势，弥补他的不足，多关注他自我的成长，而非过于看重他与其他孩子之间的差异。

教育孩子， 首先要给孩子做好正确的教育定位

一提到孩子的教育问题，我们都希望能够获得有效的教育方法，但我认为比教育方法更重要的是教育的定位。如果将教育比作行程的话，教育方法就类似你所采用的交通工具，而教育定位则是你此次行程的目的地。如果一开始你就选择了一个错误的目的地，即使采用便捷的交通工具又有什么用呢?

有一个母亲，她最大的理想就是把自己唯一的儿子培养成一名优秀的科学家，因为她觉得只有科学家才是最成功、最有用的人。于是，为了给儿子塑造这个美好的前程，她表现出了坚定的决心，并付出了极大的努力。

在儿子很小的时候，她就开始给儿子灌输各种知识；当儿子大一点以后，她就花钱给儿子买书、请家教。工作之外，她没给自己留一点娱乐的时间，把所有的精力都投入到了儿子身上，儿子的童年也不像别的孩子那么无忧无虑，大部分时间都在做一件事，那就是学习。最终，这位母亲的努力没有白费，当同龄孩子还在读初中的时候，她的儿子就被一所名牌大学录取了。为了照顾儿子的生活，也为了实现她帮儿子建造的科学家梦想，这位母亲甚至辞去了工作，搬到了儿子就读的大学旁边，照顾儿子的生活起居，更为了监督儿子的学习。

有一天，有一个邻居觉得这个男孩小小的年纪每天学习这么辛苦，就买了一个风筝送给他，儿子也很高兴，拿着风筝出去玩了一会儿。没想到这位母亲发现后竟然大发雷霆，不仅严厉地训斥了儿子，而且把风筝折断扔到了垃圾桶里。儿子所就读的学校曾提议让儿子搬进学校的宿舍，以更有利于他与同学之间的沟通和交流，但也被母亲拒绝了，她认为住进宿舍儿子需要自己照顾自己，而且宿舍内干扰太多，都会影响学习。经过四年大学期间的努力，儿子考入了中国科学研究院，眼看让儿子成为科学家的理想即将实现，悲剧却发生了。长期以来，由于事事母亲代劳，儿子进入中科院以后不仅无法照顾自己的生活起居，而且不会

处理跟同学之间的关系，学习成绩也一落千丈，最终，被劝退回家。

谈到教育的定位，我们经常会看到这样一个对比东西方教育定位的对话：

　　一对美国父母问自己的孩子："宝贝，长大以后你想成为一个什么样的人？"孩子回答说："我希望成为一个小丑演员。"父母接着问道："你为什么想当小丑演员呢？"孩子回答说："因为他可以带给大家快乐。"这对美国父母微笑地望着自己的孩子："宝贝，你的心愿真美，爸爸妈妈相信你长大以后一定会成为最让人喜欢的小丑演员的。"

　　一对中国父母也问自己的孩子："孩子，你的理想是什么？"孩子回答："我想当一名小丑演员。"父母听到孩子给出这样一个答案，非常不满："这算什么理想！真是没出息！"

看完这样截然不同的对话和上面的案例，也许我们应该反思一下我们的教育定位了：是否只有把孩子培养成精英的教育才是成功的教育？是否成为小丑演员真的是没出息的理想？当我们周末带着孩子去上辅导班，晚上陪着孩子挑灯写作业的时候，我们有没有考虑过孩子想要成为什么样的人？

要给孩子做好正确的教育定位，家长不妨先自问以下几个问题：

1. 你明确地知道自己想把孩子培养成什么样的人吗

虽然各个家长都在努力地培养自己的孩子，但未必所有家长都清楚自己的培养目标，有的家长的培养目标是让孩子考上大学，找一份好工作；有的家长希望自己的孩子拥有良好的人格和社会责任感；有的家长不清楚自己想把孩子培养成什么样，认为"树大自然直"，孩子大了就自然能够成才；还有的家长的培养目标变来变去，今天希望孩子成为科学家，明天希望孩子成为奥运冠军，后天又想让孩子成为歌唱家。

2. 你认为在人的一生当中最重要的是什么

家长对这个问题给出的答案不同，其对于教育定位的考虑也会有所不同。

3. 你知道怎样才能取得优秀的分数吗

几乎每一个家长都认为孩子的学习很重要，但好的学习成绩究竟是由智商决定的，是由学习习惯决定的，还是由努力程度决定的，家长们的答案也许并不相同。

4. 你为什么希望孩子学特长

学习辅导班和特长培训班几乎成了立在孩子面前的两座大山，但家长让孩子学习特长是希望将孩子培养成大师级的人物，是提升孩子的修养，还是因为看见别的孩子学，怕自己的孩子不学就跟别人有差距呢？

5. 你为什么从小就让孩子学英语

目前国内对英语的学习几乎到了极为热烈的程度，尤其是幼儿英语的辅导班更是随处可见，但也许并不是每一位家长都明白自己为何这么做。

6. 你知道个体身心发展的规律吗

不管是任何学习，都应该以孩子的身心发展为前提，当孩子年龄尚幼，接受能力有限的时候，让孩子学习一些难度过高的内容，不仅不利于孩子的发展，还有可能挫伤孩子的积极性和学习兴趣。

7. 你是不是总容易发现孩子身上的缺点

很多家长一边声称爱孩子，一边又以吹毛求疵的态度放大孩子的缺点和错误。实际上，孩子身上的缺点需要家长以包容的态度进行引导和纠正。

8. 你觉得自己培养孩子的方式过于急功近利吗

如果为人父母也算一种职业的话，这应该是一种最简单同时也是最难的职业。对孩子的培养应该立足于长远的发展，不能急功近利。

教育的关键期：　童年教育决定孩子的未来发展

我在做家长讲座的过程中，总是更倾向于向低年龄阶段孩子的家长传达教育的理念和方法，其实，这并不仅仅因为"预防大于纠正"，还因为孩子教育的关键期正是在童年，童年教育会决定孩子的未来发展。

有这样一个故事：

有一名大盗，奸淫掳掠，无恶不作，在当地可谓臭名昭著，政府花费了大量的人力、物力和财力，用了几十年时间才抓到他，最后决定将他处以绞刑。按照规定，死刑犯在行刑之前可以提出一个愿望，如果政府觉得愿望合理的话，可以满足他的愿望。令所有人都没想到的是，这个杀人如麻的大盗的最后愿望竟然是见自己母亲一面。人们纷纷猜测，也许这个大盗还留存一丝人性，仍然对他的母亲有很深的感情。

于是，政府便在大盗行刑之前带他的母亲到刑场来看他。只见大盗将母亲紧紧地拥抱着，似乎在跟母亲说什么话。突然，她的母亲惨叫了一声便倒在地上，脸上沾满了鲜血，而此时大盗的嘴里咬着他母亲的一只耳朵。就在众人错愕之时，这名大盗吐掉嘴里的耳朵，对众人说："你们抓错了人，你们应该抓的人是她，如果不是她在我童年时给了我错误的教育，我不会变成今天这样！"

原来，这位大盗出生不久他的父亲便去世了，他的母亲一个人带着他，日子过得非常穷困。有一天，他发现自己的铅笔用完了，便向同学借了一支，回家之后，他对他的母亲说："我今天问同学借了一支铅笔，但我忘记还给他了，明天我带到学校还给他吧?"他原本以为自己这样做会得到母亲的表扬，谁知道母亲竟然训斥道："你傻吗? 我一个人带着你这么不容易，我们家这么穷，拿别人一支铅笔怎么了，以后你需要什么问同学借就行，他们不借给你，你就抢，被你抢到的东西就是你的，他们打不过你是他们活该。你现在不能给母亲赚钱，这样也算省钱了，我就可以少辛苦一点。"

后来，这个大盗便按照他母亲说的去做，有需要的、喜欢的东西他就去抢，如果别人不给，他就使用暴力。慢慢地，他开始偷盗，甚至杀人，直至罪恶滔天，彻底泯灭了人性和良知。

根据心理学、教育学以及生理学领域的研究，婴幼儿时期是大脑发育的关键期，如果此时对其进行适宜的刺激，将更有利于大脑的发育。也就是说，如果在孩子年幼的时候进行合适的教育，那么，他们将表现出巨大的潜能，更有利于他们一生的发展。

不过，孩子的教育应该是一个慎而又慎的过程，研究成果的"可行性"并不代表实践过程的"科学性"，家长对孩子在童年期所进行的教育应该对教育的定位、方法等进行综合的考量。目前，很多家长也意识到了童年教育的关键作用。

于是，想尽办法让自己的孩子不输在起跑线上，小小年纪就教他认字、算数、外语，给他报各种各样的辅导班、特长班。而短期内孩子的发展也令家长们十分欣慰，不仅能够认识很多汉字，会算基本的数学题，背诵诗词歌赋，还能够说出流利的英语……

但是令家长们津津乐道的这些孩子们的"天才"之举，却未必真的对孩子的长期发展有益。有一些具有相当难度的知识，虽然通过大量的重复，孩子可以暂时记住，但未必能够真正理解吸收，这样不仅容易做"无用功"，甚至有可能起到反作用，打击孩子学习的积极性和主动性。

在 1987 年的诺贝尔奖颁奖仪式上，有人问一位诺贝尔奖获得者："请问您认为您这一生受益最深的是哪所大学的哪个实验室?"这位已经上了年纪的学者微笑着摇了摇头说："不是任何一所大学，是幼儿园。"提出问题的人不解道："我不太明白，您能解释一下为什么是幼儿园吗?

在那里您学到了什么重要的东西呢?"这位老学者回答道:"我在那里学到了让我终身受益的东西,比如:自己的东西要摆放整齐,要乐于和伙伴分享,不拿不属于自己的东西,要讲究卫生,当伤害了别人应该道歉,午饭以后应该休息,要留心观察大自然……"

上面这个案例令人惊诧之处正在于一位诺贝尔奖获得者,认为自己受到的最重要的教育是童年时期所接受的教育,而且教育的内容基本与知识的学习无关,主要是习惯和品格的塑造。虽然国外也极为重视童年时期的教育,但与国内不同,国外的家长教育的重点在于为孩子创立一个有利于学习的宽松又自由的环境和氛围,而不主张单纯地灌输知识。

我认为作为教育践行者的家长们首先应该明确孩子童年教育的目的是有利于其终生的发展;教育的内容应该基于他们所处年龄阶段的特点,并综合考虑孩子的兴趣和需要;教育的方法应该注重引导和启发;在教育的过程中,要额外注重孩子自信心和主动性的培养。正如 21 世纪国际教育委员会所提出的"判断最初的教育成功与否,应该看是否提供了有助于终身继续学习的动力和基础"。

基于童年时期个体的身心特点,我认为童年教育应该包括以下几方面的内容(如图 1-3 所示)。

图 1-3　童年教育训练内容

1. 身体机能的锻炼

任何的学习和个人的发展都应该以健康的体魄为前提，家长在孩子童年时期应该注重培养其良好的运动习惯。

2. 语言方面的启发

上面已经提到过不主张在孩子年龄比较小的时候就强迫其机械地学习语言，但由于语言发展的关键期之一在童年，家长可以为幼儿营造一个有利于语言发展的氛围，注重对其进行语言方面的启发。

3. 认知相关的训练

为了满足孩子的好奇心，促进其大脑的成熟和发展，家长在孩子童年期可以对其进行适当的认知训练，但切记方法应该讲求多样性和趣味性，比如，带孩子到野外认识丰富多彩的动植物，了解它们的生活习性。

4. 情感和品德训练

就目前国内的家庭教育而言，情感和品德方面的教育一直比较欠缺，独生子女家庭的增多，使家长容易过于宠溺孩子。首先，家长应该教育孩子如何表达和控制自己的情绪；其次，家长应该培养孩子的理智感、道德感和美感；最后，家长应培养孩子良好的品德。

5. 生活自理能力训练

同品德方面的教育一样，生活自理方面的能力也是近些年我国家庭教育所缺失的，良好的生活自理能力不仅有助于发展孩子的肢体，培养孩子良好的生活习惯，而且有助于发展孩子的独立性和同理心。

6. 社交能力训练

家长可以通过角色扮演游戏等培养孩子的社交能力，让孩子学会与他人分享、合作，并培养他们的集体责任感和团体荣誉感。

教育的根本目的：培养孩子健全的心智和人格

在现代家庭教育的过程中，许多父母都会在教育孩子的问题上产生诸多困惑，正如美国著名心理学家罗伯特·斯坦伯格所说，几乎所有的父母都是在凭借自己的直觉教育孩子。在从事儿童与家庭研究 30 年的时间里，斯坦伯格博士认为，孩子的心智、认知、人格是否健全，与孩子的成长环境和教育环境有着不可分割的密切联系。换言之，教育的根本目的，就在于培养孩子健全的心智和人格。

然而，在孩子成长的过程中，对孩子的心智培养和教育始终没有引起家长的足够重视，因而也就造成了孩子心智不成熟、产生人格缺陷等问题，比如，缺乏自信、胆小懦弱、做事拖沓、缺乏爱心、不思进取、虚荣攀比等坏习惯。

1. 造成孩子心智人格不健全、不成熟的原因

（1）从小娇生惯养

现在的孩子大都是独生子女，从出生起就被爸爸妈妈捧在手心里，只要孩子高兴，爸爸妈妈必然是有求必应、百依百顺，再加上爷爷、奶奶、姥姥、姥爷的娇宠，现在的熊孩子们已经无法无天了，不仅常常以自我为中心，还容易形成嫌贫爱富、贪慕虚荣的坏习惯。

（2）对孩子的心智和人格的教育起步晚

提到培养孩子的心智和人格，有的家长认为孩子还太小，这么早就着手

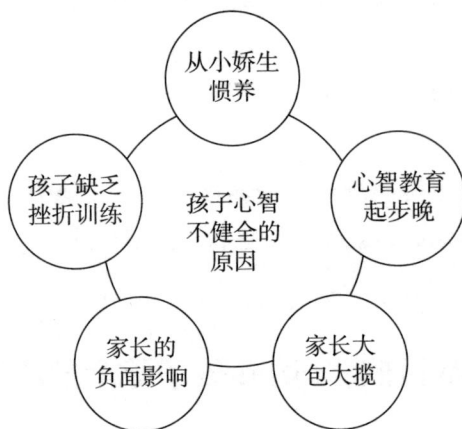

图 1-4　孩子心智不健全的原因

培养孩子的心智他也不懂，等孩子长大些再做也不迟。其实家长的这种理解是错误的，心智和人格的培养是在长时间内慢慢积累和磨炼出来的，当孩子开始记事的时候，家长就应该着手于孩子心智和人格的培养和教育了。当然也有的家长采取了另一种极端的做法，为了让孩子不输在起跑线上，他们每天都为孩子安排了大量的学习课程，让孩子读书、写字、画画、练乐器，每天满满当当的课程压得孩子喘不过气来。这种做法也是不对的，是一种粗暴式地揠苗助长，让孩子失去了成长的快乐。

（3）家长对孩子的事情大包大揽

从孩子出生起，家长就给予了无微不至的关怀和照顾，在孩子成长过程中，有的家长依然学不会放手，只要是孩子的事情就习惯性大包大揽，长此以往，孩子逐渐养成了衣来伸手、饭来张口的坏习惯，只要一遇到事情就会想要依赖父母。这样的孩子怎么能期望他将来取得大的成就呢？

（4）受家长的影响

家长是孩子的第一任老师，家长的一言一行都会影响到孩子。有的家长本身心智就不是很成熟，表现出自信心不高、爱慕虚荣、办事马虎、不思进取等，他们在孩子心目中已形成了一个坏的影响，让孩子也会有样学样，这样很难让孩子形成一种良好而健全的心智。

（5）家长没有让孩子接受必要的挫折训练

孩子在成长过程中总会遇到各种各样的挫折，当孩子遇到挫折的时候，家长们所做的不是鼓励和引导孩子如何认识和战胜挫折，而是帮孩子找各种失败的理由，最终的结果就是孩子选择了退缩和放弃。当孩子和小伙伴之间因为一点小事发生矛盾时，家长们通常做的不是教育、开导自己的孩子，从孩子自身上找原因，而是情绪冲动地去找对方理论，为自己的孩子出气。以后孩子一遇到困难首先就会想到放弃，总认为自己是对的，总为自己的失败找借口。

要培养孩子形成健全的心智和人格，离不开家长们的教育。研究表明，缺乏父母关爱和教育的孩子与其他孩子相比发育得要差。父母如果长期不跟孩子待在一起，那么就会极大地影响孩子的身心健康和智力发育，也不利于孩子健全人格的培养。因此，父母的家庭教育有助于孩子心智的发育和人格的健全。

2. 帮助孩子培养和塑造健全的心智和人格，为以后拥有健康快乐的生活奠定基础

如何培养孩子健全的心智和人格？如图 1 - 5 所示。

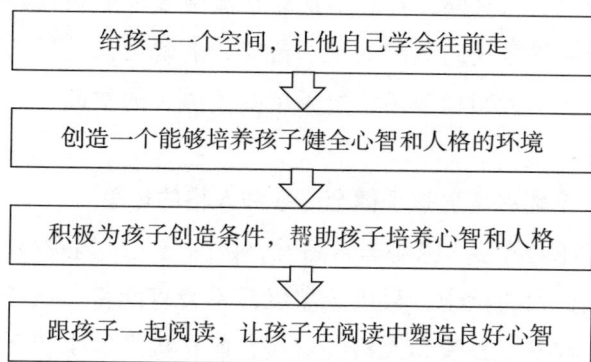

```
┌─────────────────────────────────────┐
│  给孩子一个空间，让他自己学会往前走    │
└─────────────────────────────────────┘
                 ⇓
┌─────────────────────────────────────┐
│  创造一个能够培养孩子健全心智和人格的环境 │
└─────────────────────────────────────┘
                 ⇓
┌─────────────────────────────────────┐
│  积极为孩子创造条件，帮助孩子培养心智和人格 │
└─────────────────────────────────────┘
                 ⇓
┌─────────────────────────────────────┐
│  跟孩子一起阅读，让孩子在阅读中塑造良好心智 │
└─────────────────────────────────────┘
```

图 1 - 5　如何培养和塑造孩子健全的心智和人格

（1）给孩子一个空间，让他自己学会往前走

孩子刚出生的时候都是喜欢母亲的怀抱的，但是他不可能永远都生活在母亲的怀抱中，总有一天他需要离开父母的庇佑，学会自己独立成长。因此，随着孩子一天天长大，家长应该学会放手，给孩子一个成长的空间，让他走出你的庇护，奔向更广阔的明天，这样才能有益于他的成长和发展。但是在现实生活中，许多家长要真正做到这一点并不容易。

有一次，爸爸带着孩子去公园玩，他们在公园玩得不亦乐乎。到回家的时候，爸爸本想将孩子在公园骑的小三轮车放在出租车后备箱，但是孩子忽然跟爸爸说："爸爸，我想要自己骑着小三轮车回家。"

对孩子提出的这一要求爸爸一方面感到很惊讶，另一方面又很担心，心想：路程这么远，孩子这么小，会不会累坏孩子啊，孩子妈妈要是知道了，会不会埋怨我啊……于是爸爸就想要拒绝，但是低头看到孩子那热切的眼光，又犹豫了：我可以跟在孩子身边，安全没有问题，而且孩子已经4岁了，平时都说自己是个小男子汉，也应该给他一个空间让他去闯一闯了。

于是在爸爸的大力支持下，这个仅有4岁的孩子用了45分钟，骑完了7千米的路程，完成了属于自己的小长征。

当看到这个故事的时候，我们不禁非常佩服孩子的顽强和不怕苦不怕累的精神，但同时更值得我们敬佩的是这位家长的魄力，为了培养孩子健全的心智和人格，学会了大胆地放手，给予了孩子成长的空间，并协助孩子取得了最后的成功。

（2）创造一个能够培养孩子健全心智和人格的环境

对于孟母三迁的故事大家都非常熟悉，讲的就是环境对孩子的重要影响。一个麻将桌旁边长大的孩子，很难想象以后不爱打麻将。孩子生活环境中的人和事，都会影响孩子心智和人格的发展，而在孩子的生活环境中占有很大一部分的就是家庭环境，因此家长应该为孩子创造一个和谐融洽的家庭环境，家人之间和睦相处，为孩子做一个好的表率，让孩子在一种积极和睦的环境中健康成长。

（3）积极为孩子创造条件，帮助孩子培养心智和人格

在家庭教育中，许多家长为了让孩子变得更加优秀，采取了一种违反客观规律的教育方式，让孩子被迫性地去接受去学习，这样做根本无益于孩子的成长，因此，家长应该学会在遵循客观规律的前提下积极地为孩子创造条件，让他们去锻炼和体验，逐渐发展成良好的心智和人格。

（4）跟孩子一起阅读，让孩子在阅读中塑造良好心智

"书中自有黄金屋，书中自有颜如玉"，让孩子在书的海洋里徜徉，必然会获得在现实生活中不能获得的经历。因此，家长可以每天抽出一定的时间陪孩子一起阅读，当孩子在阅读的过程中遇到问题时，可以与家长一起讨论，家长也可以及时地引导孩子正确地理解和思考书中的内容。阅读不仅可以丰富孩子的自然和科学文化知识，同样也可以从书中学习某些伟大人物的优秀品质，形成良好的心智和人格。

世界名校的教育方向：　他需要能力还是动力

我在人大附中做家长讲座时，曾经有一对父母跟我讲述过他们的困惑：两个人都是高级知识分子，在他们的培养下，大儿子一直都很优秀，目前已经读完了医学博士，而还在上中学的小儿子的教育问题却令他们非常头疼，不仅学习成绩不如意，还经常被学校处分，最近的一次学校更是发出警告，说如果小儿子再违纪就会将其开除。这位父亲不解地问我："为什么同样是我儿子，采用的是同样的教育方法，结果却大相径庭呢？"

在哈佛大学最受学生欢迎的积极心理学课中，泰勒·本·沙哈尔（Tal Ben - Shahar）认为：一个人所能取得的成就主要取决于两大方面，一是其能力系统，二是其动力系统。其中，能力系统主要包括一个人的观察能力、思维能力、语言表达能力等，而动力系统主要是指一个人对某领域的热情和兴趣。

根据心理学领域的研究，能力系统对一个人能够获得的成就所起的作用大约为30%，而动力系统的作用能够达到70%。也就是说，当人的能力差别不大的时候，其与动力相关的因素更能够决定他的成败。如果我们看一下哈佛大学、牛津大学等世界名校的录取标准，就会发现他们特别青睐"偏执狂"，而这种"偏执狂"往往都对某领域充满了常人所难以理解的热情。

有一个正在读初中的男孩，他的学习成绩非常一般，在一群同龄的孩子中，他看上去也十分普通，但他却有一个与众不同的爱好——研究蝴蝶。

他对蝴蝶的热爱简直到了痴迷的程度，有蝴蝶的地方，一定有他的身影。即使是在炎热的夏天，他也能站在烈日下一动不动地观察蝴蝶。有时候，为了观察蝴蝶产卵，他蹲在草丛中数个小时，身上被蚊虫咬了几十个大包也毫不在意。他清楚与蝴蝶有关的一切，比如：蝴蝶喜欢吃什么，蝴蝶在什么时间交配和产卵，不同种类的蝴蝶有哪些不同等。

曾经，父亲因为觉得他研究蝴蝶荒废了学业，而气愤地将他收集的蝴蝶标本扔到楼下；也曾经，父亲为了制止他继续研究蝴蝶而对他大打出手，但这些都丝毫没有影响男孩对蝴蝶的热爱，他依然想尽办法去研究蝴蝶。

最后，这个男孩被哈佛大学的生物系录取。

上面这个案例就说明了动力系统对一个人所取得成就的巨大作用。与能力主要依靠遗传和训练获得不同，动力需要培养和激发。我习惯用汽车来比喻二者的地位，能力系统就像汽车的硬件配置，而动力系统就像汽车所需要的汽油，一辆汽车配置再好如果没有汽油也无法尽情飞驰。

家长在培养孩子的能力系统的同时，要想使孩子的动力系统也得到最大限度地激发，获得更美好的未来，可以参照以下的建议：

(1) 认识自己：让孩子有更多的探索可能

传统的接受学习，不利于孩子兴趣的探索和激发。家长应该为孩子营造尽可能丰富的环境，让他有更多的探索可能，更清楚地认识自己，发现自己的兴趣所在。

(2) 潜能开发：激发孩子潜在的天赋

孩子自己的力量毕竟有限，因此，在孩子主动探索之外，家长也应该提供更多的机会激发孩子的潜能。比如带孩子参加一些艺术鉴赏活动、身体律动练习等，发现孩子更多的可能。

（3）判断能力：给孩子犯错的机会

由于身心发展的限制，孩子成长的过程中总是不可避免地会犯错。家长这时应该包容孩子，了解孩子犯错的原因，并给予适时的引导，随着经验的积累，孩子的判断能力必然会得到提升。

（4）思考能力：以开放的方式提问

在家庭日常的教育中，对孩子进行提问能够激发孩子的好奇心、启迪孩子的心智。但是，家长应该注意提问的方式，尽可能采用开放式的提问。比如：你认为应该怎么办？你觉得为什么会这样呢？

（5）创造能力：精心设计全家参与的活动

在一些圣诞节等特别的节日，家长可以设计一些别出心裁的活动，如故事扮演，让孩子参与进来，以激发孩子的创造力和想象力。

（6）专注能力：引导孩子主动学习

很多家长为了让自己的孩子在同龄人当中更具有优势，总是在日常的课业之外，让孩子参与各种辅导班。与这种被动强迫式的学习相比，引导孩子主动学习的效果更好，也更有利于专注力的培养。

（7）循序成长：对孩子的期待必须合理

我们在前一节中已经提到过个体身心发展的阶段性，家长对孩子的期待和教育应该符合其所处阶段的特点。

（8）亲子关系：让孩子了解父母的工作

家长选择一些合适的时机带孩子到自己的工作场所去，不仅有利于培养孩子的社交能力，而且能够为孩子树立认真工作的榜样，增加亲子之间的互动。

（9）学习态度：家长应保持良好的学习习惯

我们经常说"身教重于言传"，很多家长整天教育孩子应该认真学习，自己却整天看电视、玩电脑，不能起到榜样作用。

（10）表现自己：为孩子设置作品角

家长可以在家中客厅或孩子房间内，为其开辟一个"作品角"，一方面能够激发孩子的兴趣，另一方面也能提高孩子的自信。

（11）强化好行为：多鼓励少挑剔

孩子往往希望得到家长的肯定和鼓励，因此，当他们主动做家务或跟你分享他们的作品时，家长切勿按成人的标准要求和打击孩子。

（12）表达情感：与孩子谈话并学习倾听

在孩子成长的各个阶段，家长都应该尽可能地抽出时间，多与孩子交谈。通过平等的交谈，家长可以了解孩子内心的想法和需要，孩子也能够借机表达自己的感情。

（13）增长见闻：全家外出游览

当有比较长的假期时，家长可以与孩子一起外出旅游。在旅游的全过程中，家长应尽可能地让幼儿发挥主动性，比如：提出旅游建议，帮忙整理携带的物品，表达自己对景点的感情。

（14）社会性发展：提供扮演类型的玩具

家长可以为幼儿设置一个扮演区，其中可以摆放洋娃娃等玩具，以及一些生活常用物品，通过幼儿自发的角色扮演获得社会性发展。

（15）行为发展：建议孩子加入感兴趣的小团体

独生子女家庭的增多及高楼林立的生活环境，都容易使孩子觉得孤单，不利于其社会性的发展，家长可以让幼儿选择自己感兴趣的团体，以利于发展其良好的行为。

知识延展 在不同的年龄阶段， 孩子具备怎样的心智特征及表现

在日常的家庭教育中，我们经常会听到家长对孩子说这样一句话："我就是从你那么大过来的，我能不知道你在想什么吗？"但事实有可能确实是家长不了解自己的孩子。要想了解孩子，首先应该了解不同年龄阶段孩子的心智特征以及表现。

1. 不同年龄阶段的心智发展状况

接下来，我们从身体与动作、认知与智力、语言以及情绪与社会性发展的角度对孩子在各个年龄阶段的特征进行分析，并针对具体的心智特征提出培养建议，以供家长们参考。

（1）0~3 岁

身体与动作发展：感知觉迅速发展，能够利用感官进行探索和学习；身体能够根据节奏进行反应；喜欢对比鲜明的颜色。此时，家长可适当为孩子提供一些颜色丰富的图画书，如《小黄和小蓝》，以及一些节奏轻快的儿歌。

认知与智力发展：注意力容易分散，能够集中的时间比较短暂，可以认识一些基本的形状。此时，家长可以为孩子提供一些形状简单、内容简短的教育资料。

语言发展：具有一定的语言基础，了解基本的词汇和语法，喜欢玩声音游戏。家长在这个阶段可以教给孩子一些简单的儿歌，或为其提供具有声音游戏的书，如噼里啪啦系列丛书。

情绪与社会性发展：处于埃里克森人格发展八阶段论的基本信任感对基本不信任感阶段，喜欢自己熟悉的事物和人。家长可以为其讲述一些包含日常生活中情感的故事，如《逃家小兔》。

（2）3~6 岁

身体与动作发展：相比前一个阶段，此时幼儿与小肌肉相关的精细动作已经有了很大的进步，手眼已经基本协调。家长可以为幼儿提供一些能够锻炼小肌肉精细动作的玩具。

认知与智力发展：具有一定的专注力，但是十分短暂，开始具有与时间相关的概念，认为所有的事物都是具有生命的。家长可以为幼儿提供采用拟人化角色或时间概念的材料。

语言发展：此阶段是幼儿语言的快速发展期，具有了一定的词汇量和语法，能够比较清楚地理解他人的语言，并用语言表达自己的内心感受。家长可以为此阶段的孩子提供一些节奏感比较强的图书。

情绪与社会性发展：具有明显的自我中心性，具有基本的道德判断标准，渴望与他人相处并获得归属感。在这个阶段，家长应该多让孩子与他人交流和玩耍。

（3）7～8岁

身体与动作发展：随着恒牙的长出，这个年龄阶段孩子的外形特征已经与婴儿期和幼儿期的孩子有了明显的不同，而且动作更为灵活。

认知与智力发展：这个年龄阶段的孩子一般已经进入了小学，他们的注意力能够集中的时间更长，能够直接进行经验的学习。这时候，家长可以为孩子提供一些情节丰富、内容完整的书，以扩展孩子的经验。

语言发展：与语言相关的听、读、说、写能力继续获得发展。

情绪与社会性发展：这个阶段的孩子对独立性的追求更加强烈，还是更多地关心他人，更渴望建立朋友关系。

（4）9～10岁

身体与动作发展：处于此阶段的儿童的身体发展已经具有明显的性别差异，女孩的生长速度比男孩更快、时间更早。家长可以尝试提供给孩子一些与个人发展有关的书，如《亲爱的汉修先生》。

认知与智力发展：具有基本的逻辑、推理和判断能力，与时间、空间等有关的概念已经比较成熟。这个阶段，家长可以提供一些具有一定思考空间的书，如《窗边的小豆豆》。

语言发展：阅读能力已经比较强，开始对文学表现出一定的兴趣。

情绪与社会性发展：对独立性的要求更强，希望能够获得别人的尊重和赞同，具有基本的是非判断标准，重视他人的观点。

（5）11～12岁

身体与动作发展：身体开始发育，进入青春前期或青春期。这个时期家长应该给予孩子尽可能多的帮助和引导，以免引起不必要的慌乱。

认知与智力发展：具有一定的逻辑推理能力，喜欢情节性较强的书。

语言发展：语言能力已经基本成熟，并具有自己的品位和评判标准。

情绪与社会性发展：能够以批判性的眼光看待他人的观点，对父母、老师等不再一味盲从。

2. 不同年龄阶段的心智特征及表现

（1）心智的"现实性"和"泛灵性"

【案例1】

一位妈妈问自己5岁的女儿："宝贝，你觉得梦是从哪儿来的啊？"

女儿回答说："我的梦是从天上飘下来的。"

妈妈："那我能不能看见你的梦呢？"

女儿："如果你睡觉的时候跟我离得近，你就看得到；如果离得远，就看不到。"

妈妈："那么，你的梦是藏在哪里呢？藏在你的肚子里面吗？"

女儿："不是的，但它离我很近，因为我可以很清楚地看见它。"

【案例2】

一位爸爸问自己的儿子："你的小脑瓜是用来干什么的呢？"

儿子："用来睡觉。"

爸爸："那脑袋用来睡觉的话，你用什么想事情呢？"

儿子："用嘴巴想事情。"

爸爸："那现在我用手把你的嘴巴捂起来了，你还能再想事情吗？"

儿子："不能了。"

爸爸："不能用耳朵或眼睛来想吗？"

儿子："不能。"

爸爸："好，现在你来想一下你生日的时候我送给你的那辆小汽车吧，想好了告诉我。"

儿子："想好了。"

爸爸："你刚刚用什么想的啊？"

儿子："嘴巴。"

【案例3】

一位老师问一名幼儿园的小朋友："晚上你出去玩的时候，有没有看到天上有圆圆的月亮？月亮在干什么？"

小朋友："月亮跟着我一起玩，我走到哪儿它就走到哪儿，因为它要给我照路。"

从上面的三个案例中，我们可以发现处于较低年龄阶段的儿童，他们的心智具有明显的"现实性"和"泛灵性"。所谓"现实性"即如案例1一样，儿童不能将虚幻的东西与现实的东西进行区分，而统一认为它们都是客观存在的。而"泛灵性"则如案例2和案例3一样，指儿童总是赋予事物心理特征，在他们眼里，所有的物体都是具有生命、思想和感情的。

（2）真实的世界和想象中的世界

【案例1】

5岁的小美喜欢玩"过家家"游戏，玩这个游戏的时候小美的想象力简直丰富极了，有时候她会拿一只枕头当作小宝宝，并把它抱在怀里哄它睡觉；有时候她又拿香蕉当作电话，打给隔壁的豆豆让她来家里吃点心；有时候她还将橡皮当作肉，用小刀切切，说自己正在做红烧肉……

【案例2】

东东3岁的时候，妈妈给他买了一本书叫《大卫，不可以》。东东非常喜欢这本书，经常央求妈妈给他读。

今年东东已经4岁了，他经常会提到他的朋友大卫。有时候，妈妈和东东一起坐在沙发上看电视，只要妈妈离东东稍微近一点，他就说妈妈挤到大卫了；有时候，妈妈要带大卫去超市，东东会说大卫不想去……

如果我们仔细观察儿童的游戏，就会发现3岁以前的儿童的游戏与3岁以后的儿童的游戏具有明显的不同：3岁以后的儿童在游戏中经常会假扮某一种角色，而3岁以前儿童的游戏几乎没有这种特征。之所以出现这样的差异，是因为孩子在 3 岁以前无法将现实的世界与假设的世界进行区分。而 3 岁以后孩子的假扮游戏则说明其已经具有了"象征性表征"能力，也就是说他能够用一种物体来指代另一种物体。

不过，虽然 3 岁以后的儿童能够区分真实的世界与想象中的世界，但他们与成人仍有一点不同，那就是他们有可能仍然把想象的事物当作是存在的，正如案例 2 所提到的那样。

（3）愿望的理解和情感的表达

儿童的行为受他们的愿望和信念驱使，具有鲜明的主观性。根据心理学的研究，在 2~5 岁的幼儿常用的表达当中，与"愿望"相关的表达出现频率最高的词汇为"想要"。因为，儿童认为，只要他们"想要"某种东西（信念），愿望就能实现。而且，他们认为自己的愿望与他人的愿望是相同的：自己喜欢的东西，别人也会喜欢；别人有的东西，他也想要；他人对某事物的态度怎样，他也应该怎样。

儿童的行为直接来源于儿童的愿望和信念。如果你发现一位儿童正在寻找某种东西，那意味着她想得到这种东西（愿望），并且她深信只要寻找就能够寻找到这种东西（信念）。而成年人则不同，他们的行为除了来源于愿望以外，还要考虑找到这种东西的客观可能性，因而具有客观性。儿童的信念则具有鲜明的主观性。

孩子在 3 岁以后，能够用语言表达自己和他人的情感，比如：我很喜欢幼儿园，妈妈今天不高兴，大老虎很让人害怕，我不喜欢吃菠菜等。

（4）儿童的欺骗和谎言

心理学家做了这样一个实验：给不同年龄的儿童讲两个故事，故事一当中的小男孩首先拿着一幅别人画的画告诉妈妈是他画的，然后又跟妈妈说他是跟妈妈开玩笑的，画的作者是另外一个小姑娘；故事二与故事一类似，不同之处在于，小男孩后来并没有告诉妈妈画不是他画的。心理学家发现，一般 4 岁之前的儿童并不能区分哪个故事的主角在说谎，而 4 岁之后的小男孩能够明确地区分出是故事二中的主角说谎了。

家长判断孩子是否说谎，应该参照三个标准：第一，他是不是真的说谎了；第二，他是否清楚自己说谎了；第三，他是否希望对方相信自己说的话。如果满足这三个标准，家长才能认定孩子是否说谎。

第2章

1套心智理念：
心智模式改变孩子一生的命运

心智：　引领孩子生命成长和人生方向的信念系统

美国现代心理学之父威廉·詹姆斯说："20 世纪最伟大的发现，就是一个人通过改变自身的心智模式，能够改变人的一生。"究竟一个人的心智对其个人的影响有多大，我们可以先来看一个例子。

运动员发挥失常属于正常现象，但一般在比较高的赛事级别中，运动员的发挥通常仍然能够维持在比较高的水平上。但在 2004 年和 2008 年的奥运会上，有一个运动员的发挥却让所有人大跌眼镜。

马修·埃蒙斯，美国射击名将，曾经在 2002 年的射击世锦赛上获得过冠军，并在同年的国际射击运动联合会世界杯决赛中获胜。在 2004 年的雅典奥运会上，作为夺冠大热门的马修前九枪的发挥都十分出色，总成绩领先第二名 3 环之多，而这也就相当于只要最后一枪马修不脱靶，获得金牌便是探囊取物之事。但是，谁也没有想到马修的最后一枪却打在了隔壁的靶子上，而且还是令人惊讶的 10.6 环。于是，原先位于第二位的我国老将贾占波便获得了金牌。

2008 年的北京奥运会，一直到倒数第二轮，马修的发挥都没有问题，而且具有明显的领先优势，又是在金牌唾手可得的情况下，马修在雅典奥运会上的悲剧再次在北京重演，马修最后一枪的成绩为 4.4 环，最终总成绩排名第四，与奖牌无缘。

更为戏剧性的是，在 2012 年的伦敦奥运会上，马修依然未能够打破自己的"最后一枪魔咒"，仍然在原本处于领先地位的前提下，在最后一枪失利，拱手将金牌让予他人。

就在外界纷纷给马修这位三次在奥运会上失利的运动员冠以"倒霉蛋"的外号时，心理学和脑科学领域的研究专家却给出了他们的解释：马修之所以接连失利，是因为当他参赛的时候，大脑就会自动启动一个错误的心智模式，而这样一种心智模式将会直接影响到他的发挥。

我们的心智由大脑所支配，而大脑当中具有不同的神经回路（如图2-1所示），它们起着传递信息的作用。作为基本单位的神经元连接而成的不同的结构便能够如同四通八达的道路一般，决定我们的行为。大到做出一个决策，小到刷牙、洗脸这些基本动作都是由它们决定的。而我们上面提到的马修的案例，第一次失误出现，大脑形成了一个错误的模式，当失误接二连三的出现，这个模式则越来越被巩固。

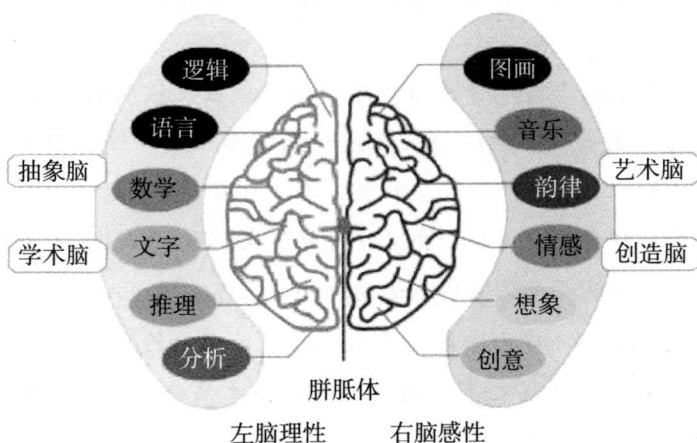

图 2-1 左右脑功能

哈佛大学心理学实验室曾经做过一个非常经典的实验：

两组均处于学龄前发展状况相当的儿童被随机分成两组，任务均为将一个装满水的大香槟瓶子从房间的一头拿到另一头。其中，实验组的儿童在从一头走到另一头之前，家长会对他们说："千万不要把瓶子打碎了。"控制组儿童的任务与实验组一致，不同之处在于家长在儿童在从一头走到另一头之前，跟他们说："将瓶子抓紧。"

根据统计结果，实验组的儿童在运送瓶子的过程中将瓶子失手打碎的概率为 80%，而控制组的儿童将瓶子失手打碎的概率还不到 20%。

之所以会出现这样的结果，是因为当实验组的儿童听到家长说"千万不要把瓶子打碎了"时，脑海中浮现出的正是瓶子被摔碎的画面，大脑中的信息被传递给了手臂，以致儿童真的做出了将瓶子打碎的行为。而控制组的儿童听到家长"将瓶子抓紧"的话，便也会相应地努力做出抓紧瓶子的行为。

这个理论虽然乍听上去会让你觉得有些不可思议，但事实却是如此。比如：我现在跟你说："你千万不要在脑袋里想西瓜，尤其不要想红色沙瓤带着黑黑的瓜子的切成块的西瓜。"那么，请你告诉我，你现在脑袋里想的是什么呢？

有一次我在做家长讲座的过程中，一个家长就跟我说了这样一件事。

他说他的儿子平时学习成绩非常好，所以快高考的时候他并没有像其他家长那样焦虑。不过，他担心儿子会太粗心，在涂答题卡等事情上面犯不必要的错误。于是，在送儿子去考场的路上，他一直跟儿子强调："这么重大的考试，你可千万不能把答题卡涂错了！"这样的话，他反反复复叮嘱了足足有十几遍之多，儿子也一直答应着。但是，等到儿子从考场出来的时候，跟他说的第一句话就是："我把答题卡涂错了！"

事实就是，作为家长的我们最担心的、对孩子一直重复的"不"，却让孩子形成了错误的心智模式。我们在开头就提到了詹姆斯有关心智模式的言论，其实，这个观点不仅适用于孩子的教育、运动员的训练，也适用于病人的康复。我们都听说过很多抗癌明星的事例，乐观帮助他们战胜了癌症，而相反地，消极悲观的情绪也会加重癌症的恶化。

那么，如此神奇的心智究竟指的是什么呢？心智，即深植于我们的内心，能够不知不觉地改变并控制我们生命品质和人生方向的信念系统。

十多年前，有一家饮品公司设计了一款饮品，并在其产品的说明书上介绍了这款饮品所具有的 100 多种功效，但令公司负责人困惑的是，这款饮品的销售一直没有起色。于是，他们特地从美国请来了著名的营销大师特劳特先生。

　　特劳特先生了解了这款饮品后，提出了一个建议，那就是从这众多的功效当中选取最重要的一种，然后反复传达给消费者。而公司的负责人也采纳了这个建议，于是"怕上火，喝王老吉"这句广告语便让大家耳熟能详了，并且直接影响了公司市值的大幅提高。这个案例，也被哈佛大学商学院收录为经典案例。

　　对家长来说，最重要的莫过于孩子。如果你总是跟孩子说："你太笨了！""你总是这么粗心！""你一点也不听话！"那么，你为你的孩子所建立的便是错误的心智系统。只有采用正确的方式，才能培养孩子健康的心智，引领他获得和谐的生命、走出广阔的人生。

认识孩子的大脑：　培养和塑造孩子健康的心智模式

　　"心智模式"一词来自苏格兰心理学家肯尼恩·克雷克（Kenneth Craik），它植根于每个个体的头脑当中，影响我们对世界的认知和处理方式。虽然个体并不容易觉察到自己的心智模式，但它确实存在，并影响着我们的行为。

　　虽然目前大多数的家长更关心的是孩子的学习成绩和分数，但我认为在家庭教育当中，心智模式的培养和塑造远比分数重要得多。

　　有一次，记者采访一个获得了诺贝尔奖的化学家："你认为你所取得的科学成就跟你接受的家庭教育有关系吗？"这个化学家几乎脱口而出："有，而且有很大关系！"他接着说，"我认为我能够取得今天的成就，最应该感谢的就是我的妈妈，我看待和处理问题的方式受她的影响很大。其中，有一件事令我终身受益。我五岁的时候，有一次自己从冰箱里拿牛奶喝，足足三斤重的牛奶装在一个玻璃的瓶子里，我的手一下没有拿稳，牛奶瓶子就摔碎在地上了，不仅牛奶洒了一地，玻璃碴儿也到处都是。正在我吓得不知所措的时候，我的妈妈听到声音跑过来了。我本以为她肯定会骂我，没想到她却温柔地笑着对我说：'洒了这么多牛奶确实很可惜啊，我们赶紧看看还能用它来做什么吧？'没等我反应过来，妈妈又说：'这么多牛奶在地上就像一片白色的海洋，我还从没见过这么美丽的海洋呢，我们折纸船放到上面玩吧！'于是，妈妈把散落的玻璃碎片打扫干净，又跟我一起折了很多彩色的纸船，我俩玩了很久，后来，纸船湿了，妈妈说：'牛奶虽然洒到了地上，但还是很有营养的，我们把它收起来浇花，让花也品尝一下牛奶的美味。'我和妈妈用牛奶浇完花以后，妈妈又说：'它作为牛奶的使命已经完成了，下面我来教你怎么开大玻璃瓶吧！'她找来一个相似的瓶子，教给我应该怎样拿就不容易打碎了。"

这位化学家说："这件童年的事情可以说影响了我的一生，它给我的启发主要有两点，第一，看上去没有价值的东西未必真的没有价值，洒在地上的牛奶可以变成美丽的海洋；第二，失败并不可怕，失败的实验里也孕育着成功。"

1. 孩子心智模式不成熟的原因

获得诺贝尔奖的化学家的妈妈用亲身行为培养了他健康的心智模式，而我们的很多孩子心智模式不成熟的原因也正是由错误的家庭教育方式所导致的。

（1）从小娇生惯养

目前，很多家庭中的孩子从出生那一刻开始，便由五六个大人宠着惯着。正常的照顾虽然是必需的，但如果过于娇生惯养，不利于培养孩子健康的心智模式。

（2）相关教育起步晚

在日常的家庭教育当中，有部分家长持有一种观念，即认为对年幼孩子的主要任务是抚养，等孩子到了一定年龄才需要教育。事实上，孩子的心智模式正是从小开始潜移默化的形成的。

（3）家长影响

很多家长虽然已经为人父母，承担着抚养和教育孩子的重任，但自己的心智模式并不正确，而孩子最善于模仿，他们看在眼里、记在心中，天长日久便转化成了自己的心智模式。

（4）缺乏挫折训练

由于过于溺爱孩子，凡事喜欢替孩子包办，日常的家庭教育中，大多数家长舍不得让孩子经受一点挫折，凡事喜欢帮孩子找借口开脱，这样也不利于培养孩子健康的心智模式。

2. 如何建立孩子正确的心智模式

要建立孩子正确的心智模式，首先，家长应该树立正确的教育观念，采用科学的教育方法；其次，可以尝试一些特殊的教育方式，以起到"另辟蹊径"的效果。

在个体的一生当中，婴幼儿时期是大脑发育极为关键的时期，而这时，大脑的活跃程度也更强，能够释放令人意想不到的潜力。因此，心理学家和教育学家们都认为，在婴幼儿时期，对个体的大脑进行开发，能够起到事半功倍的效果。

在众多的开发方式当中，比较受到关注的一种方式叫作"婴幼儿音乐教育"。相关的研究者认为，音乐不仅有助于培养个体的创造性思维，甚至能够改变个体的心智模式。证据之一就是"莫扎特效应"。如美国威斯康星大学的心理学家弗朗西斯·鲁斯切和她的伙伴们通过动物实验研究发现：听了莫扎特音乐的老鼠，更容易在迷宫游戏当中获得高分。另外，听莫扎特的音乐还可以改善个体的记忆能力、运算能力、空间感知能力等。

而唐·坎贝尔也在其畅销书《莫扎特效应》提道："莫扎特效应"并非神秘莫测的现象，而有其科学的依据，因为莫扎特的音乐节奏与人类大脑的运动节奏比较吻合，更容易让人达到身心平衡的状态。

后来有学者进一步研究发现：并非只有莫扎特的音乐具有这种神奇的特点，很多伟大的音乐家的作品都适合孩子听，而且有助于改善个体的心智模式。原因主要有以下几点：

（1）音乐有助于促进大脑的开发

由于人在欣赏音乐的时候，左右两侧的大脑会分工合作，右脑主要负责体验音乐的美感，而左脑则对音乐的内容进行分析，就像一项精密复杂的工程一般。如果给孩子，尤其是处于婴幼儿期的孩子听音乐的话，能够令孩子两侧的大脑发展更加均衡。

（2）音乐有助于提高情商

接触的音乐作品当中往往包含着极其丰富而细腻的感情，如果孩子长期浸染在这样的环境中，必然内心的体验更加丰富，心境也更为开阔，在分析或处理事情时，能够既统领全局，又兼顾细节，而且，与人的相处也会更加和谐。

（3）音乐具有矫治和屏蔽作用

来自音乐治疗领域的观点认为：音乐具有的力量极其强大，能够为人营造一种安全的氛围，从而起到矫正心理、行为偏差，恢复正常的作用。因此，音乐也能够为孩子屏蔽来自外界的不利于成长和发展的信息。

孩子心智发展的 3 个构成要素：生理、心理、能力

刚刚进入一年级不久，心心就经常会觉得肚子疼，然后让家长帮她请病假。有时候，病好后在学校待不了几天，心心的"肚子疼"便又犯了，又需要请假在家休息。如此反反复复，家长也十分担心，一来怕孩子刚进入小学就跟不上，二来也担心孩子的身体真的出现问题，于是，就带她到医院去检查，但医生经过详细的检查后，认为心心的身体并没有什么问题。于是心心的家长便去咨询她的老师。

班主任刘老师说心心虽然是班里年龄最小的孩子，但成绩非常不错，思维很灵活，记忆力也很好，但就是上课的时候似乎总是不够专注，经常走神儿，有时候还一副闷闷不乐的样子。刘老师曾经找心心的同桌了解过情况，哪知道同桌的回答吓了刘老师一跳，她说："我好羡慕心心哦，如果我也能生病就好了。"刘老师不明白好好的为什么要希望自己生病呢，结果小姑娘解释道："心心每次生病都很高兴，说可以在家里休息，不用每天这么累地上课。"

通过刘老师反映的情况，心心的家长仔细地回想了一下心心第一次生病请假的情况。那是一个周末，爸爸妈妈带她去姥姥家，心心吃了很多冷饮和水果，当天夜里就不停地上吐下泻，结果第二天家长就帮她请假让她在家休息了。当心心病好回到学校后，她觉得跟在学校上课相比，在家要轻松开心很多。小学里不像幼儿园那么轻松，每天需要上好几节课，上课的时候不能吃零食、不能玩游戏，放学还要写作业，所以心心想如果能经常肚子疼就好了。于是，心心肚子疼的频率便越来越高，一般都是周一到周五的时候会觉得疼，而且疼的时候还会有豆大的汗珠落下来，去医院医生又检查不出任何问题，但一回家休息症状就会缓解。

上面案例当中的情况，相信很多家长在孩子成长的过程当中都曾经遇到过，类似的案例也很多，发生这种情况的时候，家长往往不知道应该怎样去解决，实际上，这正是孩子向家长释放的一种信号。

家长们在孩子成长的过程当中，往往能够觉察到孩子生理方面的变化，也能够意识到孩子的心理和能力方面的变化，生理、心理和能力是个体心智发展的 3 个构成要素（如图 2-2 所示）。

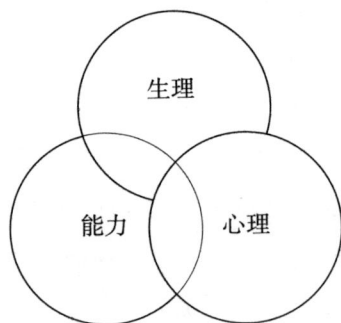

图 2-2　个体心智发展的 3 个构成要素

1. 生理

孩子生理方面的发展往往是家长最容易觉察到的，但家长却未必能够意识到孩子很多心理和能力方面的变化与其生理方面的发展有密切的关系。

要了解孩子的生理，就应该首先对大脑的构造和发展有一定的了解，明白孩子的大脑如何处理各种各样的信息，有的孩子为什么如此厌恶学习，孩子的注意力怎样才能够集中，以及怎样才能预防孩子过度沉迷电脑游戏等。

大脑的基本构成单位为神经元，与情绪等相关的信息正是通过神经元传递的。神经元之间由神经纤维相连（如图 2－3），我们通常认为一个人聪明与否，与其神经元构成的连接网络有关。往往个体在刚刚出生的时候，大脑当中神经元与神经纤维的数量就与成人已经基本相同，所不同的是神经元之间的连接较少，随着个体的成熟和经验的积累，个体神经元构成的网络会更加复杂。而这也就解释了为什么个体的思维会经历不同的运算阶段。

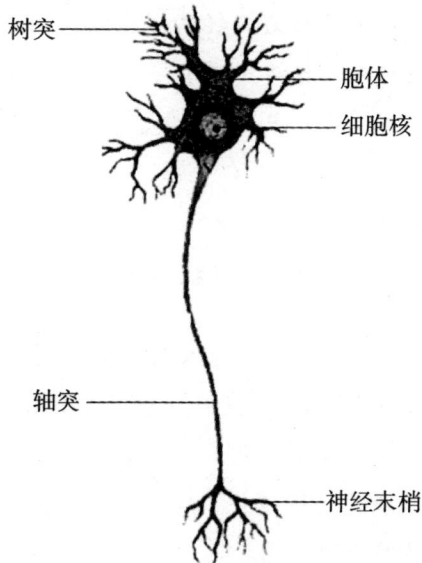

图 2－3　神经元的构造

当个体第一次接收某种信息时，大脑中的神经元便会形成相应的连接，而当此种信息出现的次数越多，其对应的连接网络便越巩固，其启动的速度也会更快、更准确，这也是记忆和学习的基本生理基础。所以，父母在孩子年幼的时候应该特别注意教育的方法及其内容，如果动辄对其恐吓或处罚，那么孩子有可能留下心理阴影，不自觉地就会对此类事件具有抵触情绪。

当个体感觉到快乐等积极的情绪反应时,大脑会主动释放"脑内啡"等物质,而这种积极的感觉也会促使我们继续正在进行的行为。所以,惩罚等方式虽然有时候也能作为动力刺激合体的行为,但积极的推动方式会更持久。这也就启示家长,当希望孩子表现出某种行为时,应该尽可能地采用正强化,而非惩罚的方式。

2. 心理

生理的发展以及经验的积累等会促使孩子的心理发生变化,心理方面的发展具体涉及认知方面的发展和社会性的发展。

小芸的成绩虽然不是很好,性格也比较内向,但平日里待人处世十分有礼貌,为人很随和,很受大家喜欢。可进入高二以后,小芸却仿佛变了一个人一般,不仅非常容易发脾气,反感学习,而且十分讨厌异性。自从上次其中考试小芸的成绩有了明显下滑以后,她自己也十分苦恼。据同桌反映,小芸还出现了自残的行为,有时候会拿小刀割自己的胳膊,她曾经说如果自己考不上名牌大学就不活了。

青春期是个体的心理发展波动比较大的一个时期,主要表现在三个方面:第一,认知能力得到进一步发展,情感体验更加深刻。第二,自我意识增强,自我认识和自我评价的能力得到发展。第三,性意识萌发,对异性的好感增强。家长面对孩子所出现的心理变化,应该尽可能地理解和信任孩子,并帮助孩子一起解决成长过程中的困惑。

3. 能力

随着生理方面和心理方面的发展,孩子的能力也会有明显的变化,但有时候家长并不能正确理解孩子出现一些问题的原因。

一位妈妈向我咨询了这样一个问题,她说自己的宝宝今年4岁了,他有一个特别坏的习惯，就是喜欢翻别人的东西。有一次带他去朋友家玩，结果孩子把朋友家所有的抽屉都翻了一遍。她觉得孩子这样做真是太丢人了，从小道德品质就这么差，长大以后可怎么办。

我问这位妈妈："如果我让你把一块 100 斤的石头举起来，你能做到吗？"她说："力气大的人应该可以，但我不能，100 斤太重了。"然后，我又问："如果让你举一袋 20 斤重的大米，你能做到吗？"她回答道："这应该没有问题。"我说事实就是这样的，你的孩子的问题并不是道德的问题，而是能力的问题，他并不能意识到这样做不可以，你如果不去理解他，只知一味指责他，不仅不能帮助他解决问题，反而有可能伤害他的自尊心，影响他的健康成长。

家长要培养孩子良好的品格和习惯，必须以能力作为支撑。比如，当孩子还没有时间观念的时候，你没法培养他珍惜时间的习惯；当孩子还不能从他人的角度考虑问题的时候，你也难以培养他体贴他人的品格。

正面心智模式安装：　家长如何构建和改善孩子的心智

20 世纪英国著名的哲学家罗素曾经说过："科学和爱的融合才是真正完美的教育。"家长作为与孩子最为亲密、接触最多的人，其教育方式与孩子的心智模式息息相关。有的孩子能够花很长时间完成一幅复杂的拼图，却不愿意拿出半个小时预习一篇课文；有的孩子能够很快解出复杂的数学题，却经常把简单的计算题算错；有的孩子能够写出文笔优美的作文，却不能在众人面前回答一个简单的问题……

除此之外，还有很多问题让家长们困惑不已，比如：孩子看上去满腹心事，却不愿意和别人交谈；孩子经常性地不快乐，只想一个人待在房间里……事实上，这些都与孩子的心智模式有关。

健康的心智模式应该由完整的序列构成，按照由低到高的层级应是：安全、快乐；自信、自省；自爱、主动；自尊、责任；自强、自律；竞争、学习（见图 2–4）。下面我们具体谈一下各个层级心智的构建方法。

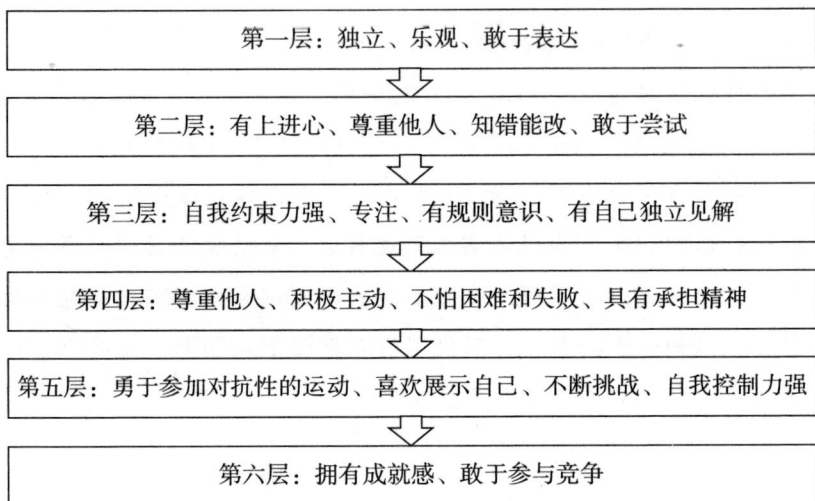

第一层：独立、乐观、敢于表达

⇓

第二层：有上进心、尊重他人、知错能改、敢于尝试

⇓

第三层：自我约束力强、专注、有规则意识、有自己独立见解

⇓

第四层：尊重他人、积极主动、不怕困难和失败、具有承担精神

⇓

第五层：勇于参加对抗性的运动、喜欢展示自己、不断挑战、自我控制力强

⇓

第六层：拥有成就感、敢于参与竞争

图 2–4　家长如何给孩子安装正面的心智模式

1. 第一层：独立、乐观、敢于表达

（1）适时表扬，但应言之有据

过去，教育界有一种说法，叫作"好孩子都是表扬出来的"，虽然表扬能够起到激励孩子的效果，但也应该注意真心实意，如果孩子做每件事你都赞不绝口，表扬并不能起到应有的效果。另外，表扬不应只注重结果，孩子做事过程当中的努力也应该受到家长的肯定。

（2）谨慎批评，但应告知实情

批评确实容易伤害孩子的自尊心，尤其是自己童年时期曾经频繁受到父母批评的人为人父母后，更不倾向于采用批评的方式对待孩子。但是，不批评不代表不将事情告与孩子。比如，孩子写的字明显很潦草，虽然你没必要严厉指责他，但你可以说："我记得你能写出很漂亮的字啊，为什么不再写给我看看呢？"

（3）鼓励表达，但应注意分寸

过去家庭教育当中父母经常会压制孩子的表达欲望，比如，在自己说话时不允许孩子插嘴，目前大部分的父母都已经意识到了这种方式的不恰当性，但是允许孩子表达和表现，也要注意分寸，不能不顾及别人的感受。

（4）尊重自主，但应具有限度

为了培养孩子的独立自主意识，家长应该给孩子提供一些选择的机会，但孩子的选择也不能没有限度，比如，今天是否去幼儿园，什么时候回家，你也让他自主选择的话，培养起来的就是自由散漫和特权意识。

（5）详细解释，但应有必要性

当孩子比较年幼的时候，一方面经验和认知有限，另一方面对未知的事物特别好奇，所以他们喜欢向家长提出各种各样的问题，有时候也会质疑家长让他们做的事。所以，在实际的教育过程当中，对于孩子的一些疑问应该进行详细的解释，某些事物，也可以"发号施令"，让孩子知道有些事情必须去做。

2. 第二层：有上进心、尊重他人、知错能改、敢于尝试

最近有很多家长向我反映这样的问题，说自己的孩子在班里学习成绩中等，但却没有上进心，总是为自己的原地踏步寻找借口，不敢尝试。我认为这恰恰与家长们给孩子增加了过重的负担有关，才使得他们小小的年纪就觉得生活艰辛，得过且过，不愿意付出必要的努力。为了改善这种状况，可以借鉴下面的建议。

（1）为孩子提供相对宽松自由的成长环境

根据马斯洛的需求层次理论，每个人都有让自己变得更好的需求，孩子缺乏上进心往往是由于更低层次的需求没有得到满足，比如，安全需求，归属和爱的需求，所以家长应该尽可能地为孩子提供宽松自由的成长环境，让孩子敢于尝试，不惧失败。

（2）巧用游戏激发孩子的上进心

家长们会发现这样一个现象，孩子在学习方面缺乏上进心，但是玩游戏的时候却特别喜欢与人竞争，家长不妨通过象棋等孩子感兴趣的游戏激发孩子的上进心，开始的时候应该注意提供机会让孩子体验成功的快乐，在过程

当中再适当地经历失败和挫折，这样孩子才能以健康的心态对待输赢。

（3）借助同伴的力量激发孩子的上进心

孩子在与同伴的交往中，往往会不自觉地与同伴竞争。虽然二者之间的良性竞争能够促进双方的进步，但家长应适当介入，不能过多干涉。一来孩子有选择自己的同伴的自由；二来家长的干涉容易影响孩子与同伴之间的友情。

（4）培养孩子的特长和创新意识

要让孩子具有上进心，关键应该让孩子有上进的动力，当孩子对自己的能力有一定的自信时，更能有进步的潜力。因此，家长应该了解孩子的兴趣和爱好，培养其特长和创新意识，让孩子有更多展现自己的机会。

（5）鼓励孩子主动参与竞技性的活动

竞技性的活动既包括智力竞赛，也包括体育运动，有时还需要成员之间的配合。鼓励孩子参与竞技性活动，有利于孩子提高能力、发挥潜能、尊重他人、勇于尝试。

3. 第三层：自我约束力强、专注、有规则意识、有自己独立见解

①让孩子学会将自己的学习任务分阶段在固定的时间内完成，家长在孩子学习的过程当中应该注意协助不断改进，并给予鼓励和支持。

②当孩子专注于自己喜欢的事时，如果不是孩子需要，家长不应过于干涉。

③培养孩子的时间意识，让孩子学会管理自己的时间，家长只应给出合理的建议，不能过多唠叨。

④每天让孩子选取自己喜欢的课文或故事为家人朗读，应注意把握时间、集中注意力和声情并茂。

⑤父母为孩子营造的学习环境应该是简洁明亮的，不能有过多干扰物，尤其书桌上不能摆放与学习无关的物品。

⑥家长为孩子打造的学习用品造型应尽量简单，书籍不宜过多，最好在孩子读完之后再购买。

⑦注意饮食起居的规律性和科学性，家长也应以身作则，减少熬夜的

次数。

⑧引导孩子集中自己的注意力，比如，玩游戏的时间与看电视的时间不能混在一起。

⑨跟孩子一起玩"自我约束"游戏，比如，"我是一个木头人，不许眨眼不许动"，跟孩子比谁坚持的时间长。

4. 第四层：尊重他人、积极主动、不怕困难和失败、具有承担精神

①树立孩子的挫折意识，让孩子理解困难和失败的意义。独生家庭的增多使父母们总是倾向于保护孩子，害怕孩子受到一丁点挫折。实际上，智商、情商之外，逆商的培养也非常重要。

②化挫折为教育契机，引导孩子直面挫折。任何人的一生都不是一帆风顺的，孩子成长的过程中也难免会遇到大大小小的挫折，小到与同伴发生矛盾，大到高考失利等，家长在这些时候应该引导孩子正面思考和面对挫折。

③对孩子的期望应合理，引导孩子正确评价自己。家长首先应该正视孩子身上存在的优点和不足，既不能忽视孩子的缺点，也不能全盘否定孩子的优点，这些都不利于引导孩子正确地评价自己，理智看待挫折和失败。

④让孩子有更多锻炼的机会，培养孩子面对挫折的勇气。很多家长的内心期望和实际教育往往是不对等的，就挫折的教育来说，他们希望自己的孩子能够勇敢坚强、坚韧不拔，在实际的教育中却总是事事为孩子代劳，让孩子得不到一点锻炼。

⑤肯定孩子的能力，鼓励孩子克服成长中的困难。当孩子在成长中遇到困难的时候，家长应该给予理解和肯定，而不要打击孩子。例如，当孩子学骑自行车学了很久都没有学会的时候，家长不能说"学不会就算了，再试也没有用"，而应该帮忙想办法，相信孩子的能力。

⑥因材施教，为孩子制订专属的挫折应对方案。每个孩子的能力不同、性格不同，家长应该有针对性地帮助孩子应对挫折，如有的孩子能力强、好胜心重，家长可以进行适当的激励；而有的孩子能力弱一些、性格偏内向，

家长应以鼓励为主，不能伤害孩子的自尊心。

5. 第五层：勇于参加对抗性的运动、喜欢展示自己、不断挑战、自我控制力强

对家长来说，孩子的教育是一个长期的过程，正如叶圣陶老先生说过的一样："教育是农业而非工业。"而在孩子的教育过程当中，自控能力的培养是十分重要的。

当一个一岁的宝宝正要伸手准备拿起电源插座来玩的时候，妈妈阻止了他，跟他说："这个危险，不能碰！"宝宝因此而停止了自己的动作，这便是自我控制的一个例子。培养孩子的自控能力，不仅有助于培养孩子的道德水平，提高孩子的人际交往能力，还有利于品格的塑造。根据心理学的研究，人在幼年阶段所培养的能力将有益于终生的发展。

而且，孩子成长的过程当中会经历几个叛逆期，在孩子出现叛逆行为时，教育会更加困难。家长应该在理解孩子所处年龄阶段特点的基础上培养孩子，明白其为何如此以自我为中心，不顾及他人的感受，只有这样才能更好地培养孩子的自我控制力。

6. 第六层：拥有成就感、敢于参与竞争

家长可以在日常的家庭教育当中，留心培养孩子的成就感，增强孩子的自信，让他更敢于参与竞争。

①"不耻下问"。为了激发孩子的成就感，家长可以让孩子给自己讲解一些问题。比如，当孩子对恐龙很感兴趣，了解很多有关恐龙的知识时，家长可以请教孩子："宝宝，你能告诉妈妈有关恐龙的一些知识吗？"

②向孩子寻求帮助。孩子虽然年纪小，很多能力还没得到充分发展，但他们也具有大人没有的一些优势。比如，他们的视力好，可以让他们帮忙找掉落的物品。

③给孩子一定的管理权。作为家庭的一员，孩子往往也希望能够参与家

庭生活的建设，提供力所能及的贡献，家长可以让孩子负责浇花等琐事。

④为孩子创造"献计献策"的机会。家长有时可以适当征求孩子的建议，让他帮忙出谋划策，比如，周末大家去哪里玩，需要带什么物品等。

⑤参与照顾家人。当家庭中有人生病，而别的大人又忙于工作的时候，可以让孩子帮忙照顾家人，倒水或者拿水果，这些都能提高其成就感。

尊重孩子的自然成长，有效培养和激发孩子的潜能

有关孩子的教育，法国哲学家爱尔维修说过这样一句话："即使是普通的孩子，如果教育得法，也能够成为不平凡的人。"其实，每一个孩子都具有无限的潜能，父母所应该做的就是使孩子的潜能得到最大限度的发挥。

有这样一则寓言故事：

> 有一个热爱冒险的小男孩，找到了老鹰的巢，并在里面发现了一枚蛋，于是，他就将这枚蛋放回了自己家的鸡窝中，过了几天，一只雏鹰便从鸡窝里出生了。对这只雏鹰来说，它所能看到的只有鸡，它明白自己跟它们长得不一样，却不知道自己除了外貌，在别的方面还有什么不同，直到有一天，它看见一只跟它长得一样的老鹰在天空中翱翔，它感到了内心强烈的欲望和翅膀所充满的力量，于是，一用力便飞了起来。它飞过了一座又一座山，最后冲入了云霄。

1. 了解多元智能理论，让孩子的潜能得到充分的发挥

父母都希望自己的孩子能够展现出非凡的能力，但并非所有的父母都了解人的智能结构，有些父母单纯地看重孩子的考试能力，结果导致孩子本应有的潜能未得到发挥。进化论的奠基人达尔文，从小就表现出了对自然的兴趣；奥地利作曲家莫扎特，幼年时就被称为"音乐神童"；而著名的漫画家朱德庸，虽然是老师眼中不折不扣的"差生"，却对画画无师自通……

加德纳认为人的智力应该是多元的，至少由以下九种智力构成，如图2－5所示。

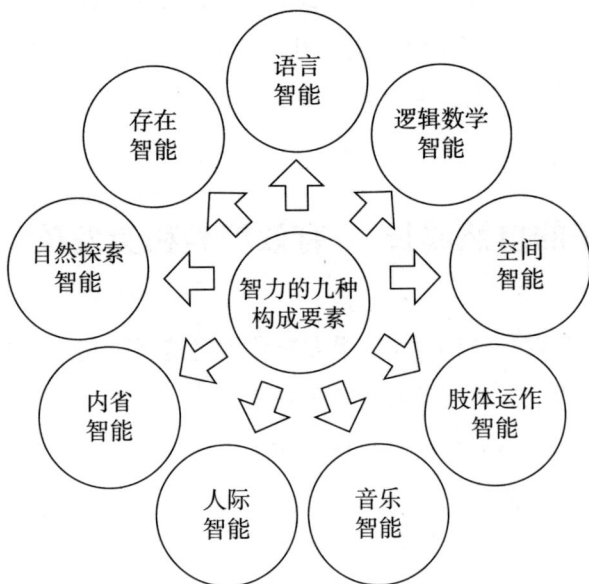

图2－5　智力的九种构成要素

（1）语言智能

主要指口头及书面语言的表达和理解能力，比如：喜欢诗歌、戏剧等语言形式为主的作品；能够用生动流利的语言向别人表述某件事；擅长学习一种新的语言等。

（2）逻辑数学智能

主要指与数字及推理相关的能力。逻辑数学智能强的人喜欢提出问题，并对问题进行推理和计算。

（3）空间智能

主要指人对于空间相关的位置、形状、线条、色彩等的感知和表达能力。空间智能强的人擅长通过意象等来思考和分析问题。

（4）肢体运作智能

主要指通过身体的运动来表达和创作事物的能力。比如，舞蹈家、艺术家、运动员等专业人员往往具有高超的肢体运作智能。

（5）音乐智能

主要指人对与音乐相关的音色、音调、旋律、节奏等的感知和表达能力。

（6）人际智能

主要指平常所说的处理人际关系的能力，比如，组织能力、协调能力、分析能力和合作能力等。

（7）内省智能

与上面提到的集中智能不同，内省智能是一种认识自己的能力，比如，对自己的分析和评价等。内省智能强的人往往更喜欢独立工作。

（8）自然探索智能

主要指对自然界当中的生物的观察和分析能力。

（9）存在智能

主要指个体对于人类相关的生存、发展、死亡等问题的分析和思考能力。

2. 建立良好的亲子关系，创设有利于孩子潜能发挥的家庭环境

人是环境的产物，良好的环境能够对孩子性格的养成和潜能的发挥起到潜移默化的感染和熏陶作用。

在家庭环境当中，最重要的就是亲子之间的关系。良好的亲子关系，应该是家长跟孩子之间能够相互尊重、相互理解。反之，如果家庭当中亲子之间的关系呈现不协调的状态，完全以父母为主导，或者完全以孩子为中心，都会使孩子的行为容易产生偏差。

在一名高二女生的日记里，她这样写道：我恨我的爸爸，他根本就不关心我，每次考完试，不管我有没有进步，他都会打骂我，现在他还经常擅自进我的房间，翻我的东西，看我的日记和信。前几天，因为我回家晚了，他不问青红皂白就把我的日记撕了，我恨死他了！

实际上，正常的亲子关系双方的地位并不可能完全平等，由于孩子发展和能力的局限，所以对父母有一定的依赖性，二者之间基本呈现一种亚平等的状态。而这种状态的基本特点如下：父母对待孩子的方式权威与民主兼备，

既可以对孩子提出一定的要求，又尊重孩子的选择。

3. 讲究"表扬与批评"的评价艺术，促进孩子自信心和主动性发展

　　日本心理学家多湖辉，小时候并不是一个乖孩子，他不仅学习成绩十分不理想，而且特别淘气，所就读的学校甚至想勒令他退学。但即便如此，多湖辉的母亲却一直在鼓励他，他母亲经常对他说："你现在虽然淘气，但总有一天你会热爱学习，会成为一个了不起的人的。"一开始，他并不相信母亲的话，但日久天长，他的观念发生了变化，他想：母亲这么信任自己，也许自己真的可以做得不错。于是，他开始努力，每当他遭遇挫折的时候，母亲的话就会浮现在他的脑海里，最终，他真的成为了"一个了不起的人"，仅在日本，他的书就已经出版了上千万册。

　　一个孩子的生命呈现怎样的状态，向着怎样的方向发展，其实，最根本的不在于他的智商有多高，而在于他有没有向上生长的信心和主动性。对家长的教育而言，讲究"表扬与批评"的评价艺术，对促进孩子自信心和主动性的发展大有裨益。

（1）注重过程性的评价

　　家长既然是发自内心地爱孩子，就不能只注重结果，而不关注过程。譬如，当一次考试结束后，别人的孩子都考了 90 分，而你的孩子只考了 70 分，你不能因此就对孩子破口大骂，有可能因为他不太习惯这个老师的讲课方式，虽然努力了，也只能考到这个分数，你应该跟他一起分析原因，共同寻找解决问题的办法。

（2）注重批评的艺术

　　毫无疑问，任何人都希望得到表扬，而不想得到批评，但批评如果得法的话，不仅不会伤害孩子的自尊心，还能够达到意想不到的效果。

　　第一，批评要巧妙。

　　我国著名的教育家孙敬修有一次看见几个孩子正在折一棵小树的树

枝，于是，他走过去，把耳朵靠近小树，做出一副正在听什么的样子。这几个孩子看到了，便好奇地问："爷爷，你在听什么啊？"孙老说："我听见小树在哭泣呢。"孩子们便惊讶地问："小树还会哭吗？"孙老回答："当然了，本来它还想努力长大，为大家服务呢，现在你们这么用力地折它，所以就会哭啊！"孩子们听了，觉得十分惭愧，不仅停止了伤害小树的举动，还自发地成立了"护林小分队"，保护树木不受人们的破坏。

第二，批评要委婉。

孩子的自尊心也很强，过于直接尖锐的批评不仅容易伤害他们的自尊心，让他们难以接受，还有可能引起他们的逆反心理。家长应该尽量以委婉的方式提出自己的批评，比如，说"如果你更讲卫生一些的话，大家就更喜欢你了！"要比"你这么不讲卫生，没有人会喜欢你的！"效果更好。

第三，批评要注意时机。

家长的批评要选择合适的时机。在外人面前，应尽量不批评孩子，这样容易让他们觉得没面子，产生抵触情绪；当孩子遇到挫折的时候，也尽量不批评他，否则容易伤害他幼小的心灵。

（3）无条件接纳孩子

所谓"金无足赤，人无完人"，每一个好孩子都既有优点和长处，也有缺点和不足，家长不应该试图努力把孩子变成一个"完人"、一个"别人家的孩子"，而应该无条件地接纳孩子，让孩子感觉得到父母的爱，这样更有利于他们潜能的发挥。

罗森塔尔效应的启示：憧憬、期待、
行动、感应、接受、外化

1968 年，美国心理学家雅各布森和罗森塔尔来到美国一所小学说要做一项有关学生"发展预测"的系统调查，"调查"结束后，两位心理学家还提供给了老师们一份名单，特别指出名单当中的学生"具有优异发展可能",将来都能够成为杰出的人才。最后,两位心理学家还对老师们要求这份名单应该是保密的,不应该让学生或者家长知道。

几个月后,当雅各布森和罗森塔尔再来到这所小学的时候,发现名单当中的学生不仅成绩都有了显著的提高,而且他们的性格也更加活泼。正当老师们觉得心理学家的预测十分有效的时候,罗森塔尔和雅各布森告知老师们,他们并没有做过什么调查,所给出的名单也只是随机抽取的。而这,就是心理学上著名的"罗森塔尔效应",也称"皮格马利翁效应"。

个体的发展受到主客观等多重因素的制约,而"罗森塔尔效应"所着重指出的则是心理因素的作用。既然罗森塔尔和雅各布森给出的名单是随机抽取的,为何名单当中学生的表现与预测的完全一致。这其中就涉及了六个心理机制,如图 2-6 所示。

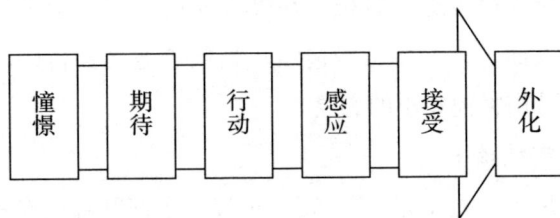

图 2-6　罗森塔尔效应的心理机制过程

憧憬:教师拿到名单后,会根据心理学家的话有一定想象。

期待:根据憧憬,教师便会期待名单当中的学生表现出应有的行为,比如,踊跃回答问题、积极思考、求知欲强等。

行动:根据憧憬和期待,教师在实际的教育过程中会刻意或不经意地采取一系列举动,比如,更加关注名单当中的学生,与他们有更多的眼神接触,对待他们的时候更有耐心等。

感应:经过一定时间的积累,名单当中的学生也能够感应到教师对待自己的这种态度的不同。

接受:在感应到教师态度的变化后,他们会接受一个信念,即认为自己应该是优秀的。

外化：最后，接受的信念会外化为行为，他们便如同教师所期待的一样，更加踊跃地回答问题，有更强的求知欲，与同学的关系更加融洽。

也就是说，名单当中的学生之所以会有显著的进步，最根本的原因在于教师的态度发生了变化。虽然教师答应心理学家名单会"保密"，但他们的态度却无法"保密"。当教师将自己的态度不自觉地流露出来后，学生便也会积极地"配合"，于是，名单的预测也是十分"有效"了。

心理学家们对两个班的学生布置了同样一个任务，让他们训练小白鼠走迷宫。所不同的是，在训练之前，心理学家们对第一个班的学生说："你们分到的这些小白鼠非常聪明，他们一定能学得很快。"而对第二个班的学生说："非常不幸，你们分到的这些小白鼠非常笨，你们训练它们也许需要花不少时间。"

结果，过了一段时间以后，第一个班训练的小白鼠80%都能够顺利通过迷宫，而第二个班训练的小白鼠恰好80%都无法通过迷宫。而实际上，两个班分到的小白鼠并没有明显的差别。

为什么当小白鼠的智商几乎没有差异的时候，训练的结果会如此不同？最根本的原因就在于训练小白鼠的学生们受到了心理学家话的暗示，所以，自认为在训练聪明小白鼠的学生会更有信心、更有耐心、更有热情，而自认为在训练笨小白鼠的学生则恰恰相反，他们认为小白鼠本身就是笨的，也理所应当是无法顺利通过迷宫的。

与上面提到的这两个实验一样，父母对孩子的态度会直接影响孩子的发展。

很多家长自觉对孩子的成长投入了足够的精力和心血，但孩子的发展仍然不尽如人意，最根本的原因就在于在家庭教育的过程中，没有摆正自己教育孩子的心态，往往是站在高高在上的角度，苛责孩子、训斥孩子、对孩子有诸多不满，而极少相信孩子有潜力成为一个优秀的人。家长在教育当中应该意识到，自己对孩子的赏识和期待能够给孩子强烈的心理暗示，激发他们达到你所预期的效果。

1. 发自内心地爱孩子

很多家长也许对我提到的这一条十分不屑，认为"我自己的孩子，我还会不爱他吗？"实际上，很多家长空有一颗爱孩子的心，孩子却未必领你的情。这都是因为爱的方式、方法不对，爱不是对他抱过高的期望，让他整天奔波于各种各样的辅导班；爱也不是让他成为"完美的人"，他稍有不对你便严厉训斥；爱更不只是提供丰富的物质和舒适的生活条件……家长对孩子发自内心的爱，应该是关怀、包容和理解、是无条件的积极关注，正如鲁迅先生所说："教育应该是源于爱的。"

2. 要真诚地理解孩子

教育应该以理解为前提，家长对孩子的理解首先应该是理解其所处的年龄阶段的特点，其次应该理解其内心。只有理解了孩子，才能找到最有效的教育方式，更好地促进孩子的发展。但是，有一点家长应该注意，理解不是生硬地获取信息，尤其当孩子进入青春期以后，会特别有隐私意识，家长应该给予足够的尊重。

3. 学会欣赏孩子

有一个叫娜娜的小姑娘，性格很内向，刚读小学的时候语文成绩非常差，尤其是作文，总是觉得无话可说。娜娜的妈妈带她来做咨询的时候，我先教给她写作文的基本方法，然后告诉娜娜的妈妈应该耐心地等待孩子的进步，当孩子有进步以后，应该多鼓励和表扬她。结果，娜娜的作文越写越好，小学三年级的时候还代表学校参加了市里的作文比赛，并且获得了一等奖。

写作的进步让娜娜越来越有自信和成就感，也让娜娜的妈妈明白了"唯心教育"的神奇。学英语以后，娜娜的口语一直不是很好，妈妈经常鼓励她："你这个单词说得很标准了。""连读也不错。""我觉得你的口语越说越好了，我相信你的口语一定能说得不错的。"娜娜觉得妈妈如此信任自己，于是也加倍地努力，并慢慢找到了学习口语的方法。

10 岁的一天，娜娜和妈妈正在一家餐厅吃东西，看见一个外国人正在跟服务员描述自己想点的菜，因为这位外国人不会说中文，而服务员又不懂英语，折腾了半天，服务员仍难以明白他的意思。于是，在妈妈的鼓励下，娜娜就走上前去主动帮忙沟通，这位外国人为了感谢娜娜给她买了一个冰激凌，而且竖起大拇指表扬她的口语说得真棒！得到了鼓励的娜娜，对英语的兴趣便更加浓厚，后来她被美国巴克利尔大学录取了。

根据马斯洛的需求层次理论，人都有得到归属、爱以及他人的尊重的需求，当家长能够以欣赏的眼光看待孩子的时候，孩子更能够获得进步的动力，努力发挥自身的潜能。

知识延展 不容忽视的启蒙教育： 促进孩子心智成熟的 13 个拓展小游戏

所谓的"心智"发育，就是指孩子在心理和智力方面的发育。孩子的心智发育程度对于孩子今后的成长具有至关重要的作用。那么对于父母来讲，如何让孩子的心智发育得更成熟，避免孩子在心理行为方面发生问题呢？有些儿童医学专家在这方面有着丰富的经验，值得年轻的爸爸妈妈们去学习和借鉴。

从我从事多年的儿童教育和心理研究积累的经验来看，有些孩子在大脑发育上没有任何的问题，在智力测试中也是属于高智商型的，但是为什么会在以后的成长过程中遇到学习和交往等方面的困难呢？

1. "心智"问题出现的关键原因

孩子在心智上出现问题，就会出现注意力不集中、记忆力差、行为冲动、讲话不利索、固执、胆小等特征，这就使得孩子的学习能力和学习效率都比较低。其实出现这种现象的原因主要是孩子的大脑功能发育不协调，大脑的整合功能不完善或者不健全，在医学上被称为感觉统合功能失调。

通过合理的心理和适当的感觉统合训练可以对孩子的感觉统合功能失调进行矫正，并且及早发现，及早矫正，效果会更好。否则，将会对孩子日后的生活和学习造成严重的影响。

许多父母在孩子刚刚出现心智发育不良的症状时，没有多加注意，甚至认为孩子还小，出现这样的症状是正常现象，其实这样的理解是错误的。因此，如果要做一个明智的父母，就应该从孩子还处在婴幼儿期的时候仔细观察孩子是否表现出心智上的问题，以便及时发现，及早预防，为孩子将来的成长成才扫清障碍。

2. 感觉统合失调的表现

感觉统合失调的表现会伴随着孩子的成长慢慢表现出来，症状的隐蔽期比较长，不易被发觉。因此，父母应该更加认真细致地观察，及时发现苗头，及时进行矫正。

如何才能判断孩子的感觉统合失调，下面有 14 个项目，如果孩子有符合 3 项以上的表现，就很有可能说明孩子有感觉统合失调方面的苗头，父母应该对此引起高度的重视。

①孩子在醒着的时候总喜欢爬上爬下，一刻也不得安生；

②孩子看起来总是心烦气躁，还经常摔东西和攻击别人；

③喜欢玩旋转类的游乐设施，而且不会感到眩晕；

④喜欢黏着妈妈或者某个人，要求被抱着；

⑤不喜欢跟陌生人接触，不喜欢处在陌生的环境中；

⑥挑食，不喜欢吃水果和蔬菜，只吃软饭、喝牛奶等；

⑦不喜欢跟小伙伴一起玩耍，一遇到陌生人就会害羞，躲进妈妈的怀抱；

⑧不喜欢待在空房间里，而且怕黑，需要有人随时陪着；

⑨认床，换了床或被子就睡不着觉；

⑩经常咬手指或指甲，怕剪指甲；

⑪对于在旁边的东西，不管是什么，都喜欢拿起来咬；

⑫不喜欢被别人摸脸，怕洗头发和剪头发；

⑬吃饭时经常掉饭菜，还流口水；

⑭说话说不清楚，发音不佳，语言能力发展比较缓慢等。

3. 家庭训练的项目和方法

如果孩子有感觉统合失调的苗头，父母也不要过于惊慌，可以通过一些简单的家庭训练对其进行矫正。具体来说，大致有以下几种家庭训练的项目：

（1）给孩子梳头

用梳子的尖端刺激孩子的头皮，然后顺势去梳头，也可以让孩子自己在镜子面前梳头，一方面可以锻炼孩子手指的精细运动，另一方面也可以让孩子了解自身的形象。

（2）给孩子抓痒

将孩子放躺在床上或沙发上，抓挠孩子的腋下和胸口，通过观察孩子的反应来控制用力的大小和刺激的程度。如果孩子对一些需要经常碰触他人的部位，如手、胳膊、腿、背部等，有比较强烈的反应，父母就应该增加游戏的强度。也可以选择用刷子、海绵等物体对孩子进行刺激，摩擦孩子的手、脚和全身。

（3）设计篮中寻宝游戏

准备一个篮子，在篮子中放入各种不同质感和不同重量的玩具，引导孩子将玩具从篮子中一一取出，然后父母将玩具的名称告诉孩子，再将所有的玩具一一放入篮子里，这样重复几次后，孩子就会在触摸不同质感的玩具的同时提升了触觉识别能力。

（4）设计箱中摸宝游戏

准备一个空纸箱，在纸箱上面开一个小口，口的大小以能够容纳孩子的手进出以及各种玩具进出即可。在纸箱中放入各种质地不同的玩具，然后父母随口说出玩具的名称，让孩子伸进纸箱里去找，找出来的同时能准确说出玩具的名称。

（5）给孩子做足底按摩

将沙子、碎石子、毛毯、树叶等不同质地的东西平铺在地上，让孩子光着脚在上面来回走，感受不同的触觉刺激，但是父母要保证孩子的安全，不要找一些带有尖儿或棱儿的碎石子，以免割伤孩子。

此外，在每晚睡觉前用温水泡完脚之后，父母可以用大拇指按压孩子的脚掌心，每只脚各按一百下，这样不仅可以训练孩子的触觉，还可以通过这种按摩促进孩子的血液循环，让孩子远离一些疾病。

（6）与孩子一起玩小飞机的游戏

爸爸或妈妈平躺在床上，向上伸出胳膊，双手穿过孩子的腋窝抓住孩子的肩膀，弯曲双腿用脚托住孩子的腹部。而孩子则抬高颈部，张开双臂，双腿并拢伸平，做成飞机的模样，这时候爸爸或妈妈就可以左右摇晃孩子，并说："小飞机飞起来了！"当然也可以选择站在孩子的背后，拉着孩子的双手，当左脚抬高时就拉着孩子向右倾，这样左右脚来回替换。

（7）让孩子玩骑棉被马的游戏

将棉被捆成一个圆桶状，让孩子骑在上面，或左右摇晃，或上下跳动，在左右摇晃的时候要保持双臂伸直。因为下面有棉被垫着，所以父母不用担心孩子的安全问题，可以尽情地让孩子在上面跳动，也可以用大枕头代替棉被。

（8）与孩子一起做四肢运动

将孩子放在床上，分别抓住孩子的双腿和双手，上下屈伸、开合，左右摇晃各 4 个节拍，再抓住孩子的右脚，向左摇过左脚的位置，接着抓住左脚向右摇过左脚的位置，这样重复几次，可以锻炼孩子的身体协调能力。

（9）与孩子一起做空中摇晃的运动

将孩子放在铺有比较厚的棉被的床上，一个人穿过孩子的腋窝抓住孩子的肩膀，另一个人则抓住孩子的双脚，然后轻轻晃动几下，将孩子丢向床铺，切记不要用力太猛，还要注意丢出孩子时，孩子与床铺的距离要保持在 10 公分之内。也可以让孩子躺在厚厚的棉被上，父母用手抓住棉被的四个角然后两边晃动一下，再将棉被和棉被上的孩子一起丢向床铺。这样的运动可以重复 5~8 次。

（10） 与孩子一起做摇小船的游戏

爸爸或者妈妈双脚并拢，双腿分开，与孩子面对面坐在床上，让孩子坐在大人的脚上，大人跟孩子手拉手，胳膊伸直，然后大人带着孩子一起前后摇摆，也可以向前或向后地移动，模拟小船在水中前进的情形，这个动作可以做至少 20 次。

（11） 让孩子在水中游戏

水的浮力和水温可以对孩子皮肤上的神经起到刺激作用，能够促进孩子触觉信息的协调，因此，对于训练孩子的感觉统合能力，有关水的游戏是可以发挥很大的作用的。可以在调试好的水中放入玩具，让孩子一边在水中玩玩具，一边用比较柔软的刷子刷孩子的身体，帮助孩子触觉苏醒。

（12） 让小皮球做孩子的好玩伴

当孩子躺着的时候，父母可以将小皮球贴着孩子的皮肤，从孩子的胸部滚到腹部再滚到头部，在滚动的过程中可以时轻时重，能让孩子感受到不同的感觉。也可以让孩子坐在小皮球上面弹动，让孩子的屁股感受球的弹性。

（13） 让孩子玩爬山洞的游戏

将家里的桌子、椅子等摆成几种不同高度、不同形态的组合，高椅子和桌子可以直接拿来用，如果是比较矮的凳子或箱子，就在两个物体之间架上硬纸板。当摆好这些组合之后，就训练孩子采用俯卧或仰躺的姿势从硬纸板或桌子、椅子下面钻来钻去，锻炼孩子身体的灵活性。

以上这些家庭训练的项目，家长们可以根据室温和气候特点自行进行调整，可以每天选择一两个项目，时常大约一个小时，只要慢慢坚持，大约 1~2 个月就可以看到效果。

第**3**章

2个教育原则：
增进亲子关系，引导孩子
走向心智成熟

心智教育原则 1：　父母是孩子心智教育的核心与源头

个体的生命就如同一条河流一样，下游出现的问题往往出现在源头和上游之上。换句话说，当一个孩子出现待人无礼、不爱学习、挥霍浪费等习惯的时候，往往是由于父母和家庭的教育出现了问题。而这，即是我们所提到的新知教育的第一个原则：父母是孩子心智教育的核心与源头。

1. 亲子关系模型及心智沟通

我们在前面已经讲过父母的言行举止、家庭氛围等对孩子心智教育的影响，下面，我们从母子和父子两种不同亲子关系的角度谈谈其对孩子心智的影响。

（1）母子关系

在一个家庭教育论坛里，有一位母亲向专家提出了这样一个问题：我的儿子今年已经 10 岁了，按道理说，妈妈和儿子的关系应该很亲密，但我俩的关系离"亲密"这两个字却隔了十万八千里。因为他小的时候，我工作很忙，所以他都是和爸爸生活在一起，每次看见我都很羞怯。现在他大一点了，有事情总是跟他爸爸聊，而不喜欢找我，有一次我听见他跟他爸爸谈话的时候，屡屡提到我都用"那个人"代替，而不称呼我"妈妈"，这让我觉得很寒心。而且，我从儿子的班主任那里了解到，他在学校也比较内向，基本没什么朋友，不知道这跟我是否有关系。

母亲作为孩子的第一抚养人，应该是与孩子关系最密切的，上面这个案例最后母亲提出的问题答案是肯定的，儿子人际关系方面的问题与其跟母亲之间的依恋没有很大关系。

根据心理学的研究，婴儿与母亲之间会建立一种特殊的情感连接，我们将其称为依恋。这种依恋关系的建立是由于婴儿出生后，大多数的时间都与母亲在一起，从母亲处得到食物、关注和爱抚，所以，母子依恋的形成是婴儿情绪社会化的一个重要标志。安全依恋关系的表现为：婴儿会特别关注母亲，希望得到母亲的抚摸和拥抱，跟母亲在一起时会觉得安全和愉快，当与母亲分离时则会产生焦虑和不安。

除此之外，能与母亲建立安全依恋关系的婴儿，情绪更加积极，更为活泼好动，智力方面的发展更快更健全，性格方面则更为自信勇敢，社会交往方面更容易信任他人，乐于与他人相处。所以，安全依恋关系的建立是孩子健康成长的重要条件。

为了建立安全的母子之间的依恋，母亲在抚养婴儿的过程中应该注意以下几点：

花更多的时间与孩子在一起；及时满足婴儿基本的生理需求；尽可能采用母乳喂养；及时关注和回应婴儿的情感需求；用温暖的语气与婴儿交流；支持婴儿独立的探索；学会辨别孩子不同信号所表达的含义。

当然，上面提到的建议只是其中的一部分，而且母子之间的相处并没有固定的模式，重要的一点在于母亲应该根据婴儿的气质类型等具体的特点来建立安全的依恋关系。

（2）父子关系

同样有一个父亲也提出了自己在家庭教育方面的疑问：我的女儿今年三岁了，我非常爱她，但是不知道为什么，女儿对我的情绪却很抵触，经常我想要抱她或者亲她的时候，她都会说："不要爸爸！""讨厌爸爸！""打爸爸！"这让我很苦恼，也找不到有效的解决方法。

由于受传统观念及社会环境等因素的影响，很多家庭当中都有一个观念，即认为抚养和教育孩子主要是母亲的责任，父亲则很少花时间与孩子相处，也不懂得怎样与孩子相处，因此，这就造成了孩子与父亲之间的关系比较疏远。孩子幼年时期情感的发展往往需要经历一个过程，从长时间的亲密接触到依恋感情的产生，建立良好亲子关系的关键时期即婴儿期，如果这个时期父亲与孩子的接触比较少，那么，在孩子以后的成长过程中也很难再获得良好的父子关系。

除亲子依恋建立的角度外，良好父子关系的建立还有一个重要的作用：培养孩子对性别的认知。

一般来说，父亲的教育对男孩的成长更加重要。因为，男孩对同性角色的最主要认知来源便是父亲，当他认识到自己所处的性别角色时，便会主动地模仿父亲的言行举止，并发展自己作为男性的勇敢、大度、谦让、果敢等良好的品质。而对女孩来说，对异性的认知也主要来源于父亲。除此之外，父亲在家庭当中的表现还会影响其对感情和家庭的初步认知。

因此，父亲也应该在孩子的家庭教育当中发挥应有的作用，培养和支持孩子的成长。

（3）父女关系

俗话说：女儿是父亲上辈子的情人。其实，这句话也可以反过来说：父亲是女儿最早的恋人。正如心理学家弗洛伊德所认为的，父亲是女儿形成女性气质的引导者、支持者和认可者。事实上，父亲对于女孩的心智成长、人格塑造、社交关系乃至亲密关系方面，有着非常重要的影响，甚至可以说，父亲直接影响到女儿未来的幸福指数。

对于女儿来说，父亲是她生命中的第一位男性，在某种程度上决定了女儿心目中男性的标准——女儿希望别的男孩像父亲对待自己那样来对待她。许多女孩成年后，不懂得与异性交往，其中与父亲教育有着非常直接的关系。如果说母女之间的亲密关系，能给女孩带来情感上的温馨和满足，那么父女之间的关系则使女孩初步懂得怎样与异性相处，以及如何维系与异性之间的关系。

通常来说，母亲对女儿的影响往往体现在生活层面上，而父亲对女儿的影响则往往体现在性格塑造和培养的问题上：母亲给予女儿的是一种无私的爱，父亲在家庭教育中往往是沉默寡言、不善于表达的角色，而女孩的心灵世界往往是灵敏而细腻的。对于父亲来说，倘若忽视对女儿的教育和沟通，女儿就会认为爸爸不爱自己。在这种心理影响下，女孩往往会变得自卑、内向、悲观，甚至影响到将来与异性的相处。

因此，在现代家庭教育中，父亲应该尽可能地抽出时间来陪伴女儿，倾听她们内心的想法和感受，并善于表达自己的情感，这样女孩就会变得坚强、自信、乐观。

(4) 母女关系

在家庭教育中，母亲在与女儿相处和沟通的过程中，最重要的任务就是时刻做女儿最好的榜样，在女儿成长道路上给予积极、正面的关怀和引导。换言之，女儿往往是妈妈的影子，不管你是否已经意识到，大多数女孩都会把自己的母亲当作模仿的对象。甚至在某种意义上说，母亲决定了女儿将来会成为一个怎样的人。

比如，母亲在家庭中的地位，会影响到将来女儿在她的家庭中的地位；母亲属于事业型的女人还是家庭型的女人，也会影响到女儿如何处理事业和家庭的关系；母亲的谈吐、性格、思想、社交能力……也往往会影响到女儿的个性和品德。

2. 从总统夫妇的教育方式中学习如何培养孩子

关注家长如何教育孩子，如何发挥其心智教育的核心和源头作用，我们有一个极佳的借鉴和参考对象，即有两个女儿的奥巴马总统和夫人米歇尔（如图 3 - 1 所示）。

严于律己，以身作则。作为总统的奥巴马及其夫人米歇尔，两个人日常的工作自然是异常忙碌，而且并非需要事事亲力亲为，但两个人却十分严于律己，是两个女儿学习的榜样。总统夫妇的生活不仅十分有规律，而且还会坚持做运动，有时候，奥巴马总统还会抽出时间做家务。

让孩子感觉到父母的爱。总统夫妇对两个女儿的爱体现在很多方面，比如：一起滑旱冰；带孩子排练舞蹈；辅导孩子完成作业；观看孩子的足球比赛等等。而且，有一件让总统先生特别自豪的事情，那就是在漫

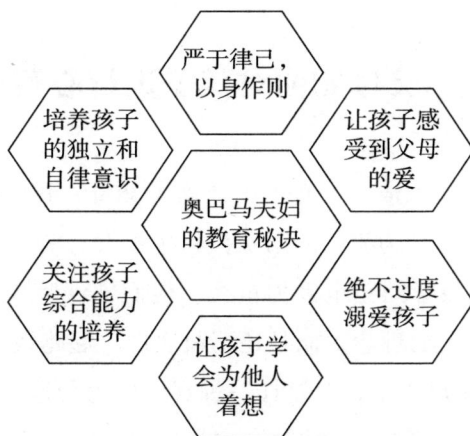

图3-1 奥巴马夫妇的教育秘诀

长的选举过程中，每次孩子的家长会他都参加了。

绝不过度溺爱孩子。理性的爱应该是适可而止的，总统夫妇也深知这一点，虽然作为总统，比平常人多享受了一些特权，但夫妇俩却绝不过于溺爱孩子。受美国文化的影响，两个女儿都对流行音乐等特别感兴趣，总统夫妇规定她们可以在业余时间欣赏，但不能违反学校的规定将电子产品带到学校。

让孩子学会为他人着想。奥巴马及其夫人十分重视培养孩子为他人着想，其中，奥巴马的家族还有一项特别的传统，那就是主动给予穷人救济。

关注孩子综合能力的培养。虽然总统夫妇也很重视孩子们的学习，奥巴马也曾因大女儿在一次考试中成绩不理想而感到失落，但两人更重视孩子综合能力的培养。

培养孩子的独立和自律意识。总统夫人米歇尔曾经谈到女儿教育中的一个小故事：有一天晚上，她要出席一个活动，于是在出发之前就叮嘱女儿们早点休息，不能玩到太晚，而两个女儿也履行了对妈妈的承诺，早早就上床睡觉了。

在启蒙阶段， 父母如何对孩子进行心智教育和培养

如今，80 后均已长大成人，有不少还做了父母，我国已经基本进入了一个"独带独"的时代。作为我国的第一代独生子女，80 后的父母们普遍文化程度较高，对孩子的教育问题也极为重视。他们不仅坚决秉承着"不让自己的孩子输在起跑线"上的理念，而且还不断地将"起跑线"一再提前。

在这些 80 后的父母当中，有这样一种观念极为普遍，那就是：如果想让自己的孩子在各个阶段都能成为同龄人中的佼佼者，就必须提早进行教育。因此，婴幼儿阶段的启蒙教育越来越受到重视。那么，究竟什么是启蒙教育？婴幼儿阶段应该进行怎样的启蒙教育，才能有利于孩子今后的长期发展呢？接下来我们就一起来分析一下。

广义的启蒙教育指的是一种忽略证明过程的教育方法，具体到婴幼儿的启蒙教育，则是指根据婴幼儿身心发展的特点，采用一种婴幼儿能够接受的方式和科学的方法，对其大脑进行启迪，促进身心各方面的发展。

目前，我国儿童入学的年龄一般是 6～7 岁，而我们所指的婴幼儿启蒙教育的时间一般是指 0～6 岁。在这一年龄阶段，虽然有部分婴幼儿已经入托或入幼，但其大部分的时间仍然是和父母在一起，而父母作为与孩子关系最密切的人，自然也应该把握对孩子进行教育的机会。

不过，大部分的家长虽然不吝时间、精力和钱财，却并不懂得怎样对孩子进行启蒙教育。0～6 岁，是培养孩子的自理能力、独立意识和行为习惯等的关键时期，但大部分的家长却把教育的主要内容放在了数字运算、诗歌背诵等认知教育方面，认为孩子早早学会这些，以后入学在同龄人中就更有优势。然而，过早的、片面的认知教育不仅不利于孩子的长远发展，而且有可能阻碍甚至抑制孩子的发展，降低孩子对知识的兴趣和学习的欲望。

我认为，对孩子进行启蒙教育时，应该从长远着手，从利于孩子生命健康和谐发展的角度入手，主要应该对婴幼儿进行四个方面的启蒙教育，即"做人""观世""处事"和"求知"。

1. 教孩子学"做人"

在任何阶段对孩子进行教育，都应该把"做人"教育放在第一位。有关做人的教育应该是一切教育的核心，也是教育的根本所在。

婴幼儿阶段的孩子就像一张白纸，具有极强的可塑性。而且，这个年龄段的孩子也最容易观察和模仿他人的行为。因此，在这个阶段对孩子进行"做人"的教育，比在其以后的发展过程中强行纠正，更能起到事半功倍的效果。

婴幼儿阶段"做人"教育的主要内容一般包括良好行为习惯的养成和健全人格的培养，另外，父母对婴幼儿的教育应该注意方式方法，遵循该年龄阶段孩子的身心发展特点和接受能力。如果我们了解一下欧美、日本等发达国家的教育，就会发现这些国家的父母都极其重视孩子的习惯、品格、独立意识等与做人有关的教育内容。以美国为例，一般在孩子一岁半左右的时候，父母就会培养其自我服务能力。该种能力的培养不仅有助于培养孩子的独立意识，而且有助于孩子良好个性的形成。

在父母的实际教育过程中，首先，应该明确"做人"教育的内容，例如：自尊自爱、独立自主、勇敢、大度、乐观等；其次，应该采取正确的方式方法，身教大于言传，以实际行动来给孩子做榜样永远比单纯的说教有用得多；最后，应该允许孩子犯错，给孩子足够的成长和探索空间，不能过分压制孩子。

2. 教孩子学"观世"

人是群体中的个体，也是处于社会环境当中的人，一个和谐发展的人应该对他人、对社会有正确的看法，而正确的"观世"态度也应该从婴幼儿阶段开始培养。主要的培养内容如图 3－2 所示。

（1）以礼待人

我国素来是礼仪之邦，礼仪教育应该是婴幼儿教育的主要内容。一个能

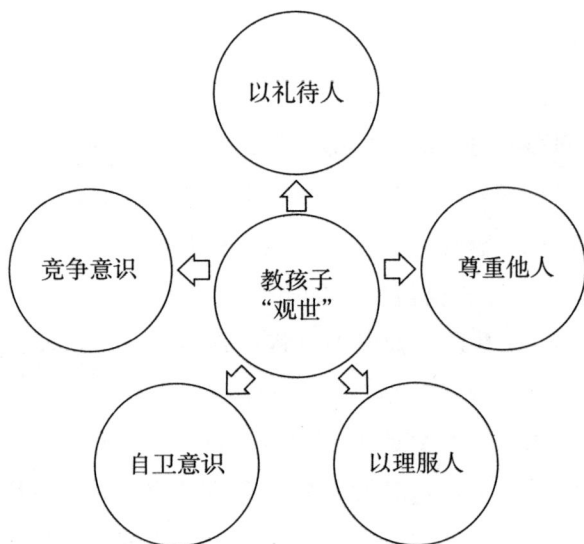

图 3-2　教孩子"观世"

够以礼待人的人，才能够赢得别人的尊重和好感，更好地与他人相处。父母在对婴幼儿进行礼仪教育时，可以参考《三字经》等经典，也可以通过讲故事或做示范的方法对婴幼儿进行引导。

(2) 尊重他人

"观世"教育首先包括对自己和他人的态度，当孩子处于婴幼儿阶段的时候，父母应该教育其正确地看待自己，既不自卑，也不自大；同时也应该教育其正确地看待他人，尊重他人，平等待人。

(3) 以理服人

"观世"教育包括教育孩子形成正确的解决问题的态度，最主要的在于能够以理服人。

(4) 自卫意识和能力

当个体处于婴幼儿阶段时，往往身体等各项机能还未发育健全，处于比较弱势的地位。当前，婴幼儿安全问题频发，部分也与父母的教育有一定关系。因此，在婴幼儿阶段，父母尤其应该注意自卫意识和能力的培养。

(5) 竞争意识

由于人并非独立的个体，因此不可避免地需要面对与他人的竞争。从婴幼儿阶段开始，父母就应该教育孩子正确看待与他人的竞争，并具有一定的竞争意识，以更好地促进自身的发展。

3. 教孩子学"处世"

"处世"一词其实更像是一个成人世界的用语，对婴幼儿的教育来说，其具体指的就是做事。

父母对婴幼儿的"处世"教育虽然是从一件件小事入手的，但实际上最重要的教育内容并不是怎样做某一件具体的事，而是应该培养孩子养成良好的做事习惯和正确的做事态度。

如今，科技飞速发展，生活节奏越来越快，对个体的要求也越来越高。在这样的背景下，当人们做事的时候，更容易"差之毫厘，谬以千里"。因此，家长一方面应该让孩子正确看待自己所做的事，不能敷衍；另一方面也应该培养孩子的做事习惯，如细心认真、不急不躁、善于思考等。

具体习惯和态度的培养则需要回归到具体的事件当中，比如：当孩子玩玩具时，家长应该先引导孩子认识到玩具是自己的朋友，要善待玩具；然后在具体玩的过程当中，家长可以培养孩子怎样使用不同的方法玩玩具，使游戏的过程更具有趣味性；最后，当孩子玩要结束以后，家长还应该引导孩子将玩具擦拭干净并放回原处。

4. 教孩子学"求知"

最后我们讲一下"求知"对孩子的重要性。我们在前文中已经提到过不主张家长在婴幼儿阶段片面教孩子认知，认知与我们这里所提到的"求知"有所不同。"求知"主要指的是一种对知识的渴望、对未知的好奇。

根据已有的研究成果，目前人类对大脑的开发和利用率非常低，这其实很大程度上也是由于人们的求知欲有限，对未知的事物缺乏应有的热情。就大脑开发的原理来说，如果你探求得越多，获取的也会越多，大脑的灵活性也会越高。

而婴幼儿阶段，父母对孩子求知欲的培养和激发，并不需要刻意而为之，自然地渗透到日常生活当中，寓教于乐的效果更好。例如，当父母带孩子去郊外游玩的时候，可以引导他观察大自然的草木虫鱼，教给他如何通过阳光和树影辨别方向，如何通过叫声识别是哪一种鸟或哪一种虫，如何种下一棵种子观察它生长的过程……

综上来说，在婴幼儿阶段，家长对孩子进行启蒙教育时，首先，应该放平心态，不过分为"起跑线"等理论所困扰；其次，应该了解婴幼儿的年龄特点，掌握正确的方式方法；最后，应该选择正确的教育内容，并从孩子的角度出发，学会用孩子的眼睛看世界，这样的启蒙教育才能够真正起到启人心智的效果。

破解亲子沟通密码， 拓展和提升孩子的心智认知能力

我们提到心智教育的第一个原则为，父母是孩子心智教育的核心与源头。那么，在父母对孩子心智教育的影响当中，亲子之间的沟通方式起着至关重要的作用。如果我们总是用错误的方式与孩子沟通，那么，必然不利于孩子的心智发展，而且有可能影响孩子的一生。

1. 错误的亲子沟通方式

错误的亲子方式在很多家庭的日常教育当中比比皆是，我简单地将其归为以下几类，家长可以对照参考，看看自己在对孩子的教育当中是否经常会采用这些不恰当的亲子沟通方式（如图3-3所示）。

（1）过于绝对的批评和指责

很多家长对孩子进行批评的时候，往往容易采用特别绝对的语气，而不注意方式、方法。比如，对孩子说："你怎么这么笨啊！""你做事情从来不让人放心！""你这样，大家都很讨厌你！"

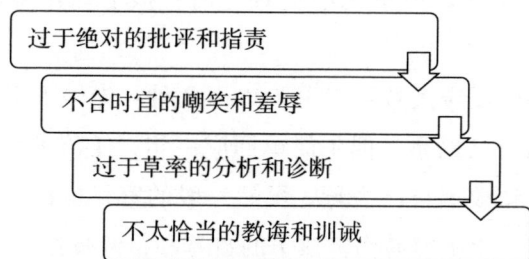

图 3 - 3 错误的沟通方式

（2）不合时宜的嘲笑和羞辱

有些家长认为年纪太小的孩子随便说两句没事，实际上孩子的自尊心都很强，尤其是年幼的孩子对自我的评价主要依据家长等对自己的评价，不合时宜的嘲笑和羞辱非常容易影响孩子的心智发展。

（3）过于草率的分析和诊断

有些家长在日常的教育当中经常缺乏耐心，不了解孩子的内心想法便过于草率地对孩子的想法和行为进行判断。比如说："我知道你是故意气我的！""你就是故意把碗摔碎了的！"等等。

（4）不太恰当的教诲和训诫

家长虽然有教育孩子的义务，但教育的内容应该是恰当的、准确的，比如"不管我说的对不对，你必须要听！"等不恰当的教诲和训诫属于错误的沟通方式。

2. 如何改善亲子沟通

（1）学会接纳孩子

心理学研究表明，改善亲子沟通的前提是家长应该学会接纳孩子。比如：认真解读孩子传达出的各种信息，并及时进行积极正面的回应；采用体贴、孩子容易接受的语言说服孩子；通过亲密的身体接触和善意的表情，让孩子感觉到自己被接纳。

（2）讲究沟通的技巧

①用心去听孩子的话。很多家长在日常生活当中，应该都会有这样的经

历：自己正忙于工作或家务事无心他顾之时，孩子却在旁边跟自己不停地说话。

此时，家长们的反应大致可以分为以下几种：先停下手中的事，专心听孩子讲话；继续做自己的事，偶尔简单回应一句；任孩子自己说，专心做自己事；感觉烦躁，让孩子自己去玩。虽然一般的家长也都明白第一种反应方式对孩子来说更好、更不容易伤害孩子的自尊心，但操作起来未必总是可行，因为家长肯定有很多自己的事需要做，不可能一直听孩子讲话，但是，家长也不能因此便敷衍孩子，而可以先跟他说明："爸爸（妈妈）现在有点忙，请等我十分钟。"让孩子既得到认真地对待，也能学会体谅他人。

②切勿嘲笑或蔑视孩子。孩子的世界与成人的世界不同，有时候他们认为一本正经、非常重要或饶有趣味的事情，家长未必也有同样的感觉。但当孩子认真告诉你的时候，家长切勿觉得孩子幼稚或可笑，然后嘲笑或蔑视孩子。在亲子沟通当中，家长应该把握好适当的幽默与嘲笑的区别。

③适当跟孩子分享自己的感受。虽然认知能力和社会经验有限，但孩子的眼睛和心灵都是十分敏感的，有时候他们非常容易觉察到家长态度或情绪的变化。因此，家长应时刻适当跟孩子分享自己的感受，这样孩子也会觉得自己的地位更平等，更乐于向你诉说自己的心情和想法。

④认识到身体语言的重要性。家长在与孩子进行沟通的时候，应该尽量使用正向身体语言，比如：目光的接触、身体的前倾、轻微的点头、轻抚肩膀或后辈等。

⑤采用具体的询问方式。家长如果希望了解孩子在学习或生活等方面的事情时，应该避免采用大而空式的提问，比如"今天在学校好吗？"而尽可能采用具体的询问方式，比如"吃午饭的时候，有什么有趣的事情发生吗？"这样孩子更容易回答，也更乐意回答。

⑥珍惜与孩子相处的时光。孩子的成长是十分快的，作为家长应该珍惜与孩子相处的时光，认真对待孩子。

⑦主动表达对孩子的爱。不要等孩子问"爸爸（妈妈）你爱我吗？"时，再去回答孩子，而应该在日常的教育和与孩子的沟通当中，主动表达对孩子的爱，而且应该让孩子意识到这种爱是父母发自内心的、无条件的。

⑧认识到倾听的重要性。亲子之间的沟通绝非家长的独角戏，由家长单方面对孩子进行教育，家长应该意识到孩子的主体地位，注意倾听孩子内心的想法。

另外，有效的倾听也是需要诀窍的，比如：家长倾听时，应该注意设身处地地理解孩子内心的感受，并且不能急于做出评价。

3. 亲子有效沟通的 20 个小方法

①做出判断之前，先听听孩子怎么说。

②尽可能花时间与他们相处，了解他们的习惯和喜好。

③明白自己的孩子是完美的，无条件地爱他们。

④让相互陪伴的时光更有意义。

⑤不拿孩子与他人进行比较。

⑥不要否定孩子异想天开的想法和创意。

⑦告诉孩子你为他而感到自豪。

⑧认真对待孩子的朋友，给他们足够的空间。

⑨跟孩子适当分享你的情绪。

⑩与孩子一起积极参与学校的集体活动。

⑪与孩子相关的事情，应该征求他的意见。

⑫保证孩子对其所属物品的占有权和支配权。

⑬分享孩子的快乐，与他一起开怀大笑。

⑭寻找自己和孩子共同的兴趣点。

⑮认真对待孩子的作业，并提供支持和帮助。

⑯发现孩子的兴趣点，并进行引导。

⑰找机会与孩子一起做饭或准备水果。

⑱告诉孩子你觉得他很棒。

⑲让孩子明白你永远是他坚强的后盾。

⑳耐心地解释孩子不明白的道理。

心智教育原则2： 孩子具有与生俱来的 "吸收性心智"

心智教育的第二个原则，即孩子具有与生俱来的"吸收性心智"。我们可以这样来理解：假设孩子是鱼，家庭是水，那么孩子的心就像海绵一样，具有极强的感受性和吸收性。

苏霍姆林斯基在其著作当中把儿童的成长比作大理石的雕塑，孩子这块大理石要变成一件雕塑作品，依次需要经过 6 位艺术家的雕刻过程，他们分别是：家庭、学校、集体、本人、书籍、其他偶然因素。由于家庭是个体接触最早的环境，因此有关的家庭的各个要素，比如，家庭的气氛、家庭的结构等都会对孩子的成长构成极其重要的影响。根据心理学及脑科学等领域的研究，个体从生活环境当中接受的刺激会影响其大脑的构造及潜能的发挥，并促使认知、情感等心理因素发生变化。

1. 思想道德的导向

家庭教育的首要任务在于使人之为人，也即培养孩子的思想品质。而个体的思想品质，主要是由家庭环境潜移默化的熏陶所导致的。

列宁的父亲曾担任省教育总督。从小，在列宁的印象当中，父亲便常年为了发展教育事业奔波在外，也正是父亲这种对事业的热情和献身精神深深影响了他，使他成为了"国际无产阶级革命的伟大导师和精神领袖"。

我国某地的一个农村家庭里，夫妇两人都是偷窃惯犯，而且品行极为不端，受二人影响，三个孩子从小就喜欢随便拿别人的东西，长大以后也走上了犯罪的道路。

家长的品行是孩子思想道德的基本导向，尤其对年幼的孩子来说，他们缺乏基本的认知和判断能力，善于模仿他人的行为，如果家长品行高尚，孩子也会努力成为一个具有良好思想品德的人；而如果家长的品行十分恶劣，那么孩子自然也会受其影响，成长为一个思想品德低下的人。

2. 兴趣爱好的诱发

如果我们仔细了解一下各行业内做出杰出贡献的人，就会发现他们当中很多人的家庭都是"世家"，可见，家庭的文化和氛围是诱发孩子兴趣爱好的温床。

曾经获得 1908 年诺贝尔生理学或医学奖的保罗·埃尔利希，他的父亲是一位著名的医生，保罗之所以在医学方面有杰出的贡献，跟父亲的熏陶是分不开的。童年的时候，父亲在家做医学实验的时候，保罗总会在一旁认真地观察，遇到不明白的问题，他既可以问父亲，也可以自己查阅父亲的医学图书，偶尔，父亲也需要他来充当"助手"。慢慢地，保罗对医学的兴趣越来越浓，并为人类医学事业做出了自己的贡献。

当然，并非仅仅"世家"才能够培养出此方面的专业人才。如果家长愿意为孩子兴趣的探索提供支持和帮助，照样有助于诱发他的兴趣爱好。

女孩芳芳的父母虽然都是普普通通的工人，但从小就为芳芳提供了非常好的阅读环境。周末或假期的时候，芳芳的父母就会带她去图书馆，让她随意选择自己喜欢的图书阅读。而每年芳芳生日收到的礼物，也是父母为她精心选购的图书。后来，芳芳读初二了，她已经发表了多篇小说。

青岛的洋洋读小学的时候通过学习的活动跟广州一个同龄的小朋友做了笔友，几年来，两个人互通了很多信件，他也积攒下了很多各式各样的邮票。开始的时候，洋洋对邮票并没有多少了解，有一天爸爸特地带他到朋友家里做客。爸爸的这个朋友正是一个资深的集邮爱好者，他不仅给洋洋展示了自己珍藏的上万枚邮票，而且详细地讲解了很多邮票方面的知识。此次拜访之后，洋洋也对集邮产生了浓厚的兴趣。

3. 想象力和创造力的激发

良好的家庭氛围有助于培养孩子的想象力和创造力，我们身边的很多父母虽然自诩非常重视孩子的发展，也为孩子买了很多书，但实际上孩子每个周末都得去的是学习辅导班，家里的书也都是习题集，这样培养出来的孩子有可能考试成绩非常令人满意，但想象力和创造力却十分贫乏。

伟大的发明家爱迪生，小的时候并不是老师眼里的好学生，但爱迪生的母亲却觉得儿子并不像老师说得那样糟糕，他喜欢动脑筋、爱问问题、能够主动进行探索，是一个求知欲强、想象力丰富的孩子。

爱迪生的母亲非常支持儿子各种各样的探索，除了对儿子稀奇古怪的问题有问必答以外，她还给儿子买了《派克科学读本》，支持儿子自己寻找答案和方法。当然，科学的道路从来就不是一片坦途，小爱迪生做实验的时候，曾经被猫抓伤过，也曾经在火车上引发过火灾，这也令爱迪生的母亲有一些担心，但她并没有打算因此就中断儿子追求科学的道路，而也正是因为这位伟大的母亲的鼓励和支持，才有了人人耳熟能详的大发明家爱迪生。

4. 良好性格的塑造

我们每个人都有这样的体会：现在的孩子生活条件越来越好，但性格却似乎越来越差了，脾气暴躁、意志力薄弱、缺乏耐心、自高自大……其实，这些与家庭环境和父母的教养是分不开的。

在特级教师于漪儿子黄肃接受采访时，他说道："我自己也从事教育事业，我观察过各种教师，但我母亲有很明显的一点，她看到学生，脸上就会绽开笑容。如果没有一种对学生深深的爱，是不会有这样的感受的。我母亲经常教导老师们，对学生的关心首先要对学生抱有一种深深的爱。"

在母亲的影响下，黄肃的性格被塑造得非常好，他不仅待人热情，而且极其豪爽洒脱。

5. 审美情趣的养成

家庭的环境和父母的喜好对孩子审美情趣的养成起着十分重要的作用。比如：家具的摆设、花草的栽培、装饰物的选择以及父母的衣着等，都会影响孩子的审美情趣。

为了培养孩子健康的审美情趣，家长可以参考以下几点：多带孩子外出游玩，让孩子领略大自然的美妙和神奇；切勿让孩子接触网吧、游戏厅等有可能损害身心健康的场所；在家中墙壁及孩子的卧室悬挂几幅适合幼儿欣赏的名画；选择美妙的音乐作品播放给孩子听；带孩子练习书法，陶冶孩子的情操；布置孩子的房间时适当听取孩子个人的建议；家中摆设尽可能简单大方。

父母的言行举止，影响到孩子的心智模式和自我认知

牛牛的妈妈最近特别苦恼，因为 3 岁的牛牛经常便秘。去医院检查的时候，医生说是由于牛牛饮食不均衡导致的。原来，牛牛非常挑食，不喜欢吃水果、蔬菜，只喜欢吃零食和肉类。而牛牛的爸爸妈妈此前并未觉得孩子这样的饮食有什么不妥，因为他们的饮食习惯也是一样的。

朵朵的爸爸本来并不喜欢读书，但自从朵朵出生以后，他便每天强迫自己读书。他说，只有自己有良好的阅读习惯，朵朵才会耳濡目染喜欢读书。

家庭是孩子成长最重要的环境，父母是孩子的第一任老师。"有其父，必有其子"一言，所指的除了生理遗传方面的影响以外，父母的言行举止也会对孩子的心智模式和自我认知产生影响。

1. 父母的言语对孩子的影响

一天，同事因为有事让我帮忙照顾一下 4 岁的女儿。小姑娘性格十分活泼，也很聪明伶俐，很快就跟我玩起了游戏。正在做游戏的过程中，小姑娘突然说了一句："叔叔你是猪！"我很纳闷，不明白一个 4 岁的小姑娘怎么会突然说出这样的话，而且她说完之后还非常快乐，仿佛觉得十分有趣。于是，我问她从哪里学到的这句话，她说："我妈妈经常会说我爸爸是猪。"

我们每一个人都明白礼貌文明的用语才适合交际，一些不恰当的言语不仅会伤害对方的感情，也会影响个人的形象。所以，作为父母，在家庭中，应该注意用语，不能因为疏忽大意就放任孩子不经过滤地学习，更不能在孩子因为无知而对他人说了不礼貌的话语之后，还认为是"聪明"的表现而沾沾自喜。

孩子虽然小，但其观察和模仿能力却很强，父母的每一句恰当或不恰当的话都可能被他们记在心里并加以模仿。"祸从口出"，一旦孩子习得了错误的语言模式，家长再想纠正就十分困难了。

2. 父母的行为举止对孩子的影响

虽然我们通常所说的家庭教育以语言为主，但父母的行为其实更能起到"无声胜有声"的效果。

一般，在家庭教育当中，父母往往习惯通过语言教育孩子该怎样做事，比如：待人应有礼貌，要讲究卫生，过马路注意红绿灯等。而根据家长的教育，孩子也会在大脑当中建立一个"信息库"，在以后的生活当中，当孩子遇到类似的事情时，就会根据"信息库"当中的信息进行处理。如果家长的实际行动与其对孩子的要求相符，那么孩子就会巩固"信息库"当中的信息；而如果家长的实际行为与自己对孩子的要求不符，例如，自己过马路的时候闯红灯，孩子就会产生混乱，而更倾向于根据家长的行为更改自己"信息库"当中的信息。

另外，由于年幼的孩子认知能力和社会经验不足，父母在日常生活当中对事情的情绪反应及处理方式，也会影响孩子的自我认知和心智模式。

以对待受伤的反应为例，个体成年以后的反应和应对方式与幼年时家长的应对方式有直接的关系。

一个一周岁的孩子刚刚学会走路，摇摇晃晃地在床上走，突然被某个东西绊倒了，脑袋磕到了床边，便哇哇大哭起来。

母亲甲：慌张地跑过去，紧张地抱起孩子，厉声训斥旁边的父亲："你怎么看孩子的？你看看他脑袋摔的！"然后，边拍打床边安慰孩子："坏床，让你磕到我们家乖宝宝，揍死你！"

母亲乙：赶紧跑过去，发现孩子没有危险之后，轻轻抚摸孩子的后背安慰孩子："没事的，妈妈陪着你，一会儿就好了，以后走路可要小心哦！"

上面案例当中，虽然甲、乙两位母亲都非常心疼孩子，但所采取的行为是不同的。我们经常教育孩子要勇敢、要坚强，但母亲甲的行为会夸大摔倒带来的痛苦，而且责备爸爸和床的行为也不利于培养孩子的责任意识。母亲乙的做法相对来说更加恰当一些，不仅让孩子感觉到了母亲的保护和安慰，而且不至于让孩子对痛苦太敏感，也有利于培养孩子对自己行为负责的意识。

3. 父母的哪些言行举止会毁掉孩子

家庭教育当中，如果父母不注意自己的言行举止，就有可能毁掉孩子。这绝不是危言耸听，错误的言行举止在孩子成长过程当中的危害是致命的。下面，我总结了一些父母在家庭当中有可能出现的错误表现，家长朋友们可以进行参照。

①认为孩子各方面都不行、事事都不如自己的意。有部分家长经常喜欢使用打击式的语言跟孩子交流，让孩子觉得长相、能力、性格等方面一无

是处。

②经常拿自己的孩子与"别人家的孩子"进行比较。有些家长经常挂在嘴边的话就是："你看××，人家各方面都比你强！"

③让孩子产生内疚和自责情绪。父母对孩子的爱应该是最无私的，如果总是对孩子说自己如何"伟大"，很容易让孩子产生内疚和自责的情绪。这类最常用的话，比如："我为你操碎了心，你快把我气死了！"

④用高亢而尖锐的语气跟孩子交流。有些父母跟孩子交流时，似乎时刻都要把自己家长的权威搬出来镇压孩子一般，喜欢使用高分贝的语气，语言的内容也往往十分尖刻，比如："我怎么生出来你这么笨的孩子！"

⑤不给孩子一点自由，对孩子的一切全盘操控。部分父母喜欢对自己的孩子管头管脚，即使在孩子已经完全具有自理能力以后，仍然喜欢全盘操控，比如，孩子穿什么样的衣服、留什么样的发型、交什么样的朋友等都会审查一番。

⑥经常把怒气发泄到孩子身上。有些家长不会合理地控制和发泄自己的情绪，经常一有怒气就往孩子身上发泄，这样不仅会打击孩子的自尊心，还会增强孩子的无助感和自卑心理。

⑦对孩子有求必应。虽然家长有抚养孩子的义务，但对孩子提出的要求应该进行衡量，不然孩子会理所当然地觉得自己的所有要求都应该被满足。

⑧不及时纠正孩子不恰当的语言。有些父母会觉得自己的孩子事事都好，当孩子说出一些不恰当的语言时，不仅不加制止，反而会认为自己的孩子"聪明""机智"。

⑨认为"树大自然直"，不纠正孩子不恰当的行为。孩子幼年时期一些不恰当的行为虽然有可能是因为身心发育不成熟，但如果父母不及时纠正而放任不管的话，容易"习惯成自然"。

⑩怕孩子受伤害，不纠正孩子的错误。主要表现为当孩子侵犯了别人的利益时，不明确地告知孩子，而自己偷偷进行弥补。

⑪在他人面前让孩子出丑。"己所不欲，勿施于人"的道理很多父母都明白，却从未这样做过，经常在外人面前说些让自己孩子觉得窘迫难堪的事。

引导孩子走向心智成熟， 家长必须要扮演好 6 种角色

家长不仅有抚养孩子的义务，还有教育孩子的义务，家长的教育对孩子身心各方面的发展起着至关重要的作用。但在家长教育孩子的过程中，只有爱是远远不够的，正如一句俗话所说："爱孩子，这是连母鸡都会的，教育好孩子却是一门艺术。"家长要教育好孩子，要引导孩子走向心智成熟，首先应该明确自己的"角色定位"。我认为，在家庭教育中，家长必须要扮演好 6 种角色：人生导师、生活教练、学习榜样、知心朋友、激励大师和坚强后盾（如图 3 – 4 所示）。

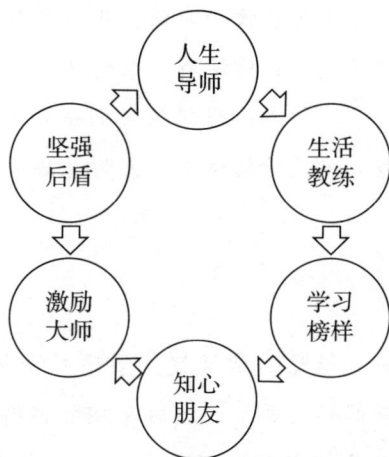

图 3 – 4　家长必须要扮演的 6 种角色

1. 人生导师

近几年，国内有关富二代、官二代以及星二代的负面报道屡见不鲜，这不由得让人思考：究竟是什么原因，让这些物质欲望已经得到极大满足的孩子走上了错误的，甚至是犯罪的人生道路呢？家长对孩子的教育，首先应该

体现在人生观和价值观的引导上，家长在家庭当中的一个重要角色便是孩子的人生导师。

儿子进入初中后，学习也忙碌了很多，难得周末有时间，我便打算陪他去买一双鞋子。虽然这并不是第一次让他自己挑选鞋子，但我们来到商场以后，他看到各种款式的鞋子仍然很兴奋。

很快，儿子就看中了一双样式十分新颖的帆布鞋，高帮的设计和大胆的配色确实让这双鞋子看上去与众不同。但儿子试穿的时候，却发现了这双鞋子的一个弊端——鞋帮太高，穿脱的时候都比较费力。于是，我跟儿子进行了沟通，我觉得一双鞋子首先应该舒适，样式是其次的，华而不实不值得选，儿子也同意了我的看法。很快，我们又走到了新百伦的专区，这边的鞋子虽然设计很好，舒适度也很高，但无奈上架的都是新款，价格太贵，正当我犹豫的时候，儿子笑着对我说："价格太高的我们就不要考虑，过于追求品牌没有什么意义。"我知道处于青春期的孩子难免喜欢攀比，儿子之所以这样想跟我们一直以来的引导有关。最后，儿子选择了一双图案大方、价格适中、上脚也舒服的鞋子。

2. 生活教练

宁宁读小学的时候性格非常活泼，学习成绩也名列前茅，但小学毕业那年，宁宁的爸爸妈妈离婚了，然后又相继再婚了。从那以后，爸爸、妈妈的精力都放在自己的新家和工作上，对宁宁的生活不管不问。宁宁平时住校，周末的时候跟着爷爷奶奶一起生活，她觉得自己变成了没有家的可怜孩子，不仅性格越来越孤僻，学习成绩也一落千丈。

每个孩子都需要家庭的温暖和父母的体贴，只有在父母的关爱中长大的孩子，才能够健康快乐地成长。而作为父母来说，也有照顾和抚养孩子的义务，即使如同上面的案例中宁宁的父母，离婚了也应该给予孩子生活的照顾。现实生活中，还有一些父母因为工作的繁忙而忽略了对孩子的关心。要知道，对孩子来说，他们最需要的是父母的陪伴。

作为生活教练，家长应该做到：关心孩子的身体状况，保证孩子的身体健康；顾及孩子的内心感受，注重孩子的心理需求；站在孩子的立场思考问题，与孩子的心灵产生共鸣；抽出时间陪伴孩子，从细节当中体现对孩子的爱。

3. 学习榜样

作为孩子成长过程中的第一任老师，家长应该成为孩子学习的榜样。而具体的学习内容，应该包括孩子成长以及成人后融入社会的方方面面。

第一课：如何尊重他人？

家长在平时生活当中对待他人，尤其是对待伴侣的方式，会直接地影响孩子。如果家长待人处处体现对他人的尊重，孩子也会以此要求自己。

第二课：互相合作还是单打独斗？

孩子处理任务的方式除了受其特定的心理因素影响以外，还会受到生活经验的影响。如果平时的家务父母是分工的，孩子便会形成应该分工合作的认识，相反，则容易形成"家务就应该是女人来干"的错误认知。

第三课：强权还是协商？

比如，全家打算去一个地点旅游、准备去哪吃饭以及购买什么样的家用电器的时候，是平等协商还是由一个人说了算，都会影响孩子处理此类事的态度。

第四课：如何真诚地表达歉意？

生活当中难免会有摩擦，家长处理摩擦及表达歉意的方式，能够让孩子学会如何解决冲突及照顾他人的感受。

第五课：如何与他人建立亲密关系？

目前我国的独生子女家庭越来越多，孩子已经难以与兄弟姐妹建立亲密的关系，所以，父母以及其他家人之间的亲密关系会成为孩子日后与他人建立亲密关系的参照。

第六课：是否应该跟别人分享？

家长应该从小事当中体现分享的意义，让孩子理解与他人分享的乐趣。

……

4. 知心朋友

我最喜欢的作家汪曾祺先生有一篇文章，题目为《多年父子成兄弟》。有了女儿以后，我也一直在向汪老学习，慢慢地，我跟女儿也成了"姐妹"、成了无话不谈的好朋友。

每天，女儿放学回家以后，都会急不可耐地把这一天发生的事情对我倾诉，比如：今天上了什么课，她觉得哪一节课收获最大，是否发生了让她觉得郁闷的事，等等。除了跟我分享她的快乐和烦恼，有时她还主动让我帮她出谋划策。记得她读初一的时候，有一天她放学回来特别沮丧，看见我在家便赶紧跟我说自己跟同桌闹矛盾了，问我该怎么办。我了解了事情的原委之后，告诉她友情需要维护，心胸应该宽阔一点，并建议她第二天主动给同桌带她喜欢的面包。女儿采纳了我的建议，第二天放学后便兴高采烈地告诉我她们和好了。除此之外，女儿也会经常给我提建议，比如，我衣服的穿搭、PPT的设计等，她都会提出自己的感受和想法。一路走来，我很高兴有女儿这个既贴心又亲密的朋友。

教育不一定非要高高在上，朋友般的亲子关系所带来的"润物细无声"的效果也许会胜过无数刻意为之的教育。而这就要求家长：

（1）不当"法官"，做"律师"

如果我们把孩子当作"当事人"的话，那么作为朋友的家长需要做的并不是做出最终决断的"法官"，而应该是了解"当事人"的心理，充当陪伴"当事人"的"律师"。

（2）不当"裁判"，做"啦啦队"

作为朋友一般的家长，对待孩子的成长不应该像"裁判"一般为其"盖棺定论"，而应该像"拉拉队"一样为其加油打气。

（3）不当"驯兽师"，做"镜子"

孩子虽然年幼，但依然有丰富的内心和多彩的愿望，家长不能像"驯兽师"一般，武断地依据自己的要求规定孩子的成长方向，而应该如同"镜子"一般，引导孩子主动发现问题，探寻自己的道路。

5. 激励大师

每一个人的潜力都是十分巨大的，处于成长过程当中的孩子更有无限的潜能可供挖掘。我国老一辈的教育家陈鹤琴先生认为：每一个孩子都希望被称赞和鼓励，给孩子积极的鼓励能让他们做得更好。而所谓"劝将不如激将"，家长应该学会怎样自如地运用多种激励方法，做孩子成长道路上的激励大师。

东东今年 7 岁了，平时非常喜欢打游戏。周末的时候，爸爸去公司加班，嘱咐东东帮妈妈一起打扫卫生。但爸爸走后，东东很快又打起游戏来了。

妈妈让东东帮忙，东东不耐烦地嘟囔道："没看我正忙着呢吗？你自己打扫也可以啊！"听到东东这样说，一开始妈妈挺生气的，但她知道如果自己发火的话只会让事情更加糟糕。于是，妈妈灵机一动，装作很忧愁的样子自言自语道："你说可怎么办？"果然，东东好奇地问："什么怎么办？"妈妈说："你已经 7 岁了，还不会扫地，长大了也什么都不会怎么办呢？"东东大笑着说："扫地多简单呀！我是不愿意干！"妈妈露出不屑的神情说："也不是谁都能扫干净的。"东东一听着急了，认认真真扫起地来。妈妈这时称赞东东说："原来你能扫得这么干净呀！这下我就放心了。"

6. 坚强后盾

孩子的成长过程当中难免会遇到困难和挫折，这时家长就应该成为孩子坚强的后盾，为孩子提供支持，创造条件让他更好地成长，而不至于被困难和挫折压垮和打败。

　　由于妍妍的学习成绩一般，性格又比较内向，在同龄人当中，她并不出色和显眼。也许因为自卑，妍妍不太喜欢跟其他同学一起玩，有时候学校里有集体活动，她也会找借口不参加。为此，妍妍的妈妈很着急，一直努力寻找机会让妍妍变得自信。

　　这天，妍妍放学回家后告诉妈妈教室后面的墙上本来是有很多挂东西的挂钩的，现在大部分都已经坏了，原先挂在上面的活动记录现在都堆在地上，不仅妨碍美观，也不方便。妈妈知道妍妍的手工做得非常好，于是便鼓励她说："你可以想办法修一修啊！"妍妍有些犹豫地说："我不知道会不会修。"妈妈笑着说："不是本来就坏了吗，你试试就行，如果弄不好就算了。"

　　结果，当天晚上妍妍就想出来几个方案，最终跟妈妈共同商定了一个。第二天一大早，妈妈就陪着妍妍去把挂钩修好了。老师发现以后，在班上夸奖了她。而因为这次夸奖，妍妍变得自信了很多，对班集体的活动热心了起来，跟同学们相处得也更融洽了。

10 问家长：　你是否给孩子营造了良好的心智培养环境

　　要想让孩子拥有一个良好的心智，离不开父母悉心的教育和培养。现在的孩子大都是独生子女，可谓是集万千宠爱于一身，为了能让孩子健康快乐地成长，家长们劳心劳累，付出了很多，但是孩子依然会在学习上和心理上出现各种各样的问题，具体表现在以下几方面。

　　学习上：孩子能够专注地组装出一个机器人或赛车，但却很难将注意力集中在作业上；孩子喜欢读书，却不愿意上学；孩子可以应付单纯的记忆训练，但是却没有耐心思考一个问题；孩子能够完成数学作业，但是对于写作和阅读却没有兴趣；孩子的口语表达非常流畅，但是却没法写出一篇比较通顺的作文；如果没有大人在旁边监管，孩子很难独立完成一件事；孩子迷恋虚拟的网络世界不能自拔，但是对于荒废的学业也时时感到恐慌……

心理上：孩子开始变得心事重重，而且不愿意与父母进行沟通；孩子不知道从什么时候起不再与父母亲近，喜欢自己待在一个安静的地方；不知道从什么时候起，孩子开始喜欢跟父母撒谎，并且喜欢为自己的错误找借口；不知道从什么时候起，孩子的脸上少了笑容，多了愁闷；不知道从什么时候起，孩子开始变得自卑；不知道从什么时候起，孩子不再听父母的话……

美国作家罗素认为，在对孩子的教育中只有融入科学和爱，才是真正完美的。孩子之所以会在学习上和心理上出现问题，就是因为家长们在教育孩子的过程中缺失了科学和爱两者之一。因此，帮助孩子重塑自信，学会控制自己的情绪以及构筑认知策略，形成良好的心智，父母们责无旁贷。

下面我将从 10 个具体的案例出发，分析研究在孩子的成长过程中，父母应该怎么做？

1. 你每周有多少时间是跟孩子在一起的

【案例 1】

小张是一位三十多岁的女性，已婚。虽然她现在有了稳定的工作和爱自己的丈夫，生活也比较富足，但是她晚上经常失眠，一遇到事情就紧张焦虑没有自信。后来在跟她聊天的时候得知，小的时候她的父母一直忙于事业，于是就将她放在了寄宿学校，并且还经常忽视她的感受。她总是希望在她心情不好的时候，父母能来照顾她，潜意识里她将父母的这种照顾理解成为了小时候父母对她忽视的弥补。

结论：从上述案例可以看出，正是因为父母在孩子小的时候没有经常陪伴孩子，没有及时给予孩子关爱，才让孩子在长大后依然缺乏安全感，不能开心快乐地生活。因此，无论父母工作有多忙，事业有多大，都希望你们能够抽出更多的时间与孩子进行沟通和交流，多多了解孩子的内心世界，及时发现孩子可能在心理上出现的问题，尽早地帮助孩子解决。

经常陪伴孩子，对于孩子的心理来说也会感受到父母对他的重视，会不自觉地让孩子的内心产生安全感。

当你实在是有事情无法脱身的时候，也要主动地跟孩子解释清楚，主动跟孩子道歉。此外，你也可以选择其他的方式来关心孩子，比如经常给他打电话，或者在出差回来的时候给他带礼物等，这些方法如果使用得当也会让孩子感受到你是在乎他的。

2. 你会给孩子讲故事吗

【案例2】

有一位成年男性，总是强迫性地问身边的人一些问题，比如说，鸟为什么会飞？人是从哪里来的？……对于这样的问题，我们可能会感到很可笑，觉得这么大了竟然不知道答案。但是对于他来讲，他确实是不知道的，因为他在小时候问自己的父母同样的问题时，父母总是用类似"本来就是这样啊"的答案搪塞他，于是这些问题就一直困扰着他，即便有人告诉了他答案，他还是非常困惑。

结论：孩子在成长过程中会提出各种各样千奇百怪的问题，对于这些问题，父母如果回答得漫不经心、模模糊糊、随意搪塞，就可能会让这些问题困扰孩子一生。因此，父母可以通过给孩子讲故事的方式，用故事中的事例或道理来尽量解答孩子的疑问。

父母听孩子讲故事可以了解孩子的思维和对事物的认知程度，检验对孩子思维的开发和培养有没有效果，以便及时调整相应的教育计划。而给孩子讲故事可以帮助孩子开拓思维。

研究表明，语言是思维的工具，有利于思想的交流和思维的创造。给孩子讲故事或者听孩子讲故事都可以让孩子的心智得到开发和锻炼，同时还可以让孩子在聆听或者阅读中了解故事的道理或比较简单的历史。

3. 你跟孩子做过游戏吗

【案例 3】

在一次亲子活动中，老师要求孩子自己画一幅全家福，要求画上自己、爸爸和妈妈，当然也可以画上其他更多的人。孩子们都很认真地趴在自己桌子上画画。其中有一个孩子画的画引起了大多数人的注意，他是这样画的：在他的这幅画上一共有三个人，妈妈是流着眼泪的，而爸爸的眉毛是竖起来的，显得很生气，而他将自己画得很小很小。其实从这幅画上就可以看出，小孩子的爸爸妈妈关系并不好，而且孩子也表现出了很强的自卑感。后来在询问了孩子的妈妈之后才得知，事实真的是如此。

结论：其实跟孩子一块做游戏并不仅仅是为了玩，也是为了更好地了解孩子的内心世界。比如，与孩子在一起搭积木，通过绘画讲故事以及一起表演童话故事里面的角色等，来了解孩子的认知风格、思维习惯、行为方式等。

在教育孩子的过程中只有能够吸引孩子兴趣的东西，孩子才可以更加快乐地学习，因此父母要经常转换自己的教育方式，通过各种有趣的方式来教育孩子，让孩子在一种轻松愉快的环境中成长，促进孩子心智的健康培养。

4. 你认为了解自己的孩子吗

【案例 4】

小敏是一个正值花季、刚刚 17 岁的小女孩，本应充满青春活力，但是在她的脸上却很少看到笑容，因为她患有抑郁症，平时很少跟身边的人交流，她认为没人了解她，也没人能懂她。她在抑郁症比较严重的时候甚至想过要自杀。

小敏除了喜欢看电视外没什么特殊的爱好，她对外界的一切认知都是通过电视了解到的。但是父母要求她好好学习，就不再允许她看电视了。于是她听从了父母的话，再也不看电视了。

刚开始她一直很想去看电视，但是有一次她听到妈妈在跟别人谈话的时候说，我们家小敏不喜欢看电视，于是她就再也不去看电视了。

但是她从此内心更加压抑，也自认为自己做了很大的牺牲。平时同学们在班里聊什么她也不懂，于是就变得更加自卑，慢慢地就患上了抑郁症。

结论：案例中小敏的父母没有做到走进孩子的内心世界倾听孩子的真实想法，仍然将自己的想法加诸在孩子身上，认为自己这样做是为她好。结果最终让孩子更加封闭，更加自卑。因此，父母应该与孩子经常进行交流，从多角度来了解孩子。对于你认为不应该或者错误的想法或行为，不要急着去阻止孩子，以免使孩子的心灵受到打击，慢慢关上自己的心门。

平时多花点心思去关怀和了解孩子，对于跟孩子产生分歧的意见或想法，要真诚地与他们探讨，不要经常拿别人的孩子来跟自家的孩子相比。

在许多父母看来，他们是最了解自己孩子的人，其实不然，大部分父母都忽视了孩子的内心世界，你了解的孩子只是你想让他成为什么样子的孩子。所以说，父母还需要更加深入地了解孩子，要鼓励孩子说出自己的真实感受和想法。

5. 你能发现孩子的优点并鼓励和相信他吗

【案例5】

小兵研究生已经毕业了，但是现在却一直待业在家，他虽然是高才生，但是却一直感到很自卑。小兵家里只有他自己一个孩子，从小父亲就对他很严厉，从没有夸奖过他。当他考试取得很好的成绩的时候，父亲不会说任何鼓励的话；但是当他考得差的时候，就会遭到父亲的一通打骂。

平时父亲也经常说他笨，很少坐下来跟他聊天，于是他的性格变得越来越内向。其实小兵之前有一份很多人都很羡慕的工作，但是就是因为有一次领导批评他，他没有能力去反驳，再加上内心压抑了太久，于是就一下子爆发选择了辞职。

结论：小兵由于在小的时候没有得到父母的鼓励和赞扬，于是变得自卑和不自信。因此，父母要谨记，在孩子成长过程中，必要的鼓励和信任能够增加孩子的自信，帮助孩子养成勇于承担责任的好习惯。

父母要经常鼓励孩子，当孩子遇到难题难以解决时，先不要急着替孩子解决，首先要给予孩子信任，告诉他，相信他自己能够解决。然后鼓励孩子自主完成。当孩子获得成功时，要给予及时地表扬；当孩子失败时，要与孩子共同探讨失败的原因，及时引导孩子走出失败的阴影。孩子自信的形成与父母的赞赏有很大的关系，当然夸奖孩子时切记不要盲目。

6. 你有认真倾听过孩子的想法吗

【案例 6】

小易虽然只有 17 岁，但是却已经是在英国留学了两年的留学生了。这一次，他再也不想去英国继续留学了。在父母看来，去国外读书能够接受更好的教育，对孩子未来的发展也比较有帮助。

但在小易看来，在英国没有自己的朋友，不习惯那里的饮食和文化，已经很难承受了。但是父母认为这种小小的困难根本不能够成为放弃的理由，于是坚决地给孩子买了飞往英国的机票。

小易觉得父母根本就不理解他内心的想法，也不能体会他在英国留学时经历的事情。口口声声说是为他好，但是他却过得一点都不开心。

结论：小易的父母在送孩子出国留学的时候没有征求过孩子的意见，不知道孩子是不是真的愿意去外国读书，就自认为只要是为孩子好就可以，而这恰恰与小易的真实想法相背离，于是才出现了案例中小易忍受了许久之后终于开始反抗父母的事情。

在孩子很小的时候，父母就应该学会认真倾听孩子的心声和意见，培养孩子形成经常对父母说心里话的习惯。这样可以帮助父母了解自己孩子的性格特点和心理变化，及时引导孩子在正确的道路上快乐成长。

当父母听到与自己意见相左的想法时，千万不要急躁，要耐心地听取孩子的想法，理解孩子产生这种想法的原因，学会与孩子讨论而不是直截了当地拒绝。

随着孩子慢慢长大，他们便有了自己的意识和思维。虽然在父母看来，一切做法的出发点都是为了孩子好，但是对于孩子的想法和意见父母还是应该认真听取的。

此外，父母还应该注意培养孩子独立自主的能力、勇于承担责任的能力和面对困难的能力。当孩子在困难面前退缩时，父母可以这样告诉孩子：人的一生会遇到各种各样的困难，不管面对什么样的困难，我们都要有勇气来面对，勇气的产生不仅是对我们自身力量的一种肯定，也是面对生活时的一种积极的心态。曾经爸爸也遇到过同样的困难，但是只要我们勇敢地去面对，一切都会慢慢好起来的。

7. 你会阻止孩子"胡思乱想"吗

【案例7】

阿姆斯特朗是第一个登上月球的美国人，在他小的时候，他非常喜欢"胡思乱想"，有一次，他正在院子里面玩耍，妈妈叫他回屋吃饭。他告诉妈妈，他正在跟月亮姐姐聊天。于是妈妈回答说，好啊，那你跟月亮姐姐聊完天之后记得回去吃饭哦。结果，他成为了第一个登上月球的人。

结论：小阿姆斯特朗拥有非常丰富的想象力，这种在外人看来根本就不合实际的想法，促使他不断奋进，最终实现了自己的梦想。

爱因斯坦说过，想象力比知识更加重要。知识是有限的，但是想象力却是无限的，可以推动人们不断前进。因此，家长要挖掘孩子自身的潜力，拓宽孩子的想象力，这就需要家长们多多鼓励孩子去主动思考，亲自尝试。

一般情况下，孩子在没有任何规划的情况下，如果给予其适当地教育和培养，鼓励和激发，孩子就能利用自己丰富的想象力，创作出一幅画，一首诗，甚至是一支动人的歌曲。

8. 孩子如果"犯错"，你怎么办

【案例 8】

小臣原来非常活泼开朗，也很喜欢捣乱，常常将刚买的新玩具拆开。对于孩子的这一点小臣的爸爸妈妈非常不喜欢，常常责怪小臣，而且也不再给小臣买新玩具了。于是小臣变得沉默寡言，性格越来越古怪，不喜欢跟父母说话，也不爱跟同学一起玩了。对于学习也不是很上心了。

后来仔细问过小臣才得知，他喜欢拆玩具就是想知道里面是怎么回事，并不是要捣乱，但是爸爸妈妈还因为这样责骂他，让他就没有兴趣了。

结论：小臣的父母认为孩子这样捣乱是不听话的表现，是不对的，忽略了对孩子兴趣的培养，也失去了挖掘孩子潜能的机会。

父母要学会正确看待孩子的破坏行为和你所认为的"错误"，只有鼓励孩子长期去做自己喜欢做的事情，才能够帮助他找到兴趣，进而充分发挥他的潜能。

当孩子在做他感兴趣的事情的时候，能因为好奇而激发自己的思维，也会因为执着的探索而帮助孩子养成努力、专注的个性。

9. 你自己的情绪是否会影响到孩子

【案例 9】

小晴今年 15 岁，因为父母经常闹矛盾，所以早早就离婚了，而她则一直跟着母亲在一起，每天母亲都愁眉苦脸，唉声叹气。久而久之，小晴也感觉到家里很压抑，脸上的笑容越来越少，学习也逐渐跟不上了。

母亲看到小晴这样非常担心，于是想要找机会跟小晴谈谈，当她才刚刚开口说话的时候，小晴就说了一句话："你还是先管好你自己吧。"这样一句话让母亲哑口无言，母亲这才意识到原来是自己的情绪影响到了孩子。

结论：小晴母亲平日里没有处理好自己的情绪，但是却在潜移默化中影响到了小晴的情绪，让小晴也逐渐变得不开心和压抑。

父母平时一定要学会管理自己的情绪，或许在你看来不经意的一件小事就会给孩子带来极大的伤害。

不管在任何方面，父母都是孩子最好的榜样。当父母自身在工作、感情以及人际交往方面不顺利时，一定不要沉浸在痛苦和烦恼之中，要积极寻找有效的解决方案，及时调整不良的情绪状态，当然也要跟孩子进行交流，让孩子从中学习。

当夫妻之间在孩子面前吵架，争得不可开交的时候，一定要注意顾虑孩子的感受，告诉孩子，爸爸妈妈之间只是因为一些事情而不开心，但只要给爸爸妈妈一点时间，我们一定会努力调整好自己的情绪。这样的话虽然不可能一下子解开孩子心中的困惑，但是他还是会多少理解你们一下的。

10. 在孩子眼中，你是一个怎样的父母

【案例10】

有一次晚饭过后，一家三口在一起聊天，于是妈妈提议，要不做一个小游戏吧。孩子高呼同意。妈妈接着说："我们分别拿一张纸，写出或者用画笔画出你心中的其他两个人是什么样子或者是你希望他成为什么样子，好吗？"

在得到响应后，一家三口就分别开始在纸上忙碌了起来。半个小时后，大家纷纷交换各自的纸张。孩子在纸张上描绘的父母是非常唠叨的形象，纸张上的他们好似一直在唠唠叨叨地说个不停。

于是这对年轻的父母也开始反思，是不是平时对孩子耳提面命的太多了，

让孩子产生了反感。

结论：俗话说，有一千个读者就会有一千个哈姆雷特。不同的人在不同的人眼中会有不同的形象，孩子也不例外。或许在父母看来，自己整天在孩子耳边一遍一遍地叮咛，无非就是想让孩子少走一些弯路，每天都能健康快乐地成长，但是在孩子眼中，你的这种做法就是一种不信任和不尊重。

但是，无论孩子眼中的你让你感到开心或者失望，无论孩子对你有怎样的期待，首先父母应该努力做一个学会认真倾听的父母，而不是整天在孩子耳边唠叨的父母；努力做一个激励孩子的父母，而不是孩子一犯错就严加苛责的父母；努力做一个大方可爱的父母，而不是一个对孩子严格要求的父母。

第4章

3个教育秘籍：
正念、利他和延迟满足

正念的力量：　培养孩子自信，　提升孩子的受挫能力

"正念"一词，最早出自佛教《四念住经》，20 世纪 70 年代被西方的心理学界所重视，后来逐渐成为了心理治疗中最重要的技术之一。目前，正念的应用范围已经十分广泛，包括焦虑症状、抑郁症状的缓解，以及婚恋关系和亲子关系的改善。我们这里所提到的主要是关于正念如何在家庭教育当中培养孩子自信，提升孩子的受挫能力的应用。

关于正念这方面的应用，我们先来举一个例子。

Marva Collins 的父亲是一名非裔美国人，她的母亲是一名美洲印第安人，20 世纪 30 年代，Marva Collins 出生之时，阿拉巴马州的种族歧视非常严重。不过，从小 Marva 的父亲就一直鼓励她："Marva，你这一生将会有作为。你可以成为一名秘书。"Marva 的父亲之所以会这么说，是因为 Marva 的种族背景和性别决定了她要成为一名秘书难于登天。

不过，在父亲的鼓励和 Marva 的不懈努力下，她真的成了一名秘书。但是，Marva 发现她并不喜欢这份工作，而对教书产生了浓厚的兴趣。于是，通过夜校的学习，Marva 成为了芝加哥一所公立学校的老师。

原本这个地区的青少年犯罪和吸毒问题非常严重，大部分学生既不喜欢学习，也不喜欢学校，但是经过 Marva 的努力，奇迹发生了，那些原本被认为"朽木不可雕"的学生有了极大的改变，Marva 所教的三四年级的学生就可以做高中的数学题，还能够读爱默生和莎士比亚的作品。

后来，Marva 创办了自己的学校，虽然一开始，教室是家里的厨房，

只有四个学生，学习环境无比艰苦，但后来到 Marva 家学习的学生越来越多，学生们的学习热情也非常高涨，而且，最后 Marva 教的所有学生都上了大学。

1979 年，CBS《60 分钟》节目的制作人做了一期讲述 Marva 故事的节目，使 Marva 名声大噪。此后，美国总统里根和布什都曾经邀请 Marva 出任教育部部长一职，但都被 Marva 拒绝了，她说："我太喜欢教师这个职业了。"

那么，Marva 的教育究竟存在什么样的秘密，使得奇迹发生呢？Marva 说，我一直相信自己能够做得很好，我也希望我教的学生能够相信自己。从我教他们的第一天，我就会不断重复：你很好，你很聪明，你很棒，你很优秀，不要抱怨任何人，让幸福和快乐发生在你身上。如果他们犯了错，我的惩罚就是让他们写出犯错的 100 个原因，要按字母顺序写，而且写的必须是褒义词，不能够重复。Marva 的学生都说："我不能犯错了，我已经厌倦告诉她我有多么好了。"

上述案例就是正念在教育中具有何种作用的绝佳阐释。有一位致力于研究家庭教育的专家曾经说过这样一句话："教育的终极秘密就是坚信你能'行'。"而这种所谓的"行"的坚信就是正念，孩子跟成人一样，他们需要别人的肯定和信任，这种信任会让他们的潜力得到巨大的发挥。心理学上有一个有名的原理叫作"皮格马利翁效应"，说的也是同样的道理。

那么，父母应该怎样做才能发挥正念的力量，培养孩子自信，提升孩子的受挫能力呢？见图 4-1。

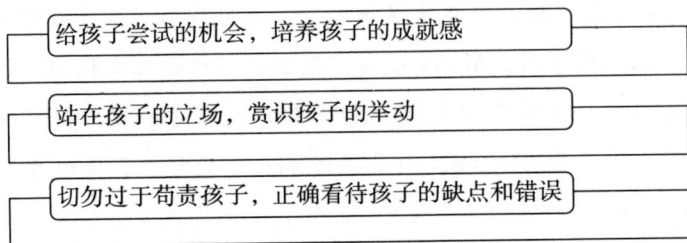

给孩子尝试的机会，培养孩子的成就感

站在孩子的立场，赏识孩子的举动

切勿过于苛责孩子，正确看待孩子的缺点和错误

图 4-1　家长如何发挥正念的力量

1. 给孩子尝试的机会，培养孩子的成就感

很多家庭里面孩子吃饭用的碗跟大人的碗是不一样的，几乎都是大人用瓷碗，孩子用不容易打碎的碗。周周两岁以前没有自己的碗，但两岁以后用的就是跟我们一样的瓷碗了。

有一次，周周吃饭的时候不小心把碗打碎了，看着自己手里好好的碗变成了满地的碎片，周周非常害怕，一下就哭了起来。我赶紧安慰她说："没关系，妈妈打扫干净就可以了。妈妈再给你一个新的碗，不过你以后要注意，看看怎样做碗不容易摔碎。"从那以后，周周吃饭的时候就总是认真捧着碗，再也没把碗摔碎过。

不仅如此，我有时候还让周周把用过的碗帮忙放到洗碗槽里。第一次的时候，我的心里非常忐忑，把碗摔碎了事小，如果伤到孩子就麻烦了。于是，我跟在她后面，心想如果她摔倒了，我可以赶紧把她扶起来。不过，周周发现以后跟我说："我自己行，不要妈妈跟着。"我想我既然让她做，就应该相信她。果然，她成功地把碗放进了洗碗槽。

由于年龄、身心发展等方面的限制，孩子在成长过程中总是避免不了犯错。就像上面案例中两岁的周周打碎碗一样，他们并不是故意的。如果这时父母批评他们，并且以"为了让你不打碎，就不给你用瓷碗"的理由对待他们，他们也能够感觉到父母的不信任，变得更不自信。而如果父母对他们给予足够的信任，并让他们获得成就感的话，孩子的潜力会非常巨大。

2. 站在孩子的立场，赏识孩子的举动

我家住的那条街道两旁长了几棵参天大树，我小的时候经常和小伙伴们爬到树上玩耍，不过我们玩的时候经常会有一个人负责"放风"，而"放风"侦察的对象就是我们的家长。如果有家长看到的话，他往往就会训斥我们："快下来，不然从树上摔下来就有你们受的了！"

有一次，我们玩得实在太开心了，在树上一边唱歌一边摇晃。玩兴正浓的我一低头，恰好看到了我妈妈，她正从路边经过。我心想：完蛋了，肯定要被训了！就在这时，妈妈朝我大声喊道："你比我小时候厉害多了，爬得这么高，不过要小心哦。"然后，她就骑上自行车回家去了。

为此，我的朋友们都非常羡慕我。有时，他们遇到困难害怕问自己的父母，却喜欢到我家里来向我的妈妈求助。

上述案例中提到的爬树这件事，不同的妈妈会有不同的反应，但出发点无疑都是为了孩子好。但前一种训斥孩子的妈妈，他们虽然尽力保护孩子的生命安全，但却扼杀了孩子的好奇心和创造力，剥夺了孩子应有的天真和快乐，让孩子长大以后容易变得懦弱，行事不够果决；而后一种鼓励和肯定孩子的妈妈既提醒了孩子应该注意安全，又保护了孩子的探索精神，更有利于培养孩子的自信。

3. 切勿过于苛责孩子，正确看待孩子的缺点和错误

宁宁是一个非常认真的小女孩，每次考试或参加比赛，她都能取得不错的成绩，但优秀的宁宁却并不自信，每次要参加大型的比赛或活动之前，她总是有很多顾虑和担心，搞得自己非常紧张。

宁宁的爸爸脾气比较急躁，每当看见宁宁紧张的时候，他就会非常着急，而如果宁宁取得的成绩并没有达到他的要求的话，他总会忍不住训斥宁宁。结果，宁宁越来越不喜欢参加比赛和考试了。妈妈知道了之后，决定跟宁宁聊一聊。

有一天，刚好爸爸不在家，妈妈问宁宁："妈妈知道你非常聪明，也很认真，那你能告诉妈妈为什么你不喜欢参加比赛和考试吗？"宁宁说："我怕不能取得好成绩，我怕让爸爸生气。"妈妈说："一共有那么多学生，肯定不是每个人都能取得好成绩，你只要尽力了就值得表扬，爸爸做得确实不好，妈妈以后会跟爸爸沟通的。"听到妈妈这样说，宁宁非常高兴。

在孩子漫长的成长道路上，家长应该有耐心，切勿过于苛责孩子。当孩子取得成绩和进步的时候，应该给予鼓励；当孩子遇到失败和挫折的时候，应该帮助孩子分析原因，使他更有信心和勇气前行。

发自内心地相信孩子，给孩子提供积极正面的力量

很多家长为了孩子的教育不惜人力、物力和财力，可是到最后不仅孩子没有按照家长预想的方向成长，而且亲子关系也出现了很大的问题，其实，我认为家长的教育最重要的一点就是：发自内心地相信孩子，给孩子提供积极正面的力量。

很多家长认为孩子年龄比较小的时候，应该尽可能地保护和引导他，待到合适的年龄，等他具有足够的能力了，才能放手去信任他。其实这样的观点是不对的，即使是很小的孩子，如果你发自内心地相信他，他也能够感觉到，并且会给予你回应。不过，家长应该考虑到各个年龄阶段孩子的特点，不能一概而论。

1. 婴儿期

谈到信任，很多家长有可能理所当然地就不会将婴儿期的孩子考虑在内，这主要是因为婴儿期的孩子年龄较小，心智功能并不健全，但实际上婴儿期的孩子同样需要家长的信任。

就吃饭的问题来说，无论多小的孩子饥饿的时候都会向家长发出信息，家长会根据获得的信息对婴儿进行喂食；而婴儿吃饱之后，往往就不会再主动进食了。事实上，按照婴儿的进食要求进行喂养，完全可以满足其对食物的需求，但现实生活中，还会有两类不同的父母。一类是在婴儿不饿的时候，就给婴儿喂食，当婴儿已经吃饱以后，仍然担心婴儿没有获得足够的食物，继续喂食；另一类对婴儿发出的信息不敏感，

当婴儿饥饿的时候，不能及时为婴儿提供食物，而当婴儿还未获取足够的食物时，就已经先行停止了喂食的过程。

弗洛伊德曾经将人一生的发展分为几个阶段，认为人在每一个阶段都会有特定的要求，如果要求得到恰当的满足，就能够顺利过渡到下一个阶段；如果要求得不到满足或得到的量超过了本身的需求，都会使当前的阶段发生固着，影响今后的心理和行为。具体到婴儿期，则是弗洛伊德提到的口唇期，如果婴儿需要食物的时候得不到满足或过分被满足，就有可能造成口唇期固着，在个体成年以后出现喜欢吸烟、骂人等不恰当的行为。

当婴儿的年龄稍微大一点以后，能够发出来的信息就更多了，这时家长应该给予孩子更多的信任。

（1）吃饭

这个年龄的孩子虽然由于肌肉的力量和关节的灵活度还不完善，不能自如地一个人用餐具吃饭，但看到大人使用筷子、勺子等便也希望尝试。因此，家长不妨给孩子尝试的机会。为孩子准备一些稍微黏稠的稀饭和一个方便抓握的勺子，让孩子尽可能地去尝试。虽然家长有可能需要多花出几倍的时间进行清理，但孩子自己吃到嘴里之后所获得的快乐也是加倍的。

（2）思想的表达

这一年龄段的孩子已经初步具备了自己的想法和喜好，家长应该尽可能给孩子表达的机会。比如：为孩子准备饭之前询问他，想吃稀饭还是面条；给孩子买衣服或鞋子的时候，问问他喜不喜欢、舒不舒服……

即使在婴儿期，父母的信任也会对孩子的心理和行为产生很大的影响，父母在孩子表达能力有限的婴儿期更应该充分相信其发出的信息，让他获得被信任的感觉，使他更顺利地成长。

2. 幼儿期

虽然相对于婴儿期而言，幼儿期的孩子身体的各项机能已经比较完善，但在大多数家长眼里，他们还是"小宝宝"，需要家长的精心呵护，但实际上，如果家长采用合适的方法，并给予孩子足够的信任，孩子可以做到的事情有很多。

我的儿子满满今年五岁了，读幼儿园中班。虽然我经常跟满满说："妈妈像你这么大的时候，已经会帮外婆做饭了。"但事实上，我从来不敢想象满满这么大也能帮我做饭。

每个周四，满满所在的幼儿园都有一项特别的活动，那就是小朋友们上午的点心由他们自己准备。如果你认为小朋友们要做的只是把老师买来的蛋糕和水果摆在盘子里，那你就错了，他们需要做的远不止这些。小朋友们需要洗水果、把果酱涂在面包上，还需要洗菜做蔬菜沙拉。

也许你会觉得不可思议：为什么老师会让小朋友干这么复杂的事情呢？不怕小朋友把衣服弄脏，不怕他们受伤吗？我原本也是这样想的，但参加过一次以后，所有的顾虑都打消了。因为，老师们已经把可能遇到的问题和危险都考虑到了，并且提前采取了预防措施，加之孩子们使用的都是适合他们年龄的工具，所以活动进行得非常顺利，孩子们也乐在其中。

而满满自从在幼儿园有了基本的烹饪经验以后，我每次做饭的时候，他也主动要求帮忙。现在，他不仅能帮我择菜、洗菜，还能帮我打鸡蛋。虽然原先一顿饭我自己做只需要半个小时，现在满满帮忙时间反而更长了，但看到他越来越熟练、越来越自信和有成就感，我觉得非常值得。

其实，幼儿期的孩子能做的事情已经有很多，除了一些吃饭、穿衣等生活自理方面的事情外，孩子还可以帮家长做一些力所能及的家务，当家长让孩子去做的时候，对孩子一定要有足够的耐心和信任，不管他完成的结果怎样，都应该尽可能地肯定和鼓励孩子。

3. 儿童期

儿童期的孩子基本上正处于进入小学的阶段，他们的身心发育已经比较完善，这时父母完全可以给予他们足够的信任。但在现实生活中，有很多家长考虑到社会不安定因素多，总是对孩子过于担心和忧虑，而这也部分导致了一些孩子直至成年仍不够独立。

佳佳5岁的时候，我跟她一起读过一本书，叫作《第一次上街买东西》，书里把孩子第一次上街的情景刻画得栩栩如生，尤其是孩子那种期待和紧张交织在一起的情绪，真可以算得上细致入微。

自从看了那本书，佳佳也曾经几次向我提出要一个人上街买东西。不过，每次我都考虑到她年龄太小，怕遇到不安全的因素或者难以解决的麻烦，于是，几次我都敷衍过去了，但我知道佳佳还一直期待着。转眼间，佳佳上小学了，她成长的愿望也越来越强烈。

这天我做饭的时候，发现家里的醋恰好没有了，于是我对佳佳说："佳佳，你能帮妈妈去楼下的便利店买一瓶醋吗？"佳佳立刻从沙发上坐起来，大声回答说："好的！"便拿着钱和钥匙，兴冲冲地下楼了。由于到便利店要穿过一条马路，所以我并不是很放心。于是，我把炉子上的火熄灭以后，远远地跟在她后面，只见她过马路之前耐心地等着红绿灯，然后穿过了人行横道，不一会儿就拿着醋从对面的便利店回来了。回来以后，佳佳兴奋地跟我说了自己买醋的整个过程，我也发自肺腑地夸奖了她，她还说，自己也要以《第一次上街买东西》为题目，写一篇作文呢！

4. 青少年期

因为女儿中考要考游泳，但她的成绩却一直不能达标，这让我很着急，于是，这天她说要跟同学一起训练的时候我也一起去了，想看一看她的表现。

开始的时候她游得非常用力，但后来就跟不上了，游到70多米的时候，不知为什么她就停在那里不动了。我生气地朝她喊道："你在发什么呆呢！马上要考试了，你练成这样啊？你给我过来！"但她低着头，看都不看我。我又喊道："你转过头来！"她还是没有转过头，只是侧脸拿眼睛斜着我，那眼神里似乎充满了怨恨。

我心头一震，于是就去找女儿的体育老师了解情况。教女儿游泳的刘老师跟我说："她这么大了，自尊心很强，你怎么能当着那么多同学的面指责她呢？而且，不能达标她自己也很难过，她已经很努力了，你应该相信她。"

这一天女儿又要去练游泳，她有些忐忑地问我："妈妈，你还要去吗？"我说："妈妈上次看你已经进步了很多，应该很快就能达标了，你再努力一下，妈妈现在有事，一会儿再去。"女儿有些难以置信地瞪大眼睛看着我，然后出门了。我偷偷跟着女儿来到游泳馆，躲在角落里，发现女儿一直在很认真地练习。当刘老师给她测验的时候，她表现得比平时我在的时候好得多，顺利达标！于是，我装作刚刚进来的样子坐在泳池旁边，女儿看到我以后急忙跑过来说："妈妈，我达标了，谢谢你信任我！"

青少年时期是孩子身体成长、人生观塑造的关键时期，也是一个存在较多矛盾和冲突的时期，这个时期的孩子非常需要家长的信任和理解，需要家长平等的沟通和交流。一般情况下，这个时期的孩子凡事已经不习惯与父母交流了，如果你的孩子还习惯在做事之前听取你的想法和建议，那么你一定要认真对待孩子提出的问题，然后给出你的答案；如果你的孩子已经习惯"三缄其口"，那么你也不能强迫他，更不能通过侵犯他隐私的方法去获得你想知道的信息，你所做的应该是明确地告诉他，你会信任他、支持他。

教育孩子学会信任他人， 并设身处地地为他人着想

有一个盲人，他走夜路的时候总会提着一盏灯笼。人们觉得很奇怪，便忍不住问他："你又看不见，怎么还需要拿灯笼来照路呢？"盲人回答道："我虽然看不见，但灯笼依然是有用的。对别人来说，灯笼发出的光

能够帮他们照亮路；对我来说，灯笼发出的光能够让别人看到我而不会不小心撞到我，这难道不是一举两得的吗？

不知有多少人看了上面这则故事会恍然大悟，也不知道现实生活中有多少人有上面这位盲人的心胸和智慧。这则故事启示我们：遇事应该多设身处地地为他人着想，有时候为他人着想就等于为别人着想。

1. 孩子的利他感情应该尽早培养

在日常交往中，我们经常会发现两类人，一类人特别以自我为中心，凡事喜欢按自己的标准和喜好做决定，而不顾及他人的感受；另一类人则恰恰相反，他们总是设身处地地为他人考虑，经常主动地做出合作、分享、谦让等行为。第二类人的行为即我们通常所说的利他行为，简单来说，"利他"就是将他人的利益和情感放在首位，这是一种品格和道德的表现，有利于良好人际关系的建立和社会生活的适应。

根据有关的研究，个体往往在比较年幼的时候就已经出现了利他感情，此时，如果家长进行正确的引导，必然能够促进其利他感情的发展，使孩子在以后的人生中更能够设身处地地为他人着想。

一个周末，妈妈带小凯去朋友家做客。虽然出发之前妈妈再三交代在别人家应该懂礼貌，要照顾别人的感受，小凯当时也爽快地答应了，但去了之后的表现却与妈妈交代的大相径庭。不管别人在聊天还是吃饭，小凯都一直在大喊大叫，一会儿要吃点心，一会儿又要喝果汁，妈妈让他等一会儿，他却相当不耐烦，最后，还对正在跟妈妈讲话的朋友吼："你闭嘴！"

虽然上述案例中没有礼貌、不懂怎样去尊重他人的是孩子，但父母作为最主要的教育者也承担着不可推卸的责任。在家庭教育中，很多家长认为要发展孩子的主动性就不应对其限制过多，殊不知，这样对还不具有明确分辨能力的孩子来说，会让他们变得"无法无天"，认为可以随意地表达自己的想法而不顾及他人的感受。要改变这样的情况，家长可以参考以下建议，如图 4 - 2 所示。

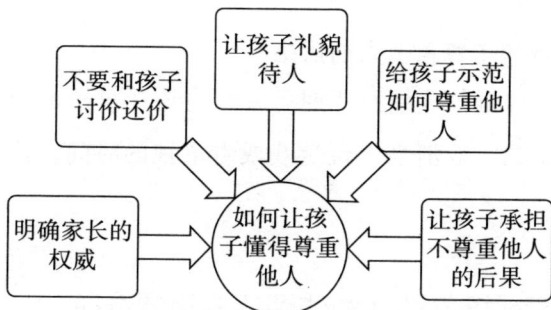

图 4 - 2　如何让孩子懂得尊重他人

（1）明确家长的权威

父母作为幼儿的直接抚养者和教育者，虽然不能过于专制，但也应适当树立作为家长的权威。说"我是你爸爸，我说怎样你就应该怎样"，当然过于生硬，容易激起孩子的逆反情绪，不过也可以适当转换说法，比如"作为妈妈，我有义务和权利让你学会尊重别人"。

（2）不要和孩子讨价还价

如果过多地给孩子讨价还价的机会，家长对孩子的约束和管教的效果便会大打折扣。比如，当家长让一个 4 岁的幼儿收拾完玩具再洗手吃饭，而幼儿想直接洗手吃饭的时候，家长应该坚持原则，否则幼儿会认为任何事都是可以"讨价还价"的。

（3）让孩子学会用礼貌的语气与人交流

娇生惯养的教育方式容易让幼儿过于以自我为中心，而不考虑他人的感受。不过，即便如此，幼儿也明白家长是具有权威的，他们在首次用不礼貌的语气跟家长交流的时候，内心也会有恐惧和担忧，此时，如果家长纵容了孩子，他们便会习以为常，无长幼尊卑的观念。正确的教育方式是，家长告诉幼儿不礼貌的语气会伤害他人的感情，应该禁止使用。

（4）给孩子示范如何尊重他人

父母的言行会耳濡目染地影响到孩子，尤其是当父母背后抱怨别人的时候，很容易让孩子认为这些人是不好的，不需要尊敬他们。父母应该尽可能地为孩子示范如何尊重他人，比如，与孩子一起探望生病的老师，并送上关心和祝福。

(5) 让孩子承担不尊重他人的后果

当孩子出现不尊重他人的行为时，家长应该让孩子承担一定的后果。比如，进行适当的惩罚，取消当天玩游戏或看电视的时间，让孩子认识到问题的严重性。

2. 榜样教育是培养幼儿利他感情的重要途径

心理学家班杜拉曾经通过自己的研究证明，榜样教育和替代强化对塑造一个人的行为有着十分重要的作用。父母作为与孩子最密切的人，自然成为了他们模仿和学习的最主要榜样。俗话说：父母是孩子的一面镜子。孩子通过父母来了解事物、认识社会、形成观念，然后做出行动。

> 一位母亲在教育论坛里写下了自己与女儿之间发生的一件事：有一天我接女儿放学回家的路上，突然觉得身体很不舒服，就想跟女儿快点走回家休息一下。但就在回家的路上，我看见一位收废品的老人正在用力地推着三轮车爬一个坡。于是，我赶紧跑过去帮他把车子推上去。当天回家之后，我觉得腰已经疼得直不起来了。于是，我就让女儿帮我捶打了一会儿。
>
> 虽然当天我什么也没对女儿说，但从那以后，她看到年纪大的人都会主动帮忙。有一天，她跟我说："老吾老，以及人之老；幼吾幼，以及人之幼。"我不知道这句话她是从哪里学的，但是我想她应该隐约理解了其中的意思。

从上面的案例中，我们可以看出父母说多少句"爱人者，人恒爱之"都不如身体力行对孩子更有感染力。如果父母能够做到时刻设身处地地为他人着想，孩子也会潜移默化地接受这种观念并转化为自己的行动。

德国教育家卡尔·威特回忆自己的童年往事时，写下了这样一件事：

有一次，叔叔一家人邀请我参加他们的旅行，我对这次旅行非常期待，提前几天就准备好了当天要穿的衣服和随身带的食物。旅行的日期终于到了，我急切地盼望着出发，而没发现母亲生病了。

由于父亲要去参加一个十分重要的会议，所以他跟我商量让我在家照看母亲。一开始，我觉得非常沮丧，心里有一万个不情愿，我说："我已经很久没出去旅行了，我不想放弃这个机会。"父亲听了十分生气，说："你怎么能这么自私呢！你哪儿也不能去！必须在家照顾母亲！"我反驳道："母亲明明好得很，我刚刚还看见她很快乐的样子，你不能拿这个作为阻止我的借口！"父亲终于也忍不住了，不顾母亲的阻拦说："你的母亲明明病得很严重，她是担心你不能安心出去玩才装作没事的样子。你如果出去玩，留她自己在家，你放心吗？"听到父亲这样说，我才意识到自己多么粗心，虽然母亲一直装作很快乐，但她的脸色却很苍白，从起床到现在也粒米未进。我非常抱歉地跟父亲说："对不起，我不出去了，我在家照顾母亲。"父亲又对我说道："爱不能只是口头的，而应该表现在行动中，你想想母亲平时是怎么爱你的。"

也是从这件事，我真正懂得了应该如何设身处地地为他人着想。

延迟满足：训练孩子的自控力，坦然面对欲望和诱惑

有一次一位家长向我抱怨说，孩子真是越来越难管了，只要一带他去商场就必须买玩具，一旦不给买就坐在地上哭……其实类似这样的情况已经不止一位家长向我咨询了。

现在大多数家庭都是独生子女，孩子都是家中众星捧月的小皇帝，在面对孩子提出的各种要求时，家长们要么是百依百顺，要么本来不想满足孩子，但是经不住孩子的一哭二闹，最后都只能乖乖投降。因此，缺乏自控力，不能坦然地面对欲望和诱惑就成了现在许多孩子的通病。

家长应该有必要控制自己对孩子有求必应的做法，通过适当的"延迟满

足"的训练帮助孩子提高自控力，使孩子在遇到欲望和诱惑的时候更能平静、坦然地面对。

在家庭教育中，所谓的延迟满足就是在孩子提出要求的时候，家长先不要急着满足孩子的要求，而是选择以渐进的方式或者有条件地让孩子学会等待和接受的一种训练方法。

通常来说，延迟满足孩子的需求，都是用于孩子在日常生活中提出的一些不必立马满足的需求上。但是许多家长都不愿意让孩子等待，一般都是在孩子提出要求后只要情况允许就立刻满足，慢慢地，孩子就会失去耐心和自控力，如果下次家长对孩子的需求说"不"或者说是对孩子的要求反应慢了，孩子就会选择用哭闹的方式来达到自己的目的。

女儿已经上幼儿园中班了，每天晚上妈妈接她放学的时候都会经过一个蛋糕店，里面各式各样的蛋糕都一直诱惑着路人的味蕾。

当第一次女儿跟妈妈吵着要吃巧克力蛋糕的时候，妈妈觉得女儿的蛀牙已经很厉害了，不想让她吃太多的甜食，于是告诉她说："这个不能吃，吃了牙里会长虫子，长了虫子多吓人啊！"可是女儿一点都不听，于是就使出她的绝招"哭"，但是任她怎么哭，妈妈都没有动摇，拉着她回家了。

到了第二天经过蛋糕店门口的时候，女儿又一次央求妈妈说买一块巧克力蛋糕，妈妈依然坚持说不买，然后告诉她等周末的时候给她买。这一次女儿听了虽然依然不高兴，但是却没有哭。

到了第三天经过蛋糕店的时候，女儿只是盯着巧克力蛋糕看并没有提出要买。周末，妈妈兑现承诺，真的带着她去蛋糕店买了她最爱吃的蛋糕，女儿高兴极了。并同时保证一周只吃一次巧克力蛋糕。

其实上面的例子就像是许多家长向我咨询的问题，在碰到这样的问题时，家长拿自己的孩子无可奈何，只能选择立即满足孩子的需求，虽然这样做可以一时让孩子感到开心、满意，也可以暂时止住孩子哭闹，但是长此以往，孩子没有了等待和自控的意识，并且潜意识里会产生一种"我要什么，就必须马上得到"的观念，从而养成一种不良的习惯。

因此，家长不妨延迟一会儿满足孩子的需求（如图 4-3 所示），让孩子渐渐学会等待，培养孩子的耐心和自制力。

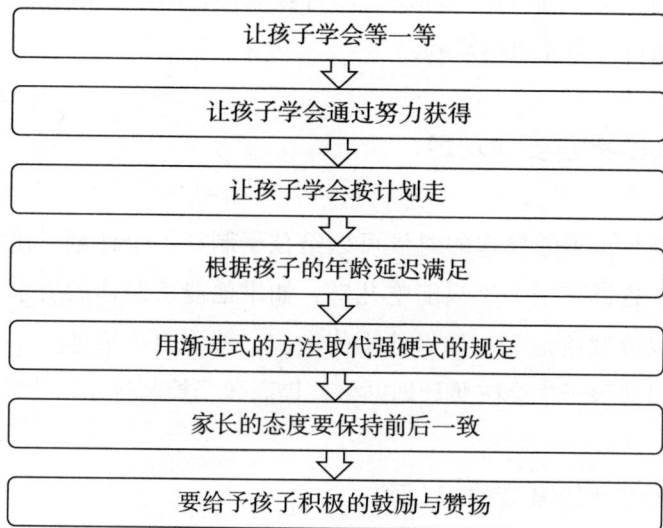

让孩子学会等一等
让孩子学会通过努力获得
让孩子学会按计划走
根据孩子的年龄延迟满足
用渐进式的方法取代强硬式的规定
家长的态度要保持前后一致
要给予孩子积极的鼓励与赞扬

图 4-3　培养孩子延迟满足的能力

1. 让孩子学会等一等

对于孩子一些比较合理的要求，家长也可以让孩子等一等再满足孩子。比如，孩子想要喝水，这种要求当然是可以满足的，但是家长有时候可以告诉孩子说："水有点烫，等一下凉点再喝好吗？"这样可以让孩子试着等几分钟，不仅可以不让孩子受到伤害，还可以让孩子明白什么是等待。

当孩子稍大一点的时候，家长就可以适当延长等待的时间，进一步锻炼孩子的耐心和自控力。

2. 让孩子学会通过努力获得

如果孩子提出了一个家长认为可以满足的要求，家长不必立刻满足，可以让孩子在完成了一件事情后再满足孩子。比如，孩子非常想要一个遥控车玩具，家长可以这样告诉孩子："这个玩具可以买，但是有一个条件，每天你都要自己叠被子，并且要坚持一周。"这样既可以锻炼孩子的耐心，让孩子学会控制自己的欲望；也可以锻炼孩子的自理能力，同时让孩子明白不管是什么东西只有通过努力才可以得到。

3. 让孩子学会按计划走

家长在满足孩子的要求的时候可以给孩子制订一个计划，比如，给孩子买一包糖果，告诉孩子一天只能吃几颗，如果他能按照你的要求做，等吃完的时候还可以继续给他买，如果他不能做到，就不要再给他买了。通过这样的训练，可以让孩子学会按照计划办事，提高孩子控制自己行为的意识。

4. 根据孩子的年龄延迟满足

处在不同年龄阶段的孩子，欲求的目标也不一样，家长可以根据孩子的年龄和需求状况，来决定延迟的时间。要想让延迟满足训练达到最佳的效果，家长应该对孩子提出适度的要求。当要求符合孩子的年龄和承受能力的话，孩子才能经受住考验，得到满足，自控力也会越来越好；但是如果家长对孩子提出的要求不符合孩子的年龄的话，孩子不仅不会顺从家长的要求，甚至会变得脾气暴躁或者墨守成规。

因此，家长要巧妙地运用延迟满足训练，让孩子在锻炼自己能力的同时，提高自控力。

5. 用渐进式的方法取代强硬式的规定

现在的家长都为孩子想得过于周到，可能在某些方面与孩子的需求产生了冲突，如果家长对孩子的需求不能顺利延迟，就可能会出现两种结果：一种是采取强硬态度不满足；另一种则是消极成全。

其实，良好习惯的养成是在生活中慢慢积累起来的，刚开始进行延迟满足的时候孩子可能会不适应，但是一次次只要慢慢习惯了就好了。

6. 家长的态度要保持前后一致

孩子在成长过程中会经历很多不同的阶段，每个阶段的孩子都会有不同的需求，家长应该学会倾听孩子的需求，前后的态度也要保持一致，如果家长自己的态度和原则都随时变来变去，你怎么培养孩子的自控力呢？

7. 要给予孩子积极的鼓励与赞扬

我们这里讲的延迟满足并不是限制孩子的需求，当孩子提出自己的需求的时候，家长要用一种积极的态度去面对，如果要求是合理的，但是可以让孩子等一会儿再满足，那就让孩子等一会儿，如果孩子能做到，家长就要给予鼓励和赞扬，强化孩子的行为习惯。

延迟满足与学会等待：　如何让孩子在等待中找到快乐

延迟满足反映的是孩子们在诱惑面前，能够为了更长远的目标放弃即时满足的选择，以及在等待中表现出来的自我控制能力。延迟满足不仅是让孩子学会自我控制的重要技能，也是儿童社会化和情绪调节的重要成分，是影响人一生发展的一种基本、积极的人格因素。

现在人们的生活水平提高了，而且大多数孩子都是家中的掌中宝、心头肉，对于他们提出的要求，通常情况下家长们都尽量满足，虽然许多家长认为这是疼爱孩子的表现，但是这种百依百顺的行为却不利于孩子自我控制能力的培养和发展。

如果家长一味地满足孩子，孩子的欲望也会在不断满足中逐渐膨胀，一旦膨胀到一定程度，孩子的不良行为就会爆发出来，到时候家长想要采取对策应对，就有点为时过晚了。因此，家长们应该让孩子学会等待，只有让孩子在等待中获得满足，他们才会对得到的东西更加珍惜。

1. 延迟满足训练的技巧

延迟满足是孩子的一种控制自我欲望的能力，那么应该如何培养孩子的延迟满足能力呢？家长们只要能掌握一些技巧（如图4-4所示），就可以让延迟满足的训练起到事半功倍的效果。

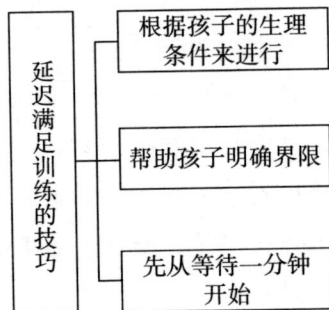

图 4-4　延迟满足训练的技巧

（1）根据孩子的生理条件来进行

延迟满足的训练过程是一个抑制过程，而大脑前额叶是这一过程中的重要生理基础，4～5岁是儿童前额叶发展的重要时期，抑制机制获得迅速发展。因此，家长如果要对孩子进行正规的延迟满足训练，应该选择在孩子接近4岁的时候开始，如果开始的时间过早，几乎起不到什么作用。

（2）帮助孩子明确界限

延迟满足的核心就是让孩子通过等待来获得更大的利益，如果孩子心中没有界限，以自我为中心，那么孩子就很难具备自我控制能力，如果对这样的孩子进行延迟满足的训练，那就很难发挥作用。因此，对于3岁左右的孩子来说，在适当地进行延迟满足训练之前，首先应该帮助孩子明确界限。

在孩子成长的过程中会不断地试探家长，如果让孩子意识到家长没有界限的话，他就会更加得寸进尺，当要求得不到满足的时候，他就会想尽一切办法来达到自己的目的，因此家长应该给孩子一个明确的界限，并跟家人达成共识，要让孩子明白什么事情可以做，什么事情不可以做，家长们对孩子的态度也要前后保持一致。

（3）延迟训练先从等待一分钟开始

家长们在培养孩子的自控能力的时候应该循序渐进地进行，采取小步递进的方式。换句话说，家长们不要期望第一次让孩子就能等上20分钟甚至半个小时。对孩子而言，只要他能等上一段时间，并且在这段时间里不哭不闹，这就是孩子自控力的重要表现。在延迟满足的训练过程中，家长可以从先让孩子等待一分钟开始，然后再慢慢增加等待的时间。

2. 延迟满足训练的方法

家长在训练孩子的延迟满足的问题上，并不需要专门抽出时间，在日常的、与孩子接触的生活中随时都可以进行，但是在训练过程中家长应该注意两点：一是掌握延迟需求；二是获得对应的奖励。

（1）经典方法

家长为孩子提供两种大小不同的奖励物，让孩子选择，如果孩子选择比较小的奖励物，那么就可以马上满足孩子；但是如果孩子选择的是大的奖励物，那就让孩子等上一段时间。当然，家长可以将让孩子等待的一段时间改为让孩子去完成一件事情。

（2）代币法

家长可以跟孩子做一个约定，当孩子想要买一件玩具或者其他东西时，可以用平时积累的五角星来换，五角星的得来主要是孩子平时获得的一些家长的口头表扬。一般情况下，当孩子积累了五颗或十颗五角星之后，就可以向家长兑换一次自己想要买的东西。让孩子积累五角星的过程实质上就是一种等待。

（3）距离法

在进行延迟满足训练的时候，其中一个目标就是让孩子与期望得到的奖励之间保持距离。可以通过转移注意力的方法，将孩子从即时诱惑面前引开。比如，在进行延迟满足训练的时候家长可以让孩子去做其他一些事情，注意：

这些事情要是平时孩子感兴趣的，这样就可以避免孩子将目光完全集中在奖励上，也可以帮助孩子减缓因没有及时得到满足而产生的负面情绪。

（4）任务法

当孩子向你提出某个要求的时候，家长可以跟孩子约定，只要完成某一个任务，就可以满足他，家长在为孩子设置任务的时候要注意：这个任务的完成必须是需要一定的时间的，而不是马上就可以完成的。如果任务完成了，就可以满足孩子的要求。比如，当孩子想要去游乐场玩的时候，你可以跟孩子约定，如果他能坚持整理自己的房间一周，就可以答应他的请求。

3. 延迟满足训练的注意事项

家长们在进行延迟满足训练的时候要学会灵活处理（见图4-5），切记不要生搬硬套，可以根据具体的情境以及孩子自身的状况对训练的方法进行调整。

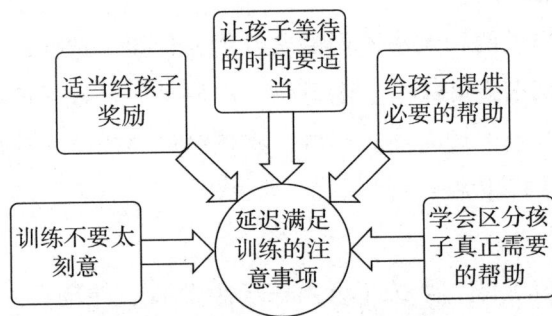

图4-5 延迟满足训练的注意事项

（1）训练不要太刻意

延迟满足是一种自律的行为，但是通常情况下小孩子需要家长的监督才可以做到。因此，家长在对孩子进行延迟训练的时候不要太刻意，否则的话，会让孩子感觉你在监督他，他就会意识到这是一种强迫行为，进而就会放弃自我监督。如果训练不是通过孩子自发自觉的行为，而是出于一种迫不得已，那么训练也就不会有任何效果，甚至还可能让孩子对家长产生一种怨念，影响亲子关系。

（2）适当给孩子奖励

在训练时家长为孩子提供的奖励最好是孩子感兴趣的，这样能增加让孩子等待的筹码的分量。如果孩子提出自己想要的，那么这就可以当作最好的奖励。此外，家长在给予孩子奖励的时候一定要统一标准，绝不能轻易就失去原则性。当然也可以进行反向操作，如果孩子不遵守约定，那么本来应该有的奖励就可以收回。

（3）让孩子等待的时间要适当

在进行延迟满足训练时，家长跟孩子约定的等待时间要视孩子的具体情况而定，切记不要急于求成，过高估计孩子的能力。如果约定的时间还未到孩子就接受不了了，家长们可以适当引导孩子转移注意力，适当延长时间。但是要注意的是，如果家长过分转移孩子的注意力，就可能让孩子忘记原先的要求，反而让孩子失去了自控能力。

（4）给孩子提供必要的帮助

在进行训练之前，家长可以先告诉孩子一些方法，教孩子用不同的方式来看待奖励，培养孩子的自制力。如果孩子能够明白转移注意力的方法可以提高自控能力，那么他们就在成功的道路上前进了一大步。

（5）家长要学会区分孩子真正需要的帮助

在孩子成长的过程中肯定会遇到各种各样的困难，而在遇到困难的时候他们首先就会求助自己的家长。当遇到这种情况的时候，千万不要想着进行什么延迟满足训练了。因为延迟满足训练的目的是为了培养孩子的自控能力，是针对孩子的额外需求的。而孩子寻求家长的帮助与自控力无关。在对孩子进行帮助的时候，家长们也要注意最好不要直接提供最终的解决方案，可以引导孩子主动去发现和探索。

知识延展 **一个父亲的自述： 瑞典儿童的利他双赢教育模式**

在这里，我只是以一位四岁女孩父亲的身份来讲述我在瑞典待的几年时间里，对瑞典人教育方式的一点认识。许多人只要一提到瑞典，就可以想到瑞典的高福利和高税收体制。事实上，瑞典的高福利和高税收体制能够得以顺利运行，离不开他们奉行的利他和利己原则的重要支持。

瑞典人奉行的利己利他的双赢原则也同样体现在儿童教育中，在我女儿出生后的四年时间里，我有幸从不同角度和不同层面感受到了瑞典人的利他教育，也同样感受到了这种教育方式所带来的积极的效果。

1. 幼儿园的利他教育

我女儿是在蒙氏幼儿园读的，我对这所幼儿园印象特别好，因为与其他幼儿园相比，这所幼儿园更加重视培养大孩子对小孩子的关爱、孩子们的公益意识以及对自然界各种生命的尊重和爱护。

我女儿心纯在被幼儿园录取的时候只有2岁，其实是提前半年录取。在混龄班里，大多数都是2岁半到6岁的孩子，所以在班上女儿差不多是最小的，在平时获得了很多小哥哥和小姐姐的帮助。

有一次，幼儿园举办圣诞演出，当时心纯还不到2岁3个月，我跟她妈妈担心孩子太小在台上没什么定力，可能会扰乱演出的秩序，但是演出的时候，我发现原来我跟她妈妈的担心是多余的。心纯在小姐姐们的带领下，顺利完成了演出，从进场、演出直至退场，一直有两个小女孩一个在左一个在右牵着她的手，而她们也不过是5岁大的孩子，她们能有这样的耐心和责任很让我感动。

在瑞典，孩子在刚上幼儿园的时候，家长可以在幼儿园中陪伴孩子两周。因为女儿之前在另一家幼儿园，在那个幼儿园待了两天之后才转到这里，女儿的适应能力比较好，所以我们没有陪她。为了能够了解女儿的适应状况，我跟老师请求可以在园里偷偷观察孩子一天，老师同意了。我发现在蒙氏幼儿园，很多种教具都只有一件，但是却并没有出现孩子们争抢教具的场面。一般情况下，孩子们各自选择自己喜欢的教具，也从不打扰别人的工作，孩子们的秩序感让我深受感动。我发现女儿会经常很好奇小哥哥小姐姐们的工作，而他们也没有表现出不耐烦，反而让她亲自去尝试或者直接给她解释示范。

虽然我没有看到幼儿园中关爱的所有细节，但是这种教育方式却是很有效的，起码对于女儿来讲，效果是很明显的。有一次，在游乐场我亲眼看到女儿是怎样照顾一个小宝宝的，她牵着宝宝的手慢慢带他学走路，还帮他递玩具，教他怎么玩等。

在幼儿园，每天老师都会安排 2 个餐厅小主人为大家摆放刀叉、准备牛奶和水。幼儿园还会不定期组织孩子去清洁海滩，学习垃圾分类以及体验公益活动等。

每周，幼儿园还会组织孩子们一起去森林，去关怀森林里的小生灵。"不要用脚踩蘑菇，那里也有小生灵居住，它们也需要安静的生活。"这是从女儿嘴中听到的，我不禁感叹幼儿园不仅将利他教育适用于人类，也扩展到了所有的生命。

2. 家庭利他教育

在家庭教育中，有关利他启蒙会更早，内容也比较琐碎，而其中父母发挥了重要的作用。最开始的利他启蒙就是让孩子学会分享玩具和食物。

一般如果出去玩的话，我们都会多带一点玩具，以让孩子跟其他小朋友交换或者借给没带玩具的小朋友玩。因为玩具比较多，所以女儿也愿意跟小朋友一起分享，有时候她不愿意分享，如果没有正当理由的话，我们就会告诉她不懂得分享的小朋友，是不会有小朋友愿意跟她玩的。渐渐地，孩子学会了用玩具来邀请其他小朋友，为此心纯也找到了很多小伙伴。

在心纯 3 岁 8 个月的时候，我带着她去玩，碰到一个 2 岁左右的外国小女孩，将心纯刚刚堆好的沙堡全都踩坏了，而且还"抢"玩具，女儿生气了，抱起玩具就想要跑，于是我耐心地跟她说："好多小宝宝都是这样的，他们还小，不懂得拿玩具要事先打招呼，你小时候也是这样呢，总是把爸爸堆的沙堡踩坏。"女儿认真听了我跟她说的话，还为她小时候原来也这样而感到惊奇。

在瑞典，孩子们一起玩的话，一般是不分享食物的，但是在家里，女儿都会将东西分给我吃，即便是很少的食物，对于她刚开始的分享，我是持赞同态度的，慢慢地，心纯就养成了有美味跟家庭成员一起共享的习惯。

3. 瑞典的利他教育环境

在瑞典的公共场合，我从未看到过有家长偏袒或者纵容孩子损人利己行为的。有时候家长发现孩子有此类行为时，家长们也会及时地制止。我曾经看到过一位妈妈为了让孩子要遵守规则，能够用十几分钟的时间耐心地为孩子讲解原因。

在瑞典，你几乎看不到有孩子独霸游乐设施；你也几乎看不到有孩子乱扔垃圾或者随地大小便；在游人密集的海滩，就算游客散去，海滩上依然干净得像没人来过一样；春天繁殖区的野鸭成群结队地进入游乐场，也没有出现孩子追逐打扰和虐待动物的现象发生。

在瑞典，利他原则遍布在生活的各个角落，比如，在瑞典的公共权力法中规定，公众有权在私有土地和森林中采摘野果和蘑菇，国家在保护公民私有财产的同时，也赋予了大家共享自然资源的机会。另外，瑞典的利他原则也不限于本国，有的人为了保护环境避免食用环境成本过高的进口养殖虾，有人为了维护公平倾向于公平工作环境和没有童工的进口产品。

虽然瑞典只是一个人口一千万左右的小国，但是它的利他视角辐射却远远大于这个国家。

4. 瑞典利他教育的正面效应

因为家里只有心纯一个小孩，平时跟小孩子的接触不多，在蒙氏幼儿园的混龄班里女儿逐渐学会了帮助其他更小的孩子，弥补了在家里所不能经历的成长过程。

在女儿同不同年龄段的孩子相处的过程中，孩子也学会了如何平衡兼顾，并且还在小伙伴中确立了领导地位。

因为懂得分享和接纳，让孩子也获得了很多玩伴，而且我们也不需要担心孩子的社交问题。

在家中，受利他教育的影响，孩子懂得分享和体贴自己的家人，也让我们倍感欣慰。

5. 对教育原则的思考

有一次我给女儿讲孔融让梨的故事，讲完故事后，我问女儿："如果是你的话，你想要选大梨还是小梨呢？"女儿说："大梨。"听完女儿的回答后，我并没有告诉孩子应该要学习孔融，我认为让一个 4 岁的孩子学习舍己为人并不是明智的。

在瑞典，并不会有因为孩子小，大人就必须让着孩子的说法，人们更提倡在个人利益公平地获得满足之后的利他，强调的是利己和利他的双赢，而不是舍己为人和无偿奉献。

瑞典的利他教育原则是现实的，它已经成为了一种遍布在生活各个角落的自然行为，对孩子的成长具有明显的积极作用。

第**5**章

4种教育工具：
构建和提升孩子心智的4个关键策略

多一些鼓励和赞扬， 让孩子在正面的环境中健康成长

"良言一句三冬暖，恶语半字六月寒"，每个人都喜欢得到别人的鼓励和赞扬，尤其是孩子，鼓励和赞扬的话语会让他们更加积极，更加健康快乐地成长；而指责批评的话语则会让孩子消极悲观、畏首畏尾。

研究表明，孩子在3岁之前还没有自我评价的能力，直到7岁之后才会有一个自我评价的雏形，在这个时间段里，大人对孩子的评价是什么，孩子就会对自己有什么样的评价，因此，对于身上承担着教育和培养孩子的重要职责的父母而言，应该多发现孩子的优点和进步，让孩子对自己产生一种良性的认知，并通过父母积极地鼓励和赞扬，使孩子的行为固定下来。

对孩子而言，父母的鼓励和赞扬就意味着自己的价值得到了认可，孩子的自信心也会得到加强，因此，父母应该对孩子多一些鼓励、赞扬（见图5-1），少一些批评、指责，让孩子在正面的环境中健康快乐地成长。

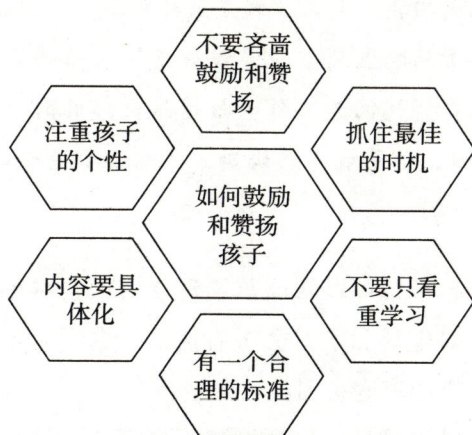

图5-1 家长如何鼓励和赞扬孩子

　　小雪是一个小学二年级的小学生，平时乖巧懂事，没怎么让爸爸妈妈操心，但是近来老师却向小雪妈妈反映说，小雪好几次考试的成绩都下降了，上课也不像以前那样认真了，之前老师提问问题的时候还会积极踊跃地回答，但是现在喜欢缩在书桌前，碰到老师提问的时候回答得吞吞吐吐。

　　原来最近一段时间由于小雪父母工作比较忙，经常出差，于是就将孩子送到了爷爷奶奶那里照顾，爷爷奶奶就这么一个孙女，自然娇惯得不得了，什么事都替孙女打点好，忽略了对孩子主观能动性的培养，使孩子丧失了自信，认为自己一无是处，干什么都不行。这时候父母才意识到问题的严重性。

　　于是妈妈与小雪进行了一次促膝长谈，了解了孩子对课程、老师的喜欢程度以及孩子自主学习的能力，并对孩子说："爸爸妈妈是永远爱你的，你在爸爸妈妈眼中是最棒的。"

　　看到女儿目光一亮，妈妈又赶紧说："老师也经常夸你，说你是一个非常聪明的孩子，既会讲故事，英语又说得那么好，将来一定会是班里的学习模范。这几次成绩下降都是因为马虎不认真导致的，只要你能改正这个缺点，你一定可以很快赶上别的同学的。"

　　于是为了帮女儿重拾自信，妈妈与小雪一起编了"自信操"，每天在出门前，母女俩都会站在门口，双手交叉抱臂，然后张开双臂往前伸展，同时跷起两手的大拇指，大喊"我是最棒的"。

　　渐渐地，小雪的脸上又重新洋溢着满怀自信的表情，人也变得乐观开朗了。有一次在妈妈因为工作受挫情绪失落的时候，她还懂得抱着妈妈跟她说："妈妈，你是最棒的妈妈，你永远都是我的骄傲。"妈妈听后感到特别欣慰。

学会鼓励和赞扬孩子，可以帮助孩子建立自信，对自己有一个积极正面的评价，克服自卑，对生活和学习会更有热情，也可以拉近父母与孩子之间的距离，营造一个和谐的家庭氛围。

对孩子多一些鼓励和赞扬可以帮助孩子健康快乐地成长，但是在鼓励和赞扬孩子的时候也应该掌握一定的技巧和方法，对于父母来讲，应该怎样对孩子进行鼓励和赞扬呢？

1. 不要吝啬你的鼓励和赞扬

许多父母在教育孩子的过程中常常会不自觉地用成人的眼光来看待孩子的行为，这样就很少有几件事是值得表扬的，但是对于年龄比较小的孩子来讲，能将一些在大人眼里比较简单的事情做好就很不容易了。况且量变引起质变，没有这些简单行为的积累，怎么可能养成良好的行为习惯，甚至在将来取得伟大的成就？

对于年龄比较小的孩子而言，只要能将一些简单的事情或行为做好，父母就要给予慷慨地鼓励和赞扬，帮助孩子养成良好的行为习惯，增强孩子的自信心。随着孩子年龄的增长，父母可以适当提高赞扬的标准。

2. 抓住鼓励和赞扬的最佳时机

当孩子做好了一件事或表现了良好的行为应该受到赞扬的时候，父母应该及时给予鼓励和赞扬，让孩子知道到底是因为什么受到了赞扬，进而帮助孩子强化好的行为习惯。这样才可以让鼓励和赞扬发挥应有的作用，起到最佳的教育效果。

3. 在鼓励和赞扬孩子的时候，不要只看重学习

父母为了能让孩子考上各种重点学校，要求孩子将全身心的精力都投入到学习上。孩子自己打扫卫生，父母认为会耽误学习；孩子喜欢搞发明，父母会觉得不务正业……

这就使得许多孩子变成了"高智低能"的人。因此，父母除了重视孩子的学习之外，还应该重视对孩子其他能力的培养，不管是性格方面、文明礼貌方面，还是卫生习惯方面，只要是好的方面，父母都应该给予鼓励和赞扬，

让孩子在这种正面环境中保持一种良好的心态，以一种积极热情的态度面对生活和学习。

4. 在鼓励和赞扬孩子的时候要有一个合理的标准

父母要用一种发展的眼光来看待孩子的成长，只要用心观察，每天都会发现孩子有进步的地方，要对孩子的这些细微的进步给予正面的鼓励和赞扬。

许多父母总喜欢拿自己的孩子跟别的孩子优秀的一面比，然后做出自己的评价和判断，其实这样的横向比较是不客观和不现实的，只会让孩子的自信心受到打击。

因此，父母应该学会纵向的比较，发现孩子的进步，在肯定孩子进步的同时，及时发现不足，引导孩子走向正确的发展道路，这样才能使孩子在增强自信的同时保持昂扬向上的激情。

5. 在对孩子进行鼓励和赞扬的时候内容要具体化

鼓励和赞扬的内容越具体，越容易让孩子明白哪些是好的，可以帮助孩子清楚地找到努力的方向。一些比较泛泛或笼统的话语，比如"你真聪明""你真乖"等，虽然也可以在短时间内帮助孩子提高自信，但是孩子并不能够理解自己哪里好或者哪里乖，这样不利于孩子良好行为习惯的强化和巩固。

6. 在对孩子进行鼓励和赞扬的时候要注重孩子的个性

对于性格内向、能力较差的孩子，要多肯定他们的努力和成绩，帮助他们树立自信；但是对于虚荣心比较强的孩子，应该有节制地对他们进行赞扬，否则会使他们越发骄傲，影响他们的进步。

教育的合情要大于合理： 父母应学会宽容和接纳孩子

凡事都要做到既合情又合理，这似乎是我们做事情的美好愿望和理想追求。但在教育的过程中，无论是象征着权威的学校还是意味着温暖的家庭都只在乎了教育的合理性，而忽视了其应有的、重要的合情性。

家长教育孩子要好好学习、出人头地；老师教育孩子要努力读书、继续深造；学校教育孩子要遵守纪律、争取荣誉；国家教育孩子要奉献社会、报效祖国。这些要求和教育都合乎道理，容不得质疑，也让人难以抗拒。它们时时刻刻出现在孩子们的耳边，控制他们的思想，指导他们的行为。但是，我们有谁真正了解孩子需要什么，他们希望从父母、老师和学校那里得到什么？

在我们大量的咨询案例中发现，很多孩子都是先天条件很好，无论是智力水平还是能力潜质都有较强的可开发性，但这些孩子的发展的结果却并没有预想的好，这其中深层次的原因就是情感发展不足、安全感缺乏、自我认知欠缺、情绪不稳定、人际交往沟通能力差。就是这些"软智力"开发的不够制约了孩子整体的发展，成为了影响孩子杰出优秀的主要阻力。

前段时间，我儿子对画画产生了极大的兴趣。放学一回家，他就拿着画笔在纸上涂涂画画，一会儿画一只在柳树上唱歌的小鸟，有时候画一群在水里游来游去的小鱼……有时，他妈妈喊他吃饭他也不理，说自己的"作品"还没完成，要创作完再吃饭。

看到儿子对绘画如此着迷，妻子非常高兴，对儿子称赞道："儿子，你真棒。没准儿我儿子将来会成为一名伟大的画家呢！"儿子听到妈妈的鼓励后也很开心，咧着小嘴笑了起来。后来，他每次画完画都要让妈妈看看："妈妈，我画得好不好？"

逐渐地，妻子对儿子的"作品"不满意了："儿子，你这画得四不像啊！你看，这条腿这么短，那条腿又那么长……你再看这里，这个人的胳膊怎么比他的腿还要粗呢……"妻子"毫无保留"地指出了画中的错误。儿子听着有些不太高兴，撇着小嘴说："我喜欢这样嘛。"

为了让儿子掌握一些绘画技巧，妻子特意去书店买了《快乐学画画》《第一套艺术启蒙书》等几本绘画入门书，但儿子对这些似乎并不感兴趣，依然遵循他自己的作画方式。看着儿子的绘画水平没有长进，妻子心里有些着急，于是就给他报了少儿美术班。可是，儿子的绘画热情却明显不如从前了，上课也不认真听讲，有时候甚至连老师布置的作业都不做。

一天，美术老师给他布置了作业，题目叫《大树》。在妻子的一再催促下，儿子终于画完了。妻子拿过来一看，大为恼火："哪有这样画树的！你看这些大树，东倒西歪的，颜色也不对！树叶难道不是绿色的吗？你怎么画成灰色的呢！再去重画一张！"儿子感到很委屈，似乎想辩解什么，但是看到妈妈生气的样子，欲言又止，只有不情愿地再重新画了起来。

一会儿，儿子又重新画了一张，但是跟之前画的那张几乎一模一样。妻子看后更加生气："大树你都画不好吗？我看你不是画不好，而是不想好好画！"

儿子的眼圈红红的，吞吞吐吐地说："妈妈，我画的是刮台风时的大树……你看这些细线是大雨，还有……很多沙土，所以大树变得灰蒙蒙的，所以大树看着像是灰色的……"

妻子听完后愣住了，赶紧拿起画来仔细看。这时妻子幡然醒悟：当她以孩子的眼光和视角去欣赏这幅画时，才发现这是一张非常形象生动、富于想象力的绘画作品！大树被台风吹得东倒西歪，路面上的尘土在空中肆虐……于是，妻子不禁对儿子感到很歉疚，抱住儿子诚恳地说："宝贝，对不起！你的画真棒！"

在教育孩子的过程中，或是说在陪伴孩子成长的过程中，必须要多关注情感的因素，加大感情的投入。其实，孩子的内心世界比我们成年人要活跃得多，他们充满想象力和创造力。如果我们总是习惯性地用成年人的思维和角度去审视和要求孩子，则往往会扼杀孩子的想象力和创造力。

再比如说，当孩子在无意识的状态下犯错时，如果我们从道德层面、是非层面上讲，确实需要对孩子提出批评，指出孩子的问题。但往往这个时候也是孩子内心充满恐惧和害怕的时候，如果给予情感的疏导和心理的安慰，效果比单纯的说服教育讲道理要好得多。

此刻的宽容和接纳也许才是最好的教育。孩子既能认识到自己的错误，同时也得到了情感的支持和满足，这样不断的积累终会构建积极、强大的心智。

有些事情是合情的，但未必合理；有些事情是合理的，但却未必合情。当孩子小的时候，情感的极大丰富、信心的无限强化、创造的极致扩充、潜能的充分开发，这些内在的发展因素其实才是决定孩子将来成就大小的核心力量，这个时候合情比合理更重要。

利他原则：　塑造孩子仁爱、　同情、
尊重他人的高贵品格

所谓的利他原则就是为了让别人获得利益与方便，而做出不图回报的助人行为的原则。现在大部分孩子都是独生子女，父母为他们创造了优渥的物质生活条件，孩子在家人的细心呵护下长大，只知道索取不知道付出，成了家中呼风唤雨的小皇帝。

孩子长期生活在这样一种全家人都以他为中心的环境下，就容易养成一种自私自利的习惯，在与小伙伴产生矛盾和争执的时候，不懂得换位思考，更不会宽容理解他人，这样的孩子在长大后也很难在社会上立足，也不容易与别人和睦相处。

再加上有些父母在教育孩子的过程中存在某些错误的观念：为了让自己的孩子不吃亏，就教育孩子凡事先想到自己，与我们所强调的利他原则背道而驰。

为了让孩子能够在将来更好地适应社会，作为父母，应该树立正确的教育观，帮助孩子跳出以自我为中心的圈子，培养孩子养成利他的行为习惯，以便在将来与别人和谐相处。如何培养孩子的利他精神呢？下面就这一问题提出我自己的几点建议（如图5-2所示），希望能对父母们有所帮助。

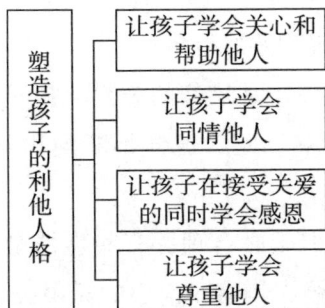

塑造孩子的利他人格
- 让孩子学会关心和帮助他人
- 让孩子学会同情他人
- 让孩子在接受关爱的同时学会感恩
- 让孩子学会尊重他人

图5-2 塑造孩子的利他人格

1. 让孩子学会关心和帮助他人

父母要经常引导孩子换位思考，可以与孩子一起回忆在自己遇到困难需要别人帮助时的无助心情，让孩子学会设身处地地为他人着想，然后再进一步引导孩子如何去帮助别人。

当有人生病或情绪低落的时候，父母可以教孩子如何去观察别人的情绪变化，让孩子学会主动地去关心他人。比如说可以给生病的爷爷拿药、拿水，当看到小伙伴心情不好的时候去安抚小伙伴的情绪等，要让孩子感受到因为自己的帮助使别人获得了快乐。

父母平时也可以经常带孩子去帮助身边的弱势群体，可以带孩子去养老院为老人讲故事，陪老人聊天，也可以鼓励孩子参加一些公益活动，让孩子去帮助更多需要帮助的人，慢慢地，孩子就会学会关心和帮助他人了，利他的观念也会在孩子的心中生根发芽。

2. 让孩子学会同情他人

同情心是保证人与人之间交往的重要感情基础，是对他人的需求和愿望的一种理解，是对他人遭遇不幸的怜悯，是双方在情感上产生共鸣的桥梁。但是许多父母在教育孩子的过程中不懂得培养和保护孩子的同情心，使许多孩子缺乏了同情心。

【案例1】

小焕都已经 4 岁了，但是却一点同情心都没有。有一次，妈妈带小焕去公园玩耍的时候，看到旁边一个小朋友摔倒了，他却在旁边哈哈大笑起来，于是妈妈告诉他，碰到小朋友摔倒的时候不应该笑他，而是应该帮忙扶他起来，但是小焕却一直在那里笑。

后来在公园里小焕捉到一只蝴蝶，特别兴奋地给妈妈看，妈妈看到后说："这是一只迷路的小蝴蝶，它肯定是找不到自己的妈妈了，我们把它放了让它去找妈妈好不好？"但是小焕却怎么也不肯撒手。

【案例2】

小宇和小筝是班里最淘气的两个学生，经常在别人犯错误受批评的时候幸灾乐祸，有一次在上体育课的时候，班里有一位女生在跑步的时候不小心跌倒了，脸上和腿上都擦破了皮，别的同学都跑上去安慰她，但是他们却在旁边哈哈大笑，还一个劲地跟旁边同学说人家摔跤的样子多么好笑。

有一次在校门外，他们看到一个盲人，却故意将人家引到了石头比较多的地方，害得盲人摔了跤，而他们却偷笑着跑开了。

其实看到上面的事例，让我们在感到气愤的同时，也为孩子的将来感到担忧。在现如今这个社会中存在着太多的苦难，如果孩子们不能学会和感受这些苦难，那么将来有一天苦难真的降临在自己头上的时候，孩子们应该怎样去承受呢？

因此，父母应该重视培养和保护孩子的同情心，帮助孩子养成与人为善的高尚品德，同时也可以帮助孩子培养利他的心理，养成助人为乐的好习惯。

3. 让孩子在接受关爱的同时学会感恩

父母在给予孩子无微不至的关爱的同时，也应该让孩子学会感恩，从小就懂得感恩的孩子，不仅能够善解人意，而且也一定会有利他精神。

父母在关爱孩子的时候一定要真情流露，让孩子体验到父母对自己的爱是真心实意的。这样在教育孩子学会感恩的时候自然就会流露出真情实感。父母还可以通过给孩子讲故事的方式，让孩子以故事中的利他的人物形象为榜样，引导孩子学习利他行为。

平时孩子自己能完成的事情一定要鼓励孩子自己去完成，如果孩子不能完成得到了别人帮助的时候，父母要引导孩子说感谢，让孩子在获得别人关爱的同时学会感恩。

4. 让孩子学会尊重他人

尊重是一种高尚的品格，只有懂得尊重他人的人，才会获得别人的尊重。在日常生活中，许多独生子女往往喜欢以自我为中心，不懂得如何去尊重别人，在做什么事情之前都不懂得考虑别人的感受，致使孩子没有一个良好的人际交往关系。因此，对于父母来讲，教育孩子学会尊重他人尤为重要。

在平常的生活中，父母之间要相互尊重，父母之间的尊重会对孩子起到一个良好的示范作用。此外，父母也要处处尊重他人，为孩子树立榜样。有的父母喜欢在背后议论别人，虽然被议论的人不知情，但是却给孩子留下了不尊重别人的坏印象，如果父母再要求孩子尊重他人，会很难让孩子信服。

对孩子表现出的不尊重别人的行为，父母应该及时给予适当惩罚。如果孩子正在玩玩具，可以没收孩子的玩具，让孩子意识到自己的错误。如果情况不允许的话，可以先告诉孩子他不尊重人的行为是不对的，然后再及时找时间予以惩戒。

批评教育： 孩子犯错时， 家长应采取怎样的批评方式

在孩子的成长过程中，总会犯各种各样的错误，而与这些错误如影随形的就是家长们的批评。无论家长们的批评方式是否得当，但是出发点都是为了孩子好，希望孩子能在批评和敦促中不断完善自我。

现如今网络系统日益发达，许多家长也通过网络学习了一些教育方法，渐渐地将批评教育转向了鼓励教育，但是如果给予孩子太多的鼓励也会让孩子松懈，因此必要的时候应该要给孩子适当地批评指责，让孩子明白是非对错的重要性。

首先来看一个案例：

有一位爸爸是从事飞机制造业的，因此他专门在自己的家里开辟了一间小小的工作室，有时候年仅 10 岁的儿子也经常待在工作室里专心地看爸爸做飞机模型。

有一天，爸爸去自己的工作室取螺丝刀，到那时发现自己的工作室被弄得乱七八糟，不仅自己刚刚完成的飞机模型被随意地丢弃在工作台上，螺丝刀和铁钳等工具也被扔得到处都是。

不仅如此，飞机模型、工作台，甚至连工具上都被弄上了一层喷漆，喷漆枪也横躺在地上，看着这凌乱的一切，爸爸的火一下子就上来了，于是大声喊道："张明亮（儿子的名字），你给我过来！"

儿子小心翼翼地来到爸爸身边，低着头不说话，爸爸一看更生气了，吼道："看看你干的好事，你就不能让我省点心吗？你看你这弄得一团乱，还把所有的工具都沾上了油漆，你到底想干什么啊？"

儿子一听更加委屈了，"哇"的一声哭出声来，说道："爸爸，我本来只想用喷枪喷我的模型的，但是没想到喷枪力量这么大，我没抓好，才弄得到处都是的。"

"那你刚才怎么没有告诉我，非要让我发现了才告诉我。"爸爸问道。

"那是因为我怕你生气。"儿子胆怯地说。

"我当然会生气了，你明知道自己犯了错还想着逃避，这次我一定会好好地处罚你。"

其实任何一个家长碰到这样的情况，生气肯定是在所难免的。但是如果像案例中的爸爸一样一直在跟儿子生气，不但不能帮助儿子解决问题，还容易忽视儿子的心声，而且爸爸一生气还会加重儿子对爸爸的恐惧，以后就更不敢向爸爸求助了。

家长在批评孩子的时候应该掌握什么样的技巧，才能让孩子在批评中获得进步呢？下面是我根据自己从事多年教育事业总结出来的经验（如图5－3所示），希望对那些仍处在迷茫中的父母提供一些帮助。

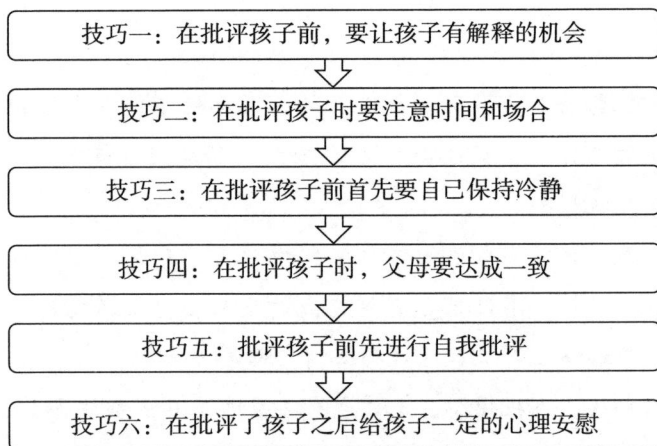

技巧一：在批评孩子前，要让孩子有解释的机会

技巧二：在批评孩子时要注意时间和场合

技巧三：在批评孩子前首先要自己保持冷静

技巧四：在批评孩子时，父母要达成一致

技巧五：批评孩子前先进行自我批评

技巧六：在批评了孩子之后给孩子一定的心理安慰

图5－3　家长批评孩子时需掌握的6项技巧

1. 技巧一：在批评孩子前，要让孩子有解释的机会

孩子犯错的原因是多种多样的，既可能有主观方面的原因，也可能有客观方面的原因。如果是主观方面的原因的话，可能是无心之过，可能是有意为之，可能是态度方面的问题，也可能是能力方面的问题等。

因此，当孩子在犯了错误时，家长们先不要忙着批评，给孩子一个申诉的机会，让孩子把想说的话都说出来，这样家长才会对孩子犯的错误有一个全面、清晰地了解，才能对孩子进行更有针对性的批评，并让孩子心甘情愿地认识到自己的错误。

2. 技巧二：在批评孩子时要注意时间和场合

切记不要在早晨、吃饭时间和睡觉前这三个时间点批评孩子：

如果家长在一大早就批评孩子的话，会破坏孩子一天的好心情，心情不好自然就会对学习失去热情；

如果在吃饭的时候批评孩子，很可能会影响孩子的食欲，时间久了之后，就会对孩子的身体健康产生不利影响；

如果在孩子睡觉前批评孩子，就会影响孩子的睡眠质量，从而影响到孩子的身体发育。

家长们还应该记住在公共场所、孩子的同学和朋友面前或者在许多亲戚朋友面前也不应该批评孩子。

小孩子的自尊心其实是很强的，如果家长在批评孩子的时候没有注意场合，就会让孩子感觉很丢面子，还会打击到孩子的自信心，严重的话会让孩子对父母产生怨恨，影响亲子关系。

3. 技巧三：在批评孩子前首先要自己保持冷静

面对孩子屡次犯错，家长们也被搞得焦头烂额，在情绪上就特别容易产生波动，在多数情况下说出了不该说的话，或者做出了不该做的举动，让孩子受到了伤害。这不仅会影响到孩子的健康成长，也会影响到家长与孩子之间的亲密关系，让孩子不敢再与家长亲近。

因此，不管孩子犯了什么错，在批评孩子之前，家长应该首先保证自己是冷静的，这样才可以对错误做出合理地判断，有利于真正地解决问题，也可以帮孩子及时找出犯错的原因以及纠错的方法，对犯下的错误进行补救。

4. 技巧四：在批评孩子时，父母要达成一致

在中国传统的家庭教育中，一般是父亲和母亲一个唱红脸，一个唱白脸。但事实上这种教育方式是不利于孩子的成长的，当孩子在犯错之后第一想到的并不是如何去认识和改正自己的错误，而是去爸爸或者妈妈那里寻求庇护，有了爸爸或妈妈的庇佑，似乎犯错之后的惩罚也变得无足轻重，长此以往，就会让孩子变得更加肆意妄为、无所顾忌，再多的惩罚都很难让他记住教训。

因此，在孩子犯错之后，父母在对待孩子上一定要保持高度的一致，一起努力让孩子认识到自己的错误并积极地认真改正。要让孩子知道，犯错后一味地逃避或寻求庇佑是不能解决问题的。

5. 技巧五：批评孩子前先进行自我批评

父母是孩子的榜样，如果孩子犯错，父母或多或少都会有一定的责任。因此，当孩子犯错，而父母想要批评的时候应该首先进行一下自我批评，可以这样跟孩子讲，"这件事情不能全怪你，妈妈也有错"或者是"这不是你的错，都怪爸爸平时工作太忙，忽略了你的感受，你能原谅爸爸吗"，如果孩子听到了这样的话语，一定会一下子拉近与父母之间的距离，这时候父母再适当提出自己对孩子的建议，那么孩子就会更乐意接受。

这样做既能让孩子认识到自己的错误并认真听取父母的意见，帮助孩子养成敢于自我批评的良好品质。这样双赢的事情，父母又何乐而不为呢？

6. 技巧六：在批评了孩子之后给孩子一定的心理安慰

孩子在犯错之后一般心情会比较紧张，再加上父母的批评，情绪会更加失落。因此，家长们在批评了孩子之后一定要给孩子适当的心理安慰，及时引导孩子摆脱失落的情绪，认真纠正自己的错误。

言语上，可以这样说，"没关系，知错能改就好了""妈妈知道你是个懂

事的好孩子，你会明白应该怎么做的""没关系，妈妈也曾经犯过错，只要好好改正，就还是妈妈的好孩子"。

动作上，爸爸妈妈也可以通过一些小动作，让孩子感受到你对他的鼓励和安慰，比如，摸摸他的头、拍拍他的肩膀、握握他的手，或者给予一个拥抱，都可以让孩子感受到即便自己犯了错误，爸爸妈妈还是爱自己的，他们不仅会与父母更加亲近，也会对自己更有信心。

🎓 利他教育： 如何培养孩子心智模式中的责任意识

伟大的文学家列夫·托尔斯泰说过："一个人若是没有热情，他将一事无成；而热情的基点正是责任心。"责任意识是一个人应该具有的重要品质，而目前我国幼儿责任意识缺失已经成为一个普遍的现象。家长们过于关注孩子学习成绩的同时，忽略了责任意识的培养。

在日本，学校里有这样的规定，每一个学生看到地上有垃圾都应该捡起来，如果争辩不是自己丢的，将会受到严厉的处罚，学校认为每一个学生都有责任维护校园的环境。美国品德教育联合会主席麦克唐纳也曾经说过："能力不足，责任可补；责任不够，能力无法补；能力有限，责任无限。"因此，对家长来说，培养孩子的责任意识将更有利于其成为一个于自己、他人和社会有益的人。

4 岁的萌萌性格活泼、人见人爱，可是有一点却让妈妈觉得很头疼。不管什么时候，萌萌都喜欢把责任推到别人身上，总是觉得自己"有理"。每次玩完玩具，萌萌从来不收拾，如果妈妈催他收拾，他要么就说"自己一会儿还会再玩"，要么就说"太累了，想先睡觉"。如果是小朋友来家里玩的话，他就会把责任推到小朋友身上，觉得应该由小朋友收拾，说"自己的事情应该自己来做"，完全是"双重标准"。

像案例中萌萌这样总是把责任推到别人身上，为自己找借口的表现，最根本的原因就是缺乏责任意识。责任意识指的是一个人自觉对自己所应承担责任的态度，不仅指一个人对自己所具有的责任，也包括对他人和社会的责任。如果一个人缺乏责任意识，不仅不利于建立良好的人际关系，而且不利于能力的培养，会成为其人生发展的绊脚石。

1. 孩子责任心发展的阶段及应对措施

（1）3~4岁：措辞准确，传达清晰

三四岁的孩子处于被动责任水平，他们并不理解责任的意义，只能被动地顺从家长的要求。而由于这个年龄阶段的孩子思维能力有限，所以家长跟孩子进行交流时应尽可能地使用准确的措辞，将要求表达清楚。

（2）5~6岁：多用"我式"句型

五六岁处于半被动半理解的责任水平，他们已经开始明白"自己的事情自己做"等责任，但是仍然需要成人的提醒和监督。家长在进行教育时，应该多用"我式"句型，而少用"你式"带有指责意味的句型。比如，家长希望孩子收拾玩具的时候，可以说"我觉得玩具应该回家了"，让孩子明白家长的感受。

（3）7~8岁：积极参加公益活动

七八岁处于理解责任水平，随着能力的提高和经验的积累，孩子已经基本理解了自己所具有的责任，家长所需要做的就是让孩子的责任意识由认识层面向行为层面过渡。具体的教育过程中，应该特别注意两点：第一，责任意识的培养应该是由近及远的，先培养孩子对自己的责任意识，再培养其对他人和社会的责任意识；第二，培养孩子的社会责任应该少讲道理多参与实践。

2. 五种教子智慧培养孩子的责任意识（如图5-4所示）

（1）教子智慧一：帮助孩子认识"责任心"的重要性

孩子责任心的培养，是家长绝对不可忽视的一个重要方面。在日常的家

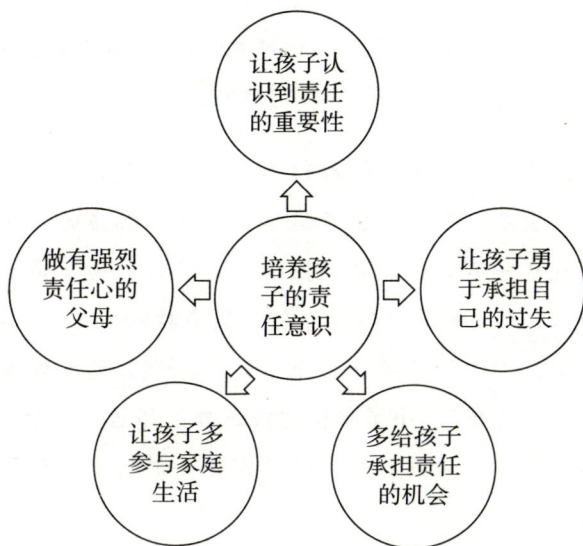

图 5-4　培养孩子的责任意识

庭教育中，家长应该注重时刻帮助孩子建立自己为自己的行为负责的观念，另外，还应该力所能及地帮助他人和奉献社会。

有一位知名的企业家，虽然工作非常繁忙，但仍然十分重视女儿的教育，尤其是女儿上学和放学的时候，他都坚持自己接送。有一天在送女儿上学的路上，他一直觉得女儿的神色有些异样，到了学校门口一问才知道，原来是女儿没有写完作业怕被老师批评。女儿考虑到老师们都非常敬重爸爸，于是想让他陪自己一起进教室，这样有可能就免予处罚了。

这位企业家了解了情况以后，便跟女儿说："是你自己贪玩没有写完作业，你要对自己的行为负责。如果我今天陪你进去，以后就相当于害了你。爸爸现在可以给你两个选择，第一，你自己进教室接受老师的处罚；第二，现在跟我一起回家，等你有勇气了再回来。"女儿考虑了一会儿以后，自己走进了教室。

(2) 教子智慧二：让孩子勇于承担自己的过失

现在的家长在培养孩子的问题上往往容易走上两个极端，要么无原则地宠溺孩子，生怕孩子受到一点伤害；要么对孩子极为严厉苛刻，不容许孩子犯一点错误。作为家长，应该包容孩子的错误，但同时也应该让孩子勇于承担自己的过失，只要能力许可，就应该勇敢地面对。

有一个美国的小男孩，在他 11 岁那年踢球的时候，不小心打碎了邻居家的玻璃，于是，邻居提出了赔钱的要求。但当时，这个小男孩并没有能力拿出这样一笔钱，于是，他就找到了自己的父亲，向父亲说明了事情的原委后，诚恳地向父亲认了错。父亲对他说："这是你犯的错，你应该自己负责，但你现在的能力还不允许，那么这笔钱我先借给你，你需要一年以后还给我。"小男孩接过钱还给了邻居。从此以后，小男孩就利用周末和节假日的时间打工，终于用半年的时间挣到了这笔钱，把它还给了父亲。

这个小男孩长大以后成为了美国总统，他的名字叫里根。

（3）教子智慧三：多给孩子承担责任的机会

培养孩子的责任意识并不是一句空话，应该让孩子真正具有发自内心的情感和实践的能力；而且也并不需要通过重大的事件才可以培养，家长完全可以立足于日常的生活琐事，从孩子身边做起，勿以善小而不为。

一个周末，10 岁的明明要和妈妈一起去公园玩，出门之前爸爸交代说："明明，你现在也是个小男子汉了，今天爸爸有事没法儿跟你们一起去，你要替爸爸照顾好妈妈哦，不要让妈妈太累。"结果，明明确实把爸爸的话牢牢记在了心上，一路上，他都紧紧地拉着妈妈的手，生怕妈妈走丢一样，还帮妈妈背着包，提醒妈妈留心脚下的路。

（4）教子智慧四：让孩子多参与家庭生活

对孩子来说，虽然他们的年龄尚小、能力有限，但他们仍然渴望贡献自己的一份力量。其实，在日常生活中，家长如果留心的话就会发现，孩子幼年的时候会经常主动提出帮忙，但大部分家长往往以"你还小，你做不了"为理由，将孩子远远地推开。家庭是孩子生活的主要场所，多参与家庭生活，不仅可以培养他们的责任意识，还可以增加亲子之间的感情。

在心心的家里，有一件事是固定由她负责的，那就是倒垃圾。5 岁的时候，心心突然对倒垃圾特别感兴趣，一听到楼下垃圾车的声音，就争抢着下去倒。心心的父母觉得这对孩子来说是一个很好的锻炼机会，不仅可以让她更勤劳，增强她的动手能力，还能培养她的责任意识，可谓一举多得。为了让心心干得更有动力，家人还经常当着心心的面夸奖她，这让她也特别有自豪感。现在心心已经 10 岁了，倒垃圾这件事已经坚持了 5 年。

（5）教子智慧五：做有强烈责任心的父母

作为孩子的第一任老师和生活中最亲密的人，父母应该严于律己，只有当父母有强烈的责任意识并体现在自己的行为中时，孩子才能深刻地领会在心里，体现在自己的行为中。我国宋代的思想家张载就曾经说过："勿谓小儿无记性，所历事皆能不忘。"

> 每天晚饭后，东东和爸爸都会去小区里散步。这天晚上散步的时候，爸爸看到地上有一个塑料袋，于是就捡起来丢到了附近的垃圾桶里。东东好奇地问："垃圾不应该是由清洁卫生的阿姨打扫的吗，又不是爸爸扔的，为什么要捡？"爸爸说："我们生活在这个小区里，小区的环境就应该由我们大家一起负责。"东东记住了爸爸说的话，每次出去散步或者游玩的时候，都会把看到的垃圾捡起来。

3. 测一测：孩子的责任心能得几分

以下是一份针对幼儿的责任心问卷，家长们可以在自己的孩子能做到的项目后面打钩，看看他能得几分，是不是还有进步空间哦！

（1）对自己负责

①能够自己将玩过的玩具收拾整齐并放回原处。

②远离火、电，对陌生人保持一定的警惕性。

③自己吃饭和穿衣，力所能及的事情自己做。

④自己的事情自己努力完成，不依赖他人。

⑤能够主动承认自己的失误或过错，并表达歉意，进行弥补。

（2）对他人负责

①愿意给予同伴力所能及的帮助。

②对别人提出的意见，能够虚心接受。

③主动关心和照顾生病的亲人或朋友。

④伤害他人的感情或利益时，主动进行补偿。

⑤向他人承诺过的事情，尽最大努力做到。

（3）对集体负责

①主动去幼儿园，不迟到或早退。

②积极参加班集体活动，乐意成为其中的一员。

③愿意配合老师的要求，主动与他人分享玩具或图书。

④愿意参与集体竞赛性活动，并有集体荣誉感。

⑤当集体的财产遭到破坏时，主动想办法解决或向他人寻求帮助。

（4）对社会负责

①爱护环境，不乱丢垃圾。

②爱护公物，不随意破坏。

③节约水电，随手关水、关灯。

④愿意向贫困或受灾地区提供帮助。

⑤认识国旗、国徽，会唱国歌，有国家荣誉感。

第**6**章

九大心智：
塑造孩子优秀品质和健全人格的
九种心智模式

孩子胆小怕黑、 不敢独自睡觉， 如何培养孩子的安全感

你还在为孩子胆小怕黑、不敢独立睡觉而苦恼不已吗？下面就给大家拿出我的独门秘诀（如图 6 - 1 所示），教会年轻的父母们如何应对孩子怕黑、不敢独自睡觉的难题。

一般来讲，要从根源上解决一个问题，首先应该弄明白问题产生的根源。孩子胆小怕黑、不敢独自睡觉其实是缺乏安全感的表现。在心理学上，安全感被称为人的心理免疫系统。良好的安全感是帮助孩子发展完整和独立人格的重要基础。

一个拥有安全感的孩子心态平稳、性格温和、独立自主、自信乐观，并且能够与他人友好相处，而这些品质也是一个人快乐的源泉，能够让孩子更加健康快乐地成长；缺乏安全感的孩子，会常常对周围的事物充满戒备，会自卑和轻视自己，不能对自身的价值做一个正确的评估，不能与身边人友好相处，因而无法获得真正的快乐，变得更加封闭。

如果在孩子小的时候没有培养起足够的安全感，那么等孩子长大之后这种心理上的缺陷会更加无法弥补，因此，从小培养孩子的安全感是非常必要的。

婷婷今年已经 7 岁了，上小学一年级。因为妈妈下班比较晚，不能及时在放学的时候接她，于是妈妈就给婷婷报名参加了学校的课后管理班，每天要到晚上 6：30 才能结束，这样妈妈就有时间去接孩子了。

冬天六点半的话天就已经很黑了，妈妈去接婷婷的时候，她总是紧紧地靠在妈妈身边，就连上楼的时候，也要紧紧抓住妈妈的衣服，生怕

定义	安全感指自己努力向上，自我勉励，奋发图强。自强人有积极的信念和不拔意志	

缺乏表现	畏惧困难，易灰心丧气，没有远大理想
	爱找借口，懒散放松

父母行为	恶性比较，以期望激发孩子的刻苦精神
	嘲笑挖苦孩子
	强烈控制孩子，让孩子按照自己的想法去执行
	抱怨

原因	看到别的孩子优秀产生嫉妒感
	父母不理解孩子
	对孩子不接纳
	将自己的懒散投射到孩子身上，对自己不接纳

解决之道	讲述伟人成功实例，分享自己成长历程，给孩子树立自强榜样
	让孩子分担家务
	亲子专业心理辅导

（以上均属"安全感"）

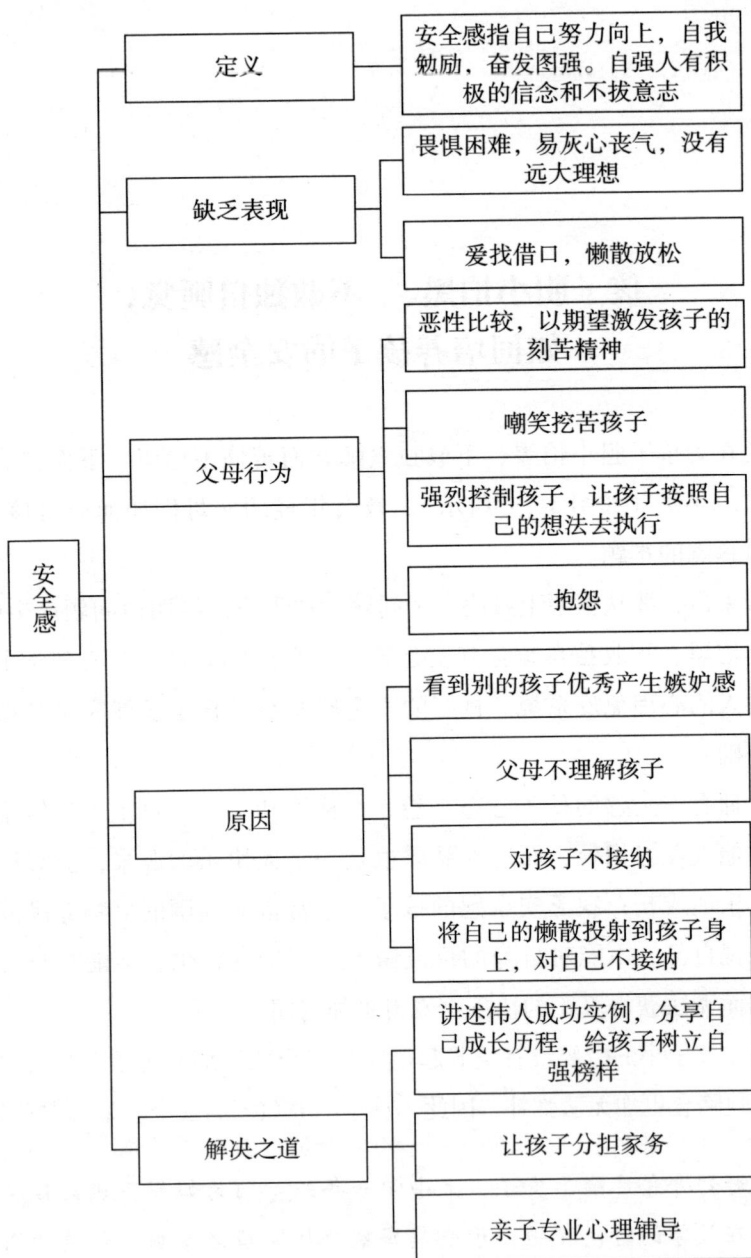

图6-1　安全感心智模式

妈妈把自己给丢了。进了屋子之后，婷婷也不肯放开妈妈的衣服，直到屋里的灯全亮了，她才会放心地放开妈妈，乖乖地回自己的房间写作业。

有一次妈妈在厨房做饭的时候手机响了，妈妈正在炒菜不能离开锅子旁，于是就喊婷婷让她到房间把手机拿过来，但是婷婷打开房间门之后发现里面黑乎乎的，就不敢进去了，于是就跑到妈妈跟前说："妈妈，你屋里好黑，我不敢进去拿，还是你自己去吧。"无奈之下，妈妈只好关掉火，自己去拿了。

晚上睡觉的时候，妈妈让婷婷早点睡觉，于是婷婷就乖乖地躺在床上，但是当发现妈妈把灯关上之后，她又大叫了起来，要妈妈陪她睡，没办法，妈妈只好又陪她躺在床上哄着她睡着了才回到自己的房间。

回到自己的房间，妈妈就想，婷婷胆子太小了，这样下去，以后可怎么办啊！

其实类似婷婷的问题，大多数父母都碰到过，但是他们通常都认为，孩子因为太小，害怕是理所当然的，等慢慢长大之后，自然就不会害怕了，于是就放任孩子的这种行为，导致孩子长大后也因为缺乏安全感而变得封闭和没自信。

因此，如果家长们发现孩子有类似的情况发生的时候，一定不要放任自流，一定要采取相应的方法，帮助孩子提升安全感，让孩子健康快乐地成长。家长不妨从以下几方面做起：

1. 要保证家庭气氛的和谐

试想一下，如果孩子长期处在一种父母经常吵架甚至发生肢体冲突的环境中，会有安全感吗？当然不会。他们甚至还会产生一些胡乱的猜测：爸爸妈妈吵架是不是因为我不乖啊或者是他们是不是不想要我了等。面对大人无休无止的争吵，孩子会感到内心的无能为力，长大后就特别容易形成一种扭曲的价值观。

因此，拥有健康和谐的家庭环境，对于孩子的成长和安全感的培养具有至关重要的作用。

2. 多花时间陪伴孩子

许多年轻的父母因为工作繁忙，要么就是将孩子放在自己的爸爸妈妈那里，要么就是交给保姆，甚至将孩子扔在一边，打开电视让他自己去玩。但是对于孩子来讲，爸爸妈妈就如同自己的玩伴一样重要，没有了爸爸妈妈的陪伴，孩子的安全感就很难建立和培养。

因此，不管爸爸妈妈有多忙，都应该抽出固定的时间陪孩子，让孩子感受到父母对自己的关爱。

3. 经常给孩子讲故事，拉近亲子关系

每一个孩子都喜欢听故事，故事中美好的场景和情节会带着孩子在想象的空间中自由自在地翱翔，让孩子收获快乐。故事也是架起父母与孩子之间关系的重要桥梁，可以帮助父母拉近与孩子之间的距离。

因此，父母可以在床上或者沙发上，一边给孩子讲故事，一边将孩子搂在怀里，通过语言上的沟通以及身体上的接触，帮助孩子建立起安全感。

4. 父母要找到让孩子不安的原因

让孩子产生不安的原因可能是各种各样的，可能是因为打雷、闪电等自然环境方面的原因，也可能是听到或看到什么让孩子感到害怕的东西，又或者是因为突然的惊吓或过大的声响等突发性的事情。

因此，父母一定要找到让孩子产生不安的根源，然后对症下药，帮助孩子克服这种恐惧和不安，重建安全感。

5. 要允许孩子哭

有时候在大人眼里明明是一件很小的事情或很小的挫折，都可能会让孩

子感到委屈或孤立无援，进而就会哭泣。许多父母看到孩子哭就容易心烦意乱，就会厉声喝止，但往往效果并不好，反而让孩子哭得更厉害了。

这个时候，父母应该让孩子去哭，适当地哭泣是一种情绪宣泄的良药，可以让孩子很快地摆脱负面情绪，建立起安全感。

6. 与孩子做游戏，让孩子在游戏中获得安全感

与孩子一起做游戏，通过在游戏中与孩子进行肢体接触，帮助孩子建立安全感。在日常生活中，父母可以设计一些简单的小游戏或者是手工劳作等，让孩子在玩耍中学习，同时使父母与孩子之间的关系更亲近，沟通更顺畅。

7. 父母对孩子要信守承诺

当父母有事外出的时候，千万不要偷偷溜走，要告诉孩子外出的原因，以及归来的时间，不要告诉孩子要多久，因为孩子对于时间还没有多少概念，你可以根据孩子的生活节奏告诉他，在他吃饭的时候或者准备睡觉的时候或做游戏的时候就能回来，这样孩子就能不哭不闹地待在家里等你，但是对于跟孩子约定的时间，父母一定要遵守。

8. 给孩子一些亲子专业的心智辅导

如果孩子在缺乏安全感这一个问题上比较严重，在试过了前七招之后效果仍然不明显的话，家长们可以寻求一些比较专业的亲子专家，让他们亲自对孩子进行一些心智方面的辅导，帮助孩子重建安全感。

孩子敏感脆弱、 有自卑心理，
如何帮助孩子建立自尊心

南京师范大学的刘晓东教授曾经在自己的著作《儿童精神哲学》当中写到这样一句话："儿童是成人之师。"此话在大部分家长眼里应该有些匪夷所思：孩子的年纪那么小，什么都不懂，应该由家长来教育和引导，怎么会是成人的老师呢？

日常生活中，就是有太多的家长认为孩子什么都不懂，才会以高高在上的态度对孩子，以自以为正确的方式要求孩子，当感到孩子没有按自己的要求行动的时候，便会任意呵斥甚至打骂孩子。其实，刘晓东教授这句话的本意就是：儿童所呈现的是人最本真的状态，更能给成人以启迪和启发。

有很多家长在对孩子的教育过程当中，经常有一种错误的观念，认为几岁的孩子什么都不懂，随便说两句或者打两下能够让他更乖，不会有什么不好的影响。

根据埃里克森人格发展的八阶段理论的前四阶段：

①婴儿期的发展主题为信任感和不信任感的冲突；

②儿童早期的发展主题为自主与羞愧和怀疑的冲突；

③学前期的发展主题为自主对内疚的冲突；

④学龄期的发展主题为勤奋对自卑的冲突。

所以，对学龄期以及之前的孩子来说，他们不仅具有自尊心和羞耻感（如图6－2所示），而且这是培养孩子对人的基本信任、自尊、自主、勤奋的关键时期。在这个阶段，如果家长经常对孩子使用惩罚性、侮辱性的语句，或者以冷漠、强硬的态度对待孩子，不仅会伤害孩子幼小的心灵，而且不利于孩子良好性格和行为习惯的养成，更有可能影响孩子的一生。

1. 应该以怎样的态度对待孩子

家长，作为与孩子关系最密切的人，最应该给孩子提供一种温暖、包容、

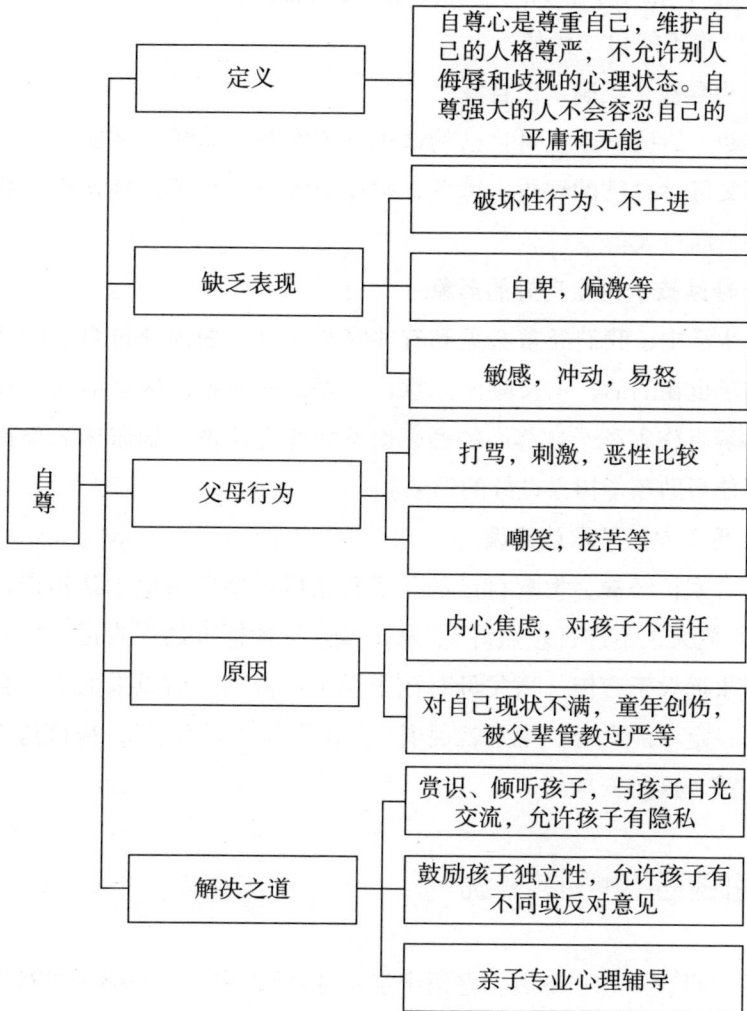

图6-2 自尊心智模式

安全的环境，言谈举止间都要照顾到孩子的自尊心。

（1）尊重孩子，以平等的态度对待孩子

在平时与孩子的交流过程中，家长切不可摆出一副高高在上的态度，时时刻刻把"我是你爸（妈），你就应该听我的"这样的话挂在嘴上，而应该尊重孩子，以平等的态度对待孩子。与孩子交流时，可以蹲在孩子面前，面带微笑地平视孩子；在孩子需要做选择时，注重尊重孩子的主观意愿，不能搞"一言堂"；在孩子遇到问题时，应该尽可能地帮助和引导孩子，切记不能讽刺嘲笑，也不能包办代替。

（2）引导孩子正确认识自我

年龄幼小的孩子往往对自己的认识并不客观，非常看重成人，尤其是关系亲密的父母对自己的评价，因此，父母应该引导孩子正确认识自我，既不自卑也不自高自大。

（3）帮助孩子树立良好的形象

日常生活中，我们经常会见到有些家长在别人面前评价自己的孩子。此时，若孩子也在的话，家长应该注意自己评价的内容，尽量不说"我孩子很笨"这种容易伤害孩子自尊心的话，也不能肆意谈论诸如尿床之类孩子的糗事，尽可能帮助孩子树立良好的形象。

（4）勇于向孩子承认错误

有不少家长经常会教育自己的孩子犯错以后要勇敢地承认错误，但是却"只许州官放火，不许百姓点灯"，从不按这样的标准约束自己。要知道，身教的力量永远大于言传，当父母对孩子说了不恰当的话或采取了不合适的举动之后，一定不能觉得"说了就说了，一次没什么大不了"，应该勇于承认错误，并对孩子进行安抚。

2. 哪些话不能对孩子说

所谓"良言一句三冬暖，恶语半字六月寒"，家长在与孩子进行交流时也是如此，应该多说鼓励和抚慰孩子的"良言"，谨防"恶语"出口伤害孩子幼小的心灵。

以下几句话，都有可能伤害孩子的自尊心，因此，家长在教育孩子或者与孩子进行交流时，切勿使用。

（1）你怎么这么笨

对年幼的孩子来说，他们的身体以及心理的各项技能还未发育健全，因此，往往难以按照家长的要求采取行动。在这种时候，家长应该尽可能地鼓励和引导孩子，也可以以身作则进行示范，像"你怎么这么笨！"这样的话，不仅不能起到证明作用，反而容易打消孩子的积极性，使孩子遇事容易有畏难情绪。

（2）你真没用

由于年幼的孩子对自己的评价主要建立在成人尤其是父母的评价的基础上，当父母说出"你真没用"这句话的时候，孩子往往也会对自己形成这样的认识。

（3）闭嘴

由于对未知的世界充满了好奇，孩子往往喜欢问家长各种问题，而家长不耐烦或不知道如何回答的时候，往往喜欢对孩子说"闭嘴！"这看似简单的一句话实际对孩子的伤害很大，而且容易让本就处于弱势的孩子更加觉得自己不重要。

（4）你再这样，我就打死你

父母往往希望通过这样的话制止孩子不合理的举动，但实际上这样的话不仅不能起到制止作用，反而会降低家长的威信。

（5）你就不会像……

大部分的父母都希望将自己的孩子与别的孩子进行比较，其实每个孩子都是独特的，这种不适当的比较极容易引起孩子的反感，而且有可能造成孩子与被比较对象之间的隔阂。

（6）你要再不过来，我就不要你了

与成人相比，幼儿的无能和软弱感往往比较强烈，如果家长动不动以抛弃威胁孩子的话，非常容易造成他对社会的不安全感。

3. 怎样才能让孩子充满自信

目前，我国很多家庭都只有一个孩子，因此父母对孩子都抱有很高的期望，希望自己的孩子能够比同龄人优秀，长大之后能够成为一个成功的人。这种心态往往就容易导致两种极端的教育方式：一种是过分溺爱，过于保护和放纵孩子；另一种是过分严厉，在孩子的教育过程中以批评和斥责为主。这两种截然不同的教育方式，最终导致的教育结果都使孩子的发展偏离了正常的轨道。

在一次小托班的手工课上，老师要求小朋友们用小夹子把彩色的豆子夹到面前的大杯子里。由于托班的孩子都不到 3 岁，所以都有家长陪同。

活动开始了，由于孩子们的手都比较稚嫩，手指的灵活性差，而且小豆子又都圆圆的，并不是特别好夹。这时，有的陪同的家长就着急起来，握着孩子的手去夹豆子，有的甚至亲自代劳，拿过夹子把所有的豆子都夹到了杯子里；也有的家长看到别人的孩子已经成功夹了几个，而自己的孩子进展缓慢，就开始斥责孩子说："你怎么这么笨呀？你看看那个小朋友已经快夹完了！"还有的家长貌似并不怎么着急，面带微笑地提醒孩子："你可以先把它夹住了再提起来放到杯子里，那样就不容易掉了哦！"还时不时地鼓励孩子："做得真好，你真棒！"

上面案例当中，家长们的反应各不相同，其中，第一种家长过于保护孩子，生怕孩子遭遇一点困难和挫折；第二种家长对孩子则过于缺乏耐心，总是担心自己的孩子比别人差；第三种家长对孩子的教育则以引导和鼓励为主，这样的教育方式更容易培养孩子的自信，让孩子有面对困难和挫折的勇气。

为了让孩子更有自信，在与孩子的交流过程中，家长应该：

（1）多鼓励孩子

有一句话说"好孩子都是表扬出来的"，虽然这样说过于笼统，但对于还不能十分明辨是非的孩子来说，父母的鼓励所能起到的正面作用远远高于批评。但是，对孩子的鼓励也应该以事实为基础，不然更容易起到相反的效果。

（2）多关注孩子的长处

由于每个孩子的成长以及家庭环境等各不相同，因此，家长在教育孩子的过程中不要总是拿孩子的短处与别的孩子进行比较，而应该多关注孩子的长处。

（3）多看到孩子的进步

每一个孩子都充满了无限的可能，家长应该给予孩子足够的成长空间，及时发现他们的进步，并进行肯定，以让孩子对自己更有信心，能向着更好的方向成长。

4. 教育专家给家长的建议

①在任何情况下，都对孩子充满希望。

②了解孩子的喜好，给孩子提供安全的成长环境。

③当孩子犯错时，及时纠正他们的错误，并让他们感到被原谅。

④当父母有不同意见时，不在孩子面前争吵。

⑤不对孩子说其他人的坏话，以身作则地教育孩子。

⑥当父母犯错时，勇于向孩子承认错误。

⑦在他人面前，不暴露孩子的隐私，不数落孩子的缺点。

⑧当他人认为孩子存在缺点时，正确对待，不盲目溺爱。

⑨对待孩子提出的问题，认真回答，不敷衍、不搪塞、不欺骗。

⑩给孩子创造尽可能多的与大自然接触的机会。

⑪让孩子有自己的时间和空间。

⑫坚持与孩子一起参加户外运动。

⑬当孩子主动提出帮忙时，不泼冷水，予以肯定。

⑭鼓励孩子勇于尝试和探索。

⑮和孩子平等地谈论他们关心的问题。

⑯认真、耐心地倾听孩子的倾诉，并给予积极的回应。

⑰当孩子犯错时，给孩子解释的机会。

⑱切忌说"你怎么这么笨！""你真没用！"之类打击孩子自信心的话。

⑲尊重孩子的意愿和选择，不以命令的语气要求孩子。

⑳谨守对孩子的承诺。

㉑认真对待孩子的友情。

㉒不以恐吓的方式教育孩子。

㉓为孩子开辟属于他一个人的空间，尊重他的隐私。

㉔不给孩子买过多昂贵的玩具。

㉕不给孩子买过于花哨复杂的衣服、饰物。

㉖经常从老师那里了解孩子的近况。

孩子性格急躁、 注意力不集中，
如何培养孩子的自律性

经常有家长向我抱怨说，孩子性格急躁，做什么事情都不专心，学习成绩也一再下降。其实诸如此类的问题，一直是困扰家长们的重要问题。下面将针对这一问题提出我自己的一些意见（如图6-3所示），希望能帮助家长们减少烦恼。

其实孩子性格急躁、注意力不集中、爱动、做事没有耐心等都是缺乏自律性的表现。所谓的自律就是指在没有人监督的情况下，自己要求自己，变被动为主动，自觉约束自己言行。

自律性差的孩子行为自由散漫，缺乏纪律性，做事无长性，不能控制好自己的情绪，不仅会影响到学习，在生活中也会出现各种各样的状况，让家长们操透了心；而自律性强的孩子有着强大的自尊，做事情也比较有条理和计划，对将来能获得更大的成功是非常有帮助的。

君君过完暑假就是一个小学四年级的学生了，在这个暑假里，他不仅每天都能按计划完成作业，而且还参加了游泳班，学会了游泳，许多父母都在羡慕君君妈妈有一个这么自律的孩子。

其实在君君才刚刚三岁的时候，妈妈就经常告诉他自己的事情自己做，还鼓励他自己去洗自己的袜子等之类的小东西。

开始的时候，君君洗得并不好，还常常弄得满地满身都是水，妈妈并没有责备他，反而夸赞他干得好，于是君君更加有自信了，不仅能洗袜子，还能做到自己打扫房间。

上小学后，爸爸就跟君君一起制定了家规。比如，君君回家之后必须先写完作业才能看电视，看电视的时间不能超过一个小时；而爸爸则不能在家里抽烟……谁违反了规定，就要晚饭后洗碗。

由于这个家规是君君和爸爸一起商量制定的，因此双方必须认真遵

```
         ┌─── 定义 ──────── 自律指没有人监督的情况下，
         │                   自己要求自己，变被动为主动，
         │                   自觉约束自己的言行。自律的
         │                   人有着强大的自尊
         │
         │                ┌─ 注意力不集中，爱动
         │                │
         ├─── 缺乏表现 ───┼─ 做事情无长性，急躁
         │                │
         │                └─ 电脑、玩、吃等上瘾
         │
         │                ┌─ 批评教育，责骂，体罚
         │                │
  自律 ──┼─── 父母行为 ───┼─ 恼怒，不管不顾
         │                │
         │                └─ 焦虑着急
         │
         │                ┌─ 内心焦虑，对孩子抱很大希望
         ├─── 原因 ───────┤
         │                └─ 对自己的投射，恨铁不成钢等
         │
         │                ┌─ 从小给孩子订立规则意识，延
         │                │  迟满足
         └─── 解决之道 ───┤
                          ├─ 少说教，原则面前不退步，实
                          │  现诺言，言传身教
                          │
                          └─ 心理辅导
```

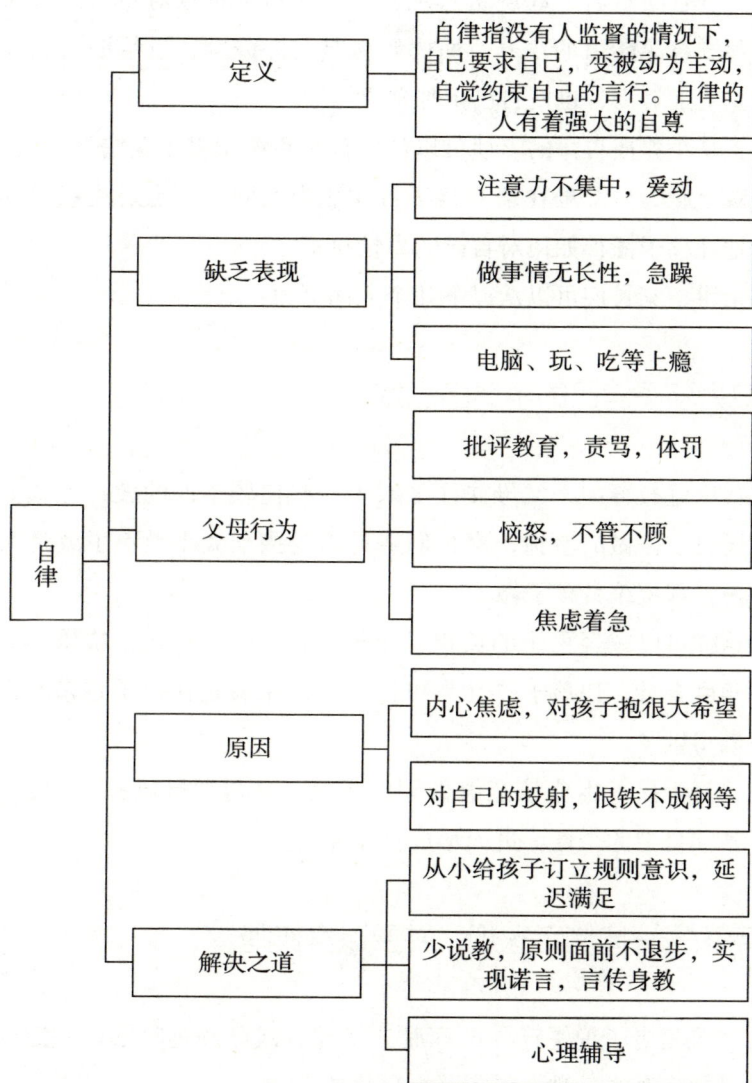

图 6 - 3　自律心智模式

守，妈妈来当裁判和监督员。

　　君君觉得这样非常民主，而且比较公平合理，因此也非常认真地遵守家规，有时候爸爸忍不住在家里抽烟，君君都会教育爸爸要认真遵守家规。

　　这样一来，君君就变得更加自律了。

案例中爸爸与君君一起制定家规，不仅显示了爸爸对君君的尊重，而且也有利于孩子自律能力的培养。而妈妈对君君的鼓励，也帮助君君及时找回自信，并且更加努力，也使自己更加独立。

让孩子从小养成自律的习惯可以帮助孩子克服很多不良嗜好，比如上网、玩电脑游戏上瘾等。父母在培养孩子自律能力的同时，也要注意对其多加赏识，慢慢地让孩子懂得如何对自己的事情负责。

具体来讲，家长们可以从以下几个方面努力：

1. 教会孩子自己的事情自己做

在现代家庭教育中，父母往往采取了一些比较错误的教育方式。有些本应该让孩子自己去做的事情，家长们或是因为孩子太小做不了或是为了不耽误孩子学习，都统统替孩子做了。

虽然这样可以减轻孩子的负担，让孩子有一个更加轻松快乐的时光，但是从另一角度来看，让孩子"无事可做"的结果就是让孩子越来越懒散，长大后更是懒得做了。

因此，对于孩子本应该能够做到的事情，父母要鼓励孩子自己去完成，培养孩子独立自主的个性，进而形成自律性。

2. 与孩子一同制定家规，并要以身作则

现在"凡是老子说了算"的家庭式管理方式已经过时了，一定要用公平合理的方式制定家规，激发孩子严格自律的精神。

在制定家规的时候，父母可以与孩子一起商量和讨论，并白纸黑字清清楚楚地写下来。当你希望孩子能够认真遵守家规的时候，父母首先应该以身作则，通过自身实际行动来为孩子做出榜样。

如此，制定的家规才会发挥应有的功效，才有助于孩子养成自律的习惯。

3. 爱孩子要有原则

对于培养孩子的自控力的问题，许多父母都是毫无头绪。如果对孩子管得太严就可能使孩子缺乏生机和活力；但是管得太松的话，就可能使孩子变得任性和娇气。如何把握这个度，是许多父母一直头疼的问题。

父母应该明白，爱孩子并不是毫无原则的，要给孩子制定一些规则，告诉他什么能做，什么不能做，让孩子从小就学会控制自己的行为。

比方，家长带孩子去逛超市，自律性差的孩子难以抵挡诱惑，见到自己喜欢的商品就想要。这时候家长们应该明确地告诉孩子，什么东西可以买，什么东西过段时间买，什么东西不能买等，对于孩子提出的不合理要求，父母一定要坚决地拒绝，这样孩子看到父母这么坚决，他就会明白自己的要求不一定都会得到满足，自律能力也就会慢慢提升上来。

4. 延迟满足孩子的需求

延迟满足就是从内防止孩子的自我膨胀，提升孩子的自律性。现在人们的生活水平提高了，许多家长认为自己在小的时候没有过上这么好的生活，于是对于孩子提出的任何要求都会尽量满足，但是如果对孩子需求的满足掌握不好一个"度"，就有可能影响孩子将来的发展。

在斯坦福大学有一个著名的"软糖实验"，有一位心理学家将一群四五岁大的孩子集中在一间屋子里，并每人发一块软糖。告诉他们，如果在一段时间之内不吃这块糖就可以得到更多的糖。一段时间之后，有的孩子没能抵挡住诱惑，将软糖吃掉了，而有些孩子一直将软糖放在手里，没有吃，结果没吃软糖的孩子因此获得了更多的软糖。几十年过去之后，那些忍住没吃软糖的孩子无论是在家庭上还是事业上都要比其他孩子好得多。

因此，迟延满足孩子的需求，也有助于培养孩子的自律能力。在日常的生活中，家长们要有意识地训练孩子学会等待。当孩子提出某些要求时，家长们可以根据具体情况迟延满足孩子的要求，让孩子等上一段时间之后再满足他，慢慢地，孩子就有了经验，知道要得到某个东西必须要学会耐心地等待，这样就可以帮助孩子渐渐培养起耐心和自控力。

孩子做事拖拉、半途而废，如何培养孩子的专注力

当孩子被发现上课听讲不认真，注意力不集中，做作业的速度慢、效率低，特别容易因为马虎而犯一些简单的错误的时候，就被贴上了不专注的标签，面对这一问题，许多父母也在积极寻求培养孩子专注力的重要法宝，下面是我给出的一些意见（如图6-4所示）。

培养孩子养成专注的习惯，必须从一点一滴的小事做起。父母是孩子的第一任老师，父母的行为习惯对孩子习惯的养成也会具有非常重要的影响。倘若父母总是因为小事而随随便便调整计划，那么怎么要求孩子学会专注呢？

无论是大人还是小孩，都应该重新审视一下自己的生活方式，多给自己和孩子留一点安静的时间去思考，去读书，去享受亲情的温暖和宁静。

【案例1】

4岁的潇潇正趴在地板上专心地拼积木，不一会儿的工夫她就将积木都堆起来了，然后她又一下子将积木重新推倒，然后再堆，就这样拼好就推掉，再拼再推掉……她自己玩得不亦乐乎。

但是奶奶一会儿过来问："宝贝，应该喝水了，来喝口水再玩好吗？"

过了一会儿，奶奶又过来关切地问："宝贝，饿不饿啊？要不要吃点小饼干？"然后爸爸也凑过来说："宝贝，不要总是一个劲地推倒嘛，来，爸爸帮你一起盖一座城堡。"

说着，爸爸就开始坐在地上动起积木来了。但是潇潇却不高兴了，看到爸爸将自己刚搭起来的积木弄坏了，更加生气了，于是就发起飙来……

很多父母抱怨孩子没有专注力，做功课的时候总是不能集中注意力，其

专注	定义	专注指能把时间精力和智慧凝聚到要做的事情上，从而最大限度发挥主动性和创造性，实现目标。专注的人执着、坚持
	缺乏表现	不愿阅读，注意力不集中
		听讲不认真，作业速度慢，效率低
		犯简单错误
	父母行为	唠叨，负面评价，不听孩子解释
		认为孩子调皮捣蛋，过高要求孩子
	原因	不理解孩子身心发展特点，权威意识严重
		不接纳和自己信念不同的东西，自身目标不明
	解决之道	少唠叨，创造安静的学习环境
		与孩子共同制订学习计划，培养时间观念，及时鼓励
		专业心理辅导

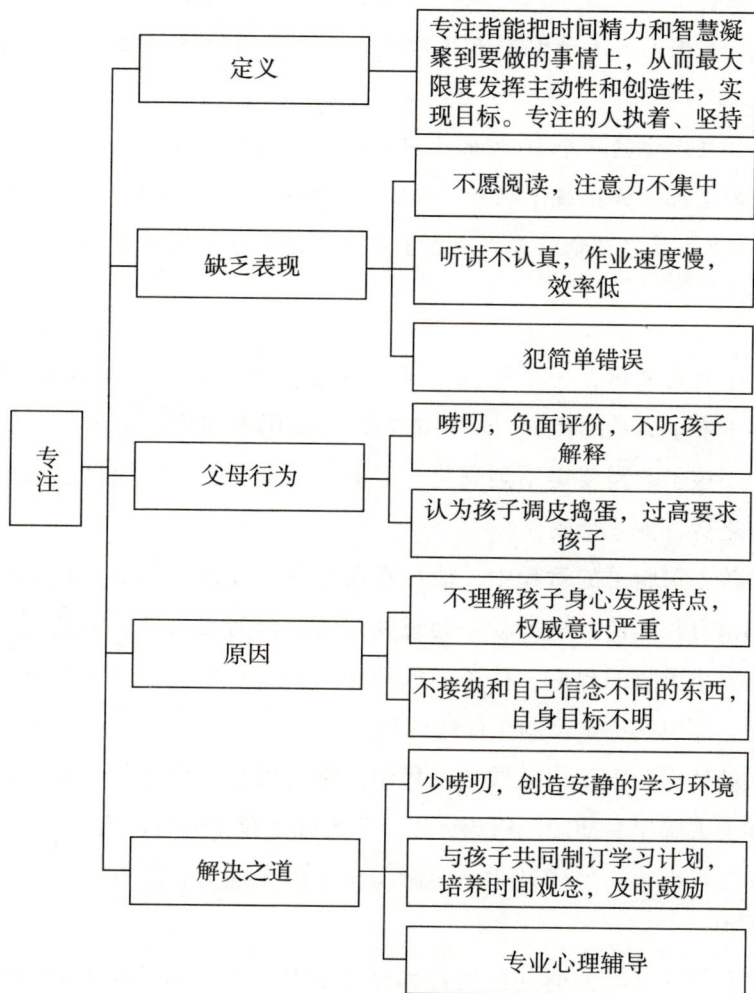

图 6-4　专注心智模式

实从上面潇潇的案例中，我们就可以找到答案。

当孩子正在专注地玩的时候，一会儿奶奶，一会儿爸爸，总是在干扰孩子，结果不仅弄得孩子不高兴，还很难让孩子集中注意力玩积木。只有让孩子专注地完成他自己喜欢做的事，才有助于培养孩子持久的专注能力。

【案例2】

在火车上有一个2岁的小男孩，即使被妈妈抱在怀里也一刻不得安宁。

总是不停地将手中拿着的饮料瓶扔到地上，妈妈给他捡起来几次之后，他还是一直扔，周围的人看着都有点烦躁了，而小男孩的妈妈脸上也表现出了不耐烦。

这时，在上铺的一个10岁的小男孩告诉这位妈妈说："阿姨，弟弟是想要学猴子砸坚果一样把瓶子砸开。"于是妈妈捡起瓶子问孩子说："你是想把瓶盖打开吗？"小男孩竟然乖乖地点了点头。这时旁边围着的大人们才一下子恍然大悟。

相对于大人来讲，一个跟孩子年龄相近的孩子更能理解小孩子的世界。如果没有十岁小男孩的提醒，小孩的妈妈可能仍不知道孩子为什么要一直扔瓶子，而小孩子的需要得不到满足，他就会一直扔，直到他自己认为这种方法不可行之后，他才会放弃。

在小孩子扔瓶子的过程中，他一直在专注于做这一件事，并且倾注了自己的全部精力和热情，根本就不会想到自己的行为是否会影响到其他人。如果没有十岁小男孩的提醒，孩子的这种专注就会被干扰，因为周围人都感觉他在胡闹，而妈妈一定会制止他的行为。

类似的情形，在孩子的成长过程中经常会发生，因为父母不能理解孩子的某些在大人眼里是胡闹的行为，以至于破坏了孩子的专注力。

对于父母而言，怎样做才不会影响孩子的专注力，怎样才可以培养孩子的专注力呢？

①让孩子在规定的时间内按计划完成学习任务。如果孩子能够按时并且专心地完成，父母要及时给予一定的鼓励，并让他休息几分钟。

当孩子在规定的时间里能够很好地集中注意力的话，就可以逐步延长一次性规定的时间。在孩子做题过程中，要求他将题目要求以及条件等用笔画出来，以便于让孩子的注意力更加集中。这样可以在提高孩子自信的同时，提升孩子的专注力。

②在孩子专注地做自己喜欢做的事情的时候，父母不要干扰。当孩子在玩拼图或者画画太专注而忘记吃饭的时候，父母不要去打扰孩子，而是要耐心地等待孩子将自己的事情做完。当孩子沉迷于自己感兴趣的事情的时候，

就是在培养自己的专注力。

③尽量不要唠叨和训斥孩子。当看到孩子做事没有规律或计划的时候，许多父母要么在一旁唠叨，要么就训斥孩子，这就让孩子没有了自信。父母应该鼓励孩子自己去学会分配自己的时间，可能刚开始孩子还不能独立完成，父母可以给予适当地帮助。当孩子可以独立分配自己的时间的时候，父母就要放手让孩子自己做时间的主人。

当他能在相对比较短的时间之内集中注意力做好自己的功课之后，他就有更多的时间去做其他事情，进而体会到专注的好处，以后做事情的时候注意力会更加集中，也会更有自信。

④大声朗读可以帮助孩子锻炼注意力。可以每天安排一段时间让孩子给父母大声朗读一段他们喜欢的文章，这样能很好地帮助孩子锻炼口、眼、脑的协调性。要让孩子在读书的过程中集中注意力，尽量不读错、不读断，这种训练长期坚持下去效果会更好。

⑤不要给孩子买过多的玩具或者书籍。在现实生活中，我们可以看到，父母总是给孩子买各种各样的玩具或书籍，虽然父母是出于对孩子的关爱或者想让孩子学到更多的知识，但是如果玩具和书太多的话，孩子就容易失去耐性，一会儿翻翻这个书，一会儿又想看看别的书，就是玩具也一样。这样就很容易分散孩子的注意力，更别提培养孩子的专注力了。

⑥让孩子一次只做一件事情。人的精力和注意力都是有限的，如果一个人一次要做多件事情，注意力和精力必然会被分散，做事的效率也会降低。特别是孩子的注意力尚处在发展过程中，如果同时让孩子做多件事情，就会难以集中孩子的注意力。因此，不要让孩子看着电视玩玩具，也不要让孩子听着音乐做作业。

⑦可以使用舒尔特方格训练法帮助孩子提升专注力。就是在一张方形卡片上画上 1cm×1cm 的 25 个方格，然后在格子内任意填写上阿拉伯数字 1～25。让孩子用手指按 1～25 的顺序依次指出其位置，同时诵读出声。

使用舒尔特方格训练法不仅可用来测量儿童注意力的稳定性，还可以提升孩子注意力水平。

孩子性格孤僻、优柔寡断，如何培养孩子的自信心

自信心是一种相信自己可以更好的积极信念。这种信念让自己有足够的勇气去探索和展示、信任他人、获得成功。

自信心是孩子积极主动参加活动的重要动力，也是将来孩子成功、成才的关键因素。良好的自信心可以让孩子顺利完成活动和学习，还可以让孩子对自己的能力做一个准确地估计，既能保证自己有充分的信心，又能避免盲目乐观，能够根据自己的实际能力制定合理的奋斗目标。

通常来讲，缺乏自信的人容易敏感多虑、沉默、孤僻、喜欢顺从模仿、优柔寡断、不敢表现竞争等。即便一个孩子有多聪明和机灵，但是如果缺乏自信心，一旦在学习或生活中遇到挫折就很容易一蹶不振（见图6-5）。

研究表明，孩子自信心的养成离不开父母的家庭教育。因此，父母应该从小培养孩子的自信心，为他将来的学习、工作和生活打好基础，为将来的成功扫清道路。那么对于父母而言，如何培养孩子的自信心呢？

要培养孩子的自信心，一般可以从以下几个方面入手。

1. 让孩子在成功的喜悦中获得自信心

要培养孩子的自信心，首先要让孩子不断获得成功的体验，如果尝试失败的体验，那就很容易打击孩子的自信心，让孩子对自己的能力产生质疑。因此，父母在为孩子制定学习目标或任务目标的时候，一定要根据孩子自身的实际情况，合理制定，虽然有点难度，但是只要通过不断的努力就一定能完成，让孩子在收获喜悦的同时，赢得自信心。

18岁的小薇今年已经上大学了，本来大学生活应该是轻松快乐的，但是她一学期下来感觉自己一点都不开心。

以前在上中学的时候，小薇一直是班里的佼佼者，不仅深受老师的

自信 ── 定义 ── 自信是一种相信自己可以更好的积极信念，这样的信念让自己有足够的勇气去探索和展示、信任他人、获得成功

缺乏表现 ── 敏感多虑、沉默、孤僻

缺乏表现 ── 喜欢顺从模仿、优柔寡断等

缺乏表现 ── 不敢表现竞争

父母行为 ── 怒骂、恶性攀比

父母行为 ── 盲目鼓励、夸赞

父母行为 ── 对孩子不信任

原因 ── 缺乏自信，焦虑，对自己现状不满

原因 ── 过高的期望、父母内向等

解决之道 ── 鼓励孩子发展个性，放大优点

解决之道 ── 多让孩子在人群中说话，培养孩子爱好，忽略不足

解决之道 ── 专业心理辅导

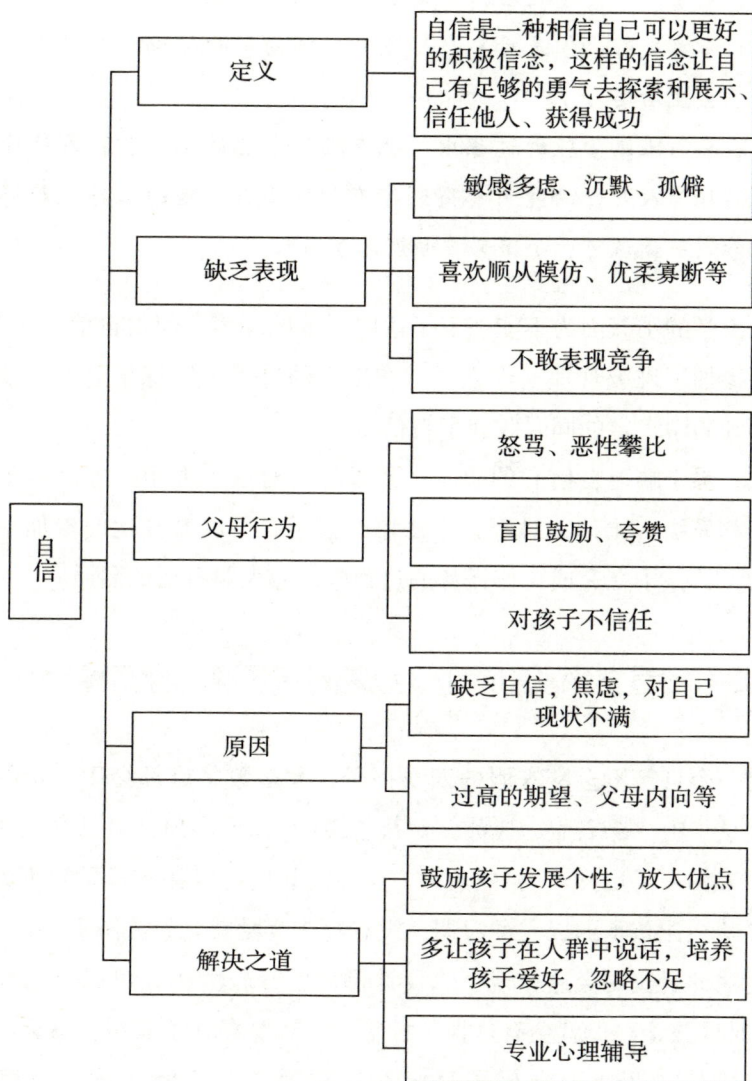

图6－5　自信心智模式

喜欢，就连许多同学也经常围着她转，所以她一直自我感觉很好。

但是考上大学后，她发现情况变了，周围的同龄人都非常优秀，与他们相比，小薇也不再是突出的一个了，而且小薇还发现周围的同学个个身怀绝技，都有自己的特长，小薇觉得处处不如人家，慢慢地也不爱跟同学说话了，跟同学也不亲密，因而一下子就变得不自信起来。

等到了大一学期之后，轮到了小薇担任班里的生活委员，刚开始她一点信心都没有，但是后来在辅导员老师的耐心鼓励和劝说下，小薇终于同意当生活委员了。

在参与班级管理的过程中，她克服了自己的不自信，表达能力、工作能力和为人处世的能力都得到了有效地提升，她的工作也获得了老师和同学的一致认可，小薇又重新燃起了自信。

刚上大学的小薇因为不能一下子适应周围的环境，使得自信心一落千丈，但是她在参加了班级管理工作之后，在工作的过程中锻炼了自己的能力，在获得老师和同学肯定的同时收获了自信。

因此，对于缺乏自信心的孩子，父母不要对孩子失望，应该给予孩子额外的关心和鼓励。比如，对于胆小怯懦的孩子，可以鼓励他们参加一些社会实践活动，让孩子在完成工作任务的过程中培养大胆自信的品质。

2. 要多多看到孩子的进步，经常对孩子说"你真棒"

面对一个自己不会穿衣服的四岁孩子，大多数父母都会用一定的物质奖励来鼓励孩子独立穿衣服，比如，对孩子说："如果你现在自己穿上衣服，妈妈下午就带你去买玩具。"虽然这种方法短时间内可以让孩子乖乖听话，但是时间久了就会让孩子形成一种习惯，没有物质奖励就会失去做事的动力。

而聪明的妈妈则会这样说："我觉得你已经长大了，可以自己穿上衣服了。"这时候孩子心里就会有这样一种暗示，只要穿好了衣服，就会感觉到自己确实已经长大了，于是孩子每天在这种感觉中不断巩固，自信心就会倍增。

父母对孩子的评价对于孩子的自信心的形成至关重要，因此，父母应该尊重和信任孩子，经常跟孩子说"你真棒"，让孩子能肯定自己的能力，认为自己真的很棒，这样，孩子的自信心也会得到提升。但是如果你经常对孩子说"你怎么这么笨""这都不会""你不行"等类似的话，孩子就会对自己的能力产生质疑，从而否定自己，自信心也会受到伤害。因此，父母与孩子的交流应该以正面鼓励为主，还要善于发现孩子身上的优点，帮助孩子放大优点，增加孩子的自信心。

3. 在实践中培养孩子的自信心

父母可以在日常生活中给孩子安排一些力所能及的事情，让孩子在实践中提升自信心。比如，摆碗筷、拿报纸、洗碗、擦桌子等，当孩子能出色完成的时候，父母应该及时地给予表扬。有时候也可以安排一些稍有难度的任务，让孩子通过努力完成，等孩子完成后父母要给予孩子更大地表扬，可以帮助孩子树立更大的自信心。父母还应该帮助孩子发展自己的能力，当孩子取得进步时要及时地表扬，让孩子体会成功的喜悦，产生愉快的情绪体验。

4. 用鼓励的方法培养孩子的自信心

鼓励是培养孩子自信心的一个重要方面，孩子需要鼓励，就像鱼需要水一样。缺少鼓励就很难使孩子健康快乐地成长。

但是在现代的家庭教育中，许多父母往往轻视对孩子的鼓励，认为教育孩子就是要不断地灌输和训导，其实这种看法是与真正的教育相背离的。

当孩子自己去做一件事情而失败时，父母不要用任何语言或行为再一次强调他的失败，要知道，做一件事情失败并不代表无能，可能只是因为孩子还没有掌握技巧或方法，也可能是因为孩子一时粗心大意。如果父母采用指责的态度对待孩子，那么孩子的自信心就会受到打击，以后做任何事情也会失去信心。

要想对孩子进行鼓励，应该注意两点：一是不要用指责的语言再一次伤害孩子的自信心；二是表扬孩子的时候要适度，以免让孩子产生骄傲情绪。还要注意在家庭教育中，千万不要让孩子对自己失去信心，否则，父母再怎么努力培养孩子的自信心也于事无补。

孩子自私自利、 缺乏同情心， 如何激发孩子的仁爱之心

因为心中有爱，我们的世界才会变得如此美好；因为心中有爱，我们的生活才会变得如此幸福；因为心中有爱，我们的心灵才会变得如此富足。"仁爱"就是从心底里欣然地去爱别人的能力，是人类最光辉灿烂的人性，仁爱之人有着宽容善良之心。因此说，在现代的家庭教育中，教子育人首先应该赋予孩子一颗仁爱之心。

然而在现实生活中，虽然父母都对自己的孩子疼爱有加，但是孩子却是自私自利，缺乏同情心，不懂得关心父母和他人，心胸狭隘。古人云："人之初，性本善。"孩子并不是生来就缺乏爱心，而是在父母不恰当的教育中，无意中剥夺了孩子的仁爱之心（见图6-6）。

那么在生活中，父母应该如何培养和激发孩子的仁爱之心呢？

1. 培养孩子的仁爱之心要从小抓起

中国有句老话叫"三岁看到老"，意思是孩子在小的时候表现出来的品质和个性对孩子的一生具有至关重要的影响。婴幼儿期是人的各种心理品质形成的关键时期，因此，培养孩子的仁爱之心要从小抓起。

当孩子还处在婴幼儿期的时候，父母可以经常爱抚孩子，经常对孩子微笑，让孩子感受到父母对他的爱，让孩子在"爱"中慢慢成长，当孩子经历了咿呀学语和蹒跚学步，开始有自己思维的时候，父母要做孩子的好伙伴，陪伴孩子聊天、学习和游戏，让孩子感受到家庭的温暖，为培养孩子的仁爱之心打下坚实的基础。

2. 父母要富有爱心，做孩子的好榜样

父母是孩子的一面镜子，有什么样的父母就有什么样的孩子，只有父母

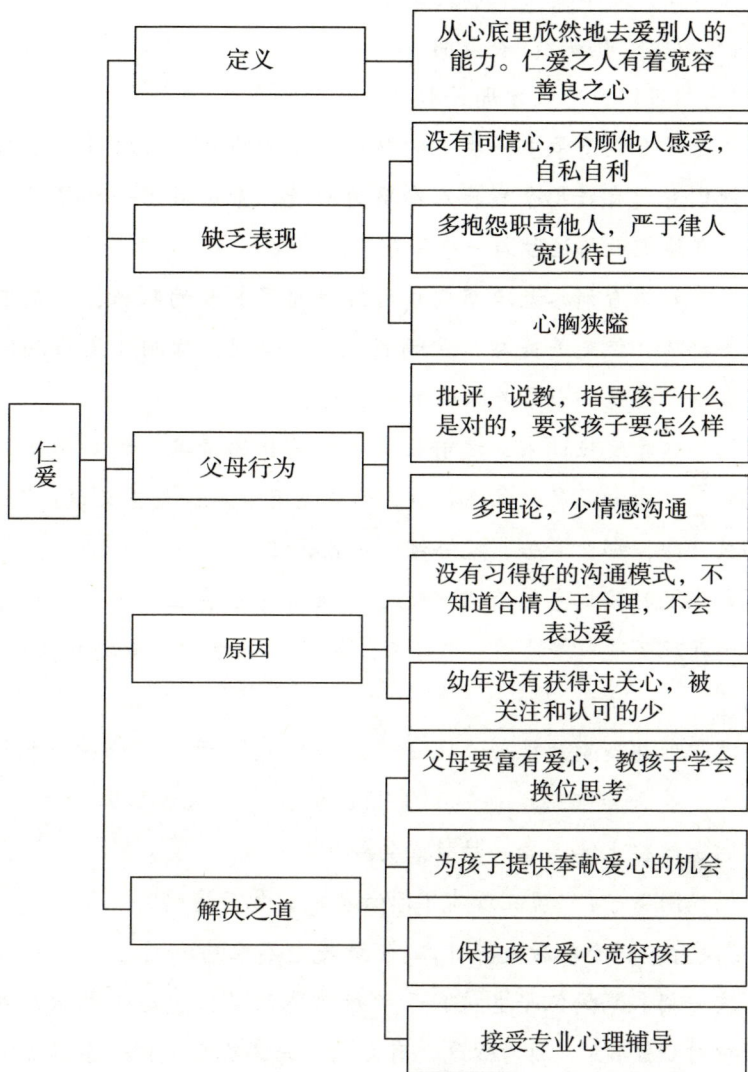

图 6-6　仁爱心智模式

仁爱
- 定义 → 从心底里欣然地去爱别人的能力。仁爱之人有着宽容善良之心
- 缺乏表现
  - 没有同情心，不顾他人感受，自私自利
  - 多抱怨职责他人，严于律人宽以待己
  - 心胸狭隘
- 父母行为
  - 批评，说教，指导孩子什么是对的，要求孩子要怎么样
  - 多理论，少情感沟通
- 原因
  - 没有习得好的沟通模式，不知道合情大于合理，不会表达爱
  - 幼年没有获得过关心，被关注和认可的少
- 解决之道
  - 父母要富有爱心，教孩子学会换位思考
  - 为孩子提供奉献爱心的机会
  - 保护孩子爱心宽容孩子
  - 接受专业心理辅导

图 6-6　仁爱心智模式

富有爱心才能培养出富有爱心的孩子。孩子将父母当作自己的榜样，父母的一言一行在潜移默化中影响着自己的孩子。

　　周六在舞蹈课上，舞蹈课老师表扬了美美，看到女儿受到老师的表扬，妈妈非常高兴，于是就想要奖励一下孩子，便对美美说："宝贝，你想吃点什么？要不要买个冰激凌吃？"

"可以吗，妈妈？"美美问。

"当然可以，你刚才那么乖。"

于是母女俩手牵手一块走向路边的冰激凌店。当路过一个路口的时候，她们看到有好几个残疾人在路边坐着，旁边放着一些音箱，在那里卖唱。在他们面前还放着一个募捐箱。

当时妈妈看到冰激凌店门口已经排起了长长的队伍，于是带着美美急着去排队，但是美美却拉住妈妈说："妈妈，你刚才没有给他们一点钱，我刚才看见一个哥哥眼睛都看不见了。"

妈妈这才反应过来，之前每次碰到这样的情况，都会顺手给他们几块钱的，这次却没怎么注意。看到妈妈没有说话，美美又说："你看，他们那么可怜，那么辛苦，就给他们一点钱吧。"

妈妈这时候就感觉有点惭愧了，在这种事情上还不如一个孩子，于是就半开玩笑地对美美说："好啊，要不然把你买冰激凌的钱给他们吧，行吗？"

没想到美美竟然很爽快地答道："好啊！"于是妈妈掏出 5 元钱，递给美美，美美蹦蹦跳跳地跑到募捐箱前，将钱认认真真地放在了里面，回来的时候脸上洋溢着一种骄傲的神色。

妈妈问孩子："现在没有了冰激凌吃，你后悔吗？"

"没有，一个冰激凌算什么。"美美毫不在意地说道。

这一刻，妈妈似乎也被孩子的行为感动了，于是带着她走到冰激凌店门口对孩子说："因为你这么有爱心，妈妈决定奖你一个冰激凌吧。"

美美听后高兴地点了点头。

从上面的案例中，妈妈经常帮助残疾人的事情一点一滴地影响了孩子爱心的养成，让孩子富有了同情心和爱心。

因此，父母要重视言传身教的作用，在平时要特别注意自己的言行举止，孝敬老人、关爱家人、乐于助人，做孩子的好榜样，让孩子也学着做一个富有爱心的人。

3. 教孩子学会换位思考

换位思考就是设身处地地为他人着想，父母应该教会孩子换位思考，激发孩子的仁爱之心。比如，当看到别人生病的时候，可以让孩子想想自己生病时候的难受经历，让孩子能够感受他人的痛苦并学会体谅他们，给予他们物质或精神上的帮助和关心。

4. 为孩子提供奉献爱心的机会

随着经济的发展，人们的生活水平也有了很大提升，父母们也能更好地满足孩子的需求，于是许多父母只一味地疼爱甚至溺爱孩子，却忽略了为孩子提供奉献爱心的机会。

事实上，施爱与承受爱是相互的，如果父母只是让孩子简单地承受爱，那么渐渐地，孩子就会丧失施爱的能力，成为一个只知道索取不知道回报的人，父母对他们的关心和爱护，他们也会视为一种理所当然。

有些父母认为，如果能够给孩子多一些关心和爱护，等孩子长大了，自然就会孝敬父母。其实这种理解是错误的，试想一下，你连让孩子去学习关爱他人的机会都没有，孩子怎么会有仁爱之心，长大之后又怎么会孝敬和关爱父母。

因此，父母要为孩子提供奉献爱心的机会，比如，可以让他们在家的时候帮忙做一些简单的家务；教育孩子怎样去关心自己的家人和朋友；让他们见到长辈主动问好；在公交车上让他们主动给老人让座；当别人有困难的时候，可以带着孩子去为他们提供一些帮助等。

父母在为孩子创造一些奉献爱心的机会的同时，对孩子富有仁爱之心的表现也要及时给予鼓励和表扬，让孩子体会到助人带来的快乐。

5. 保护孩子的爱心，宽容孩子

许多父母因为工作忙或者其他原因，往往对孩子表现出来的仁爱之心视而不见，在无形中将孩子的仁爱之心扼杀在了摇篮里。比如，有时候孩子在父母下班的时候为父母倒了一杯茶，父母却说，你赶紧去写作业，谁让你倒茶了。又比如，当孩子看到一只受伤的小猫，想要把它抱起来时，父母却说，哎呀，小猫太脏了，你不要碰它，会生病的。

其实上面两种情况都是孩子富有仁爱之心的表现，但是却因为父母一些不经意的举动被剥夺了。因此，父母如果想要有一个富有仁爱之心的孩子，就要在生活中认真培养和呵护孩子的爱心。

此外，父母还要学会宽容孩子，教孩子学会宽容别人，杜绝"严于律人，宽以待己"。

孩子消极任性、喜欢推卸责任，
如何培养孩子的责任感

所谓的责任感就是主动做自己分内的事和主动承担自己的失误造成的后果的一种积极心态。一个人富有责任感是使他能够立足社会、在事业上收获成功以及获得家庭幸福的重要基础。

从每个人刚刚来到这个世界上，责任就与自己相伴而生，不管是对社会，对家庭，还是对自己，我们都背负着一个沉甸甸的责任。著名哲学家培根曾经说过：责任心是世界上最珍贵的种子，如果能早早地在孩子心中生根发芽，那么孩子就会获得一生一世的幸福。责任感是孩子成长过程中的重要养分，是培养孩子养成健全人格的重要基础。

但是在现实生活中，我们却经常听到这样的感叹或者抱怨：现在的孩子一点责任感都没有，还特别懒，不仅不知道帮家长分担家务，还动不动就厌学逃课，经常将自己的责任推到别人身上，一遇到大事就退缩逃避，实在是被家里的大人惯坏了。

孩子还处在成长之中，对责任感的认识不强烈，因此，家长应该更加耐心地去培养孩子的责任感。让孩子学会对自己、对他人、对社会负责（见图6-7）。

责任

- 定义 —— 主动做自己分内的事，主动承担自己的失误造成的后果的一种积极心态。负责任的人会严于律己

- 缺乏表现
  - 懒惰、粗心、厌学
  - 消极、任性
  - 推诿、退缩、逃避

- 父母行为
  - 打骂、恼怒、无奈
  - 放任不管、说教、唠叨

- 原因
  - 对现状不满，不相信自己的孩子
  - 对自己不满，被父母欺骗过，过度焦虑

- 解决之道
  - 支持鼓励好的行为，让孩子做自己能做的事，让孩子为自己做的错事付出代价
  - 分享自己负责任的事迹，了解伟人事迹
  - 接受专业心理辅导

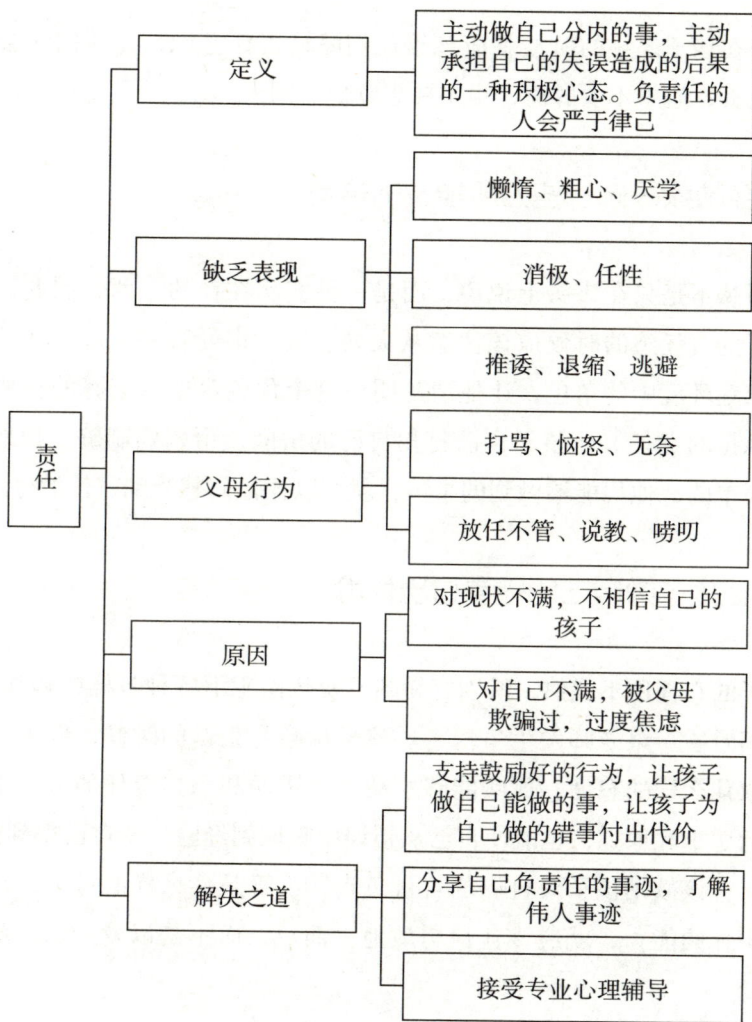

图6-7 责任心智模式

1. 让孩子认识到责任感的重要性

责任感是人格的重要组成部分，一个富有强烈责任感的人不管是在家庭、他人还是社会面前，都敢于承担自己的责任，他们严于律己，尽自己最大的努力将事情做好；而缺乏责任感的人则喜欢逃避、退缩和推卸责任，最终无

所事事。

父母在孩子还小的时候就应该给他们灌输责任意识，让他们学会对自己的行为负责，遇事不要躲避，也不要想着依靠别人。

2. 鼓励孩子做一些力所能及的事情

责任感不是只在口头上说说，而是一种实实在在的东西，因此，父母在培养孩子的责任感的时候应该注意从大处着眼，小处着手。可以帮孩子认清自己在家庭环境中的角色，让他清楚明白这个角色对这个家庭的重要性以及应该要承担的责任。让孩子自己打扫自己的房间，帮妈妈刷碗、扫地等，这样一些简单的、他们能够做到的事情，就可以让他们感受到责任的分量。

3. 让孩子为自己的错事付出代价

孩子的心理还不成熟，特别容易脑子发热而犯下各种各样的错误。比如，跟朋友闹矛盾、跟老师发生争执等。孩子总会有犯错的时候，但重点就是犯错后采取什么样的态度，那些能够主动承认错误和承担责任的人，不仅能赢得别人的尊重和原谅，也能使自己从错误中吸取到经验，使自己得到提升。

父母应该鼓励孩子对自己的言行负责，不管是什么样的过失，只要孩子有承担责任的能力，就应该让他勇敢地去面对，而不是以爱为名，放纵他逃避和推卸。

4. 父母要做好孩子的榜样

心理学研究表明，孩子都会有对自己喜欢的人或者崇拜的人进行模仿的心理倾向，而父母在孩子心中通常都具有比较绝对的权威，父母的一言一行都会对孩子产生重大而深远的影响。

一个对家庭和对社会毫无责任感的父母，不可能培养出一个有责任感的孩子，因此，父母要想培养孩子的责任感，首先自己应该具有比较强的责任意识。无论是对待工作、对待家庭还是对待他人，父母都要体现出负责的态度和精神。

但是在现实生活中却经常出现这样的情况：父母因为工作忙或者为了自己能够比较轻松等原因，将自己的孩子扔给自己的父母照看，通常一两个礼拜才会跟孩子见一面；有的父母对自己的父母不孝顺，爷爷奶奶生病了不去照顾；有的父母做事的时候拖拖拉拉，遇到事情就推卸责任……父母的这些所作所为都被孩子看在了眼里，在长期的耳濡目染之下，孩子也会去模仿父母的这些行为。这样父母即使用再多的方法培养孩子的责任感，孩子也会不以为然。

因此，在生活中，父母一定要注意自己的言谈举止，做好孩子的榜样，让孩子的责任意识逐渐在心中生根发芽。

5. 父母可以给孩子讲自己负责任的事迹

如果父母只是单纯地给孩子讲什么是责任感，估计孩子不能够理解，此时，父母可以将自己负责任的表现讲给孩子听，一方面可以让责任感的定义变得更加鲜活，另一方面也可以让孩子对父母产生一种尊重和崇拜，让孩子去效仿父母，强化孩子的责任意识。

孩子自卑懦弱、学习兴趣低，
如何帮助孩子找到成就感

成就感是指一个人做完一件事情或者做一件事情时，为自己所做的事情感到愉快或成功的感觉。如果你仔细观察的话，就会发现现在许多孩子都缺乏成就感，他们不仅对学习没有多大兴趣，学习动机也变得越来越弱，在学习上对自己感到灰心和自卑，在困难面前选择了怯懦和逃避，不自觉地为自己贴上了"失败"的标签。

孩子对成就感的渴望是一种与生俱来的需求，有了成就感才会更有自信，在困难面前也会更有底气。有时候经常会听到家长这样说："我对自己孩子管教挺严的，周末和假期也给孩子报名参加了各种学习班，平时为了让他学习也不舍得让他做家务，但是为什么孩子的成绩不见效反而还退步了呢?"

其实这样的现象也很容易理解，父母为了不让孩子输在起跑线上，处处拿自己的孩子跟别人家的孩子比，对于孩子取得的小进步和优点视而不见，让孩子认为只有别人家的孩子才是最优秀的，自己不管怎么努力都赶不上人家，于是也就慢慢变得更加自卑，学习也渐渐失去了动力。因此，父母应该帮助孩子找到成就感，做一个充满自信、勇敢坚强的孩子（见图6-8）。

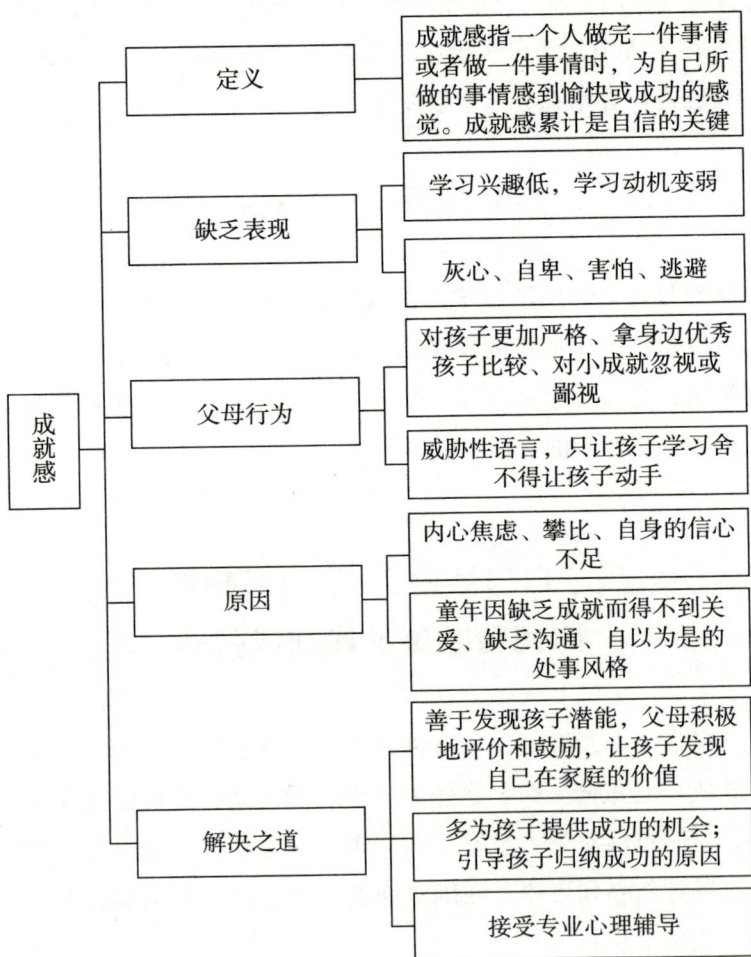

图6-8 成就感心智模式

琪琪今年已经上小学六年级了，自他开始上小学起，妈妈就非常重视他的学习，在刚上小学的前几年，琪琪没有辜负妈妈的期望，考试成绩几乎都名列前茅。妈妈也为孩子感到很骄傲，除了给孩子一定的物质奖励之外，妈妈还逢人就夸奖孩子的学习。

"孩子，你这次给妈妈长脸了，考得这么好，别人都夸我养了一个好儿子呢！"

"你这次好好考，如果考第一名的话，妈妈就给你买你最想要的漫画。"

"你这是怎么回事，怎么考这么差，你看看人家，多给他父母长脸啊。"

"你要好好学习，将来妈妈就指望你了。"

……

此类的话，一直伴随着琪琪的小学生涯，但是升上五年级后，琪琪越来越有自己的想法，不想再听从父母的安排，对父母给自己定的要求也变得无所谓起来。有时候学习很累的时候，只要父母在旁边一唠叨，他就马上关门走人，在他看来，自己天天这么累地学习，一点好处都没有，而且自己学习都是因为父母的要求，考好就是为了获得奖励。

于是在这样的状态下，琪琪的成绩越来越差，对学习也慢慢失去了兴趣，父母也变得越来越唠叨和着急，千方百计地寻找一些方法想要激发孩子的积极性，但是都没有效果，最后妈妈直接跟琪琪说："妈妈花钱雇你学习行不行？"

案例中琪琪失去学习动力主要是因为在学习中缺乏成就感。琪琪的父母对孩子的教育走入了一种误区，将孩子的成绩好坏都与自己挂钩，没有让孩子意识到成绩好是孩子自己的成就，从而让孩子在潜意识里就形成了"学习是为家长学的"这种观念，最后琪琪妈妈没办法了，说出了花钱雇孩子学习这样的话，让孩子更加失去了学习的兴趣。

因此，当发现孩子自卑懦弱、学习兴趣低的时候，父母一定要及时反省自己的教育方式是否出现了问题，只要能找到问题的根源并调整自己的教育方式，一定能及时引导孩子走出观念的误区。

就上述案例来说，当孩子取得好成绩的时候，如果妈妈能对孩子说"宝贝，你真棒，妈妈都替你感到骄傲"等类似的话，就可以让孩子感觉到自己成绩好，是自己努力的结果，应该自豪和骄傲的是自己。

成就感是构建孩子自信心的重要基础，让孩子有了这种成就感之后，无论在做什么事面前都会更加的积极和努力，那么对于父母而言，应该如何帮助孩子找到成就感呢？

1. 父母要善于发现孩子的优点和进步

"世界上并不是缺少美，而是缺少发现美的眼睛"，如果要应用在这里的话，就是孩子并不是没有优点，而是父母缺少一双慧眼罢了。

顽皮好动的孩子说不定将来就是一颗耀眼的体育明星；总喜欢拆玩具的孩子说不定将来是一位伟大的发明家；爱唱歌、画画的孩子说不定将来是一位技艺高超的艺术家。是的，每一个孩子都是一匹千里马，都有自己的潜质和优点，能否将孩子的潜质激发出来，关键就是要看父母是否是伯乐。

因此，父母应该善于发现孩子的优点，帮助孩子将自己的优点发扬光大，对于孩子取得的进步，父母也要及时地表扬，增强孩子的学习热情。

2. 要给孩子提供展现自己能力的机会

孩子的成就感最根本的还是来自于对自己能力的一种认识和肯定，当孩子在实际的活动中感受到自己可以很好地完成任务的时候，他就会体会到一种成就感。因此，父母要为孩子提供充分展示自己能力的机会，可以定期地带孩子参加一些户外活动或者社区活动，不仅能让孩子充分展示自己的能力，也为父母与孩子之间的交流提供了一个好的机会。

在为孩子提供展现自己能力的机会的同时，父母也要引导孩子找到自己努力的方向，避免发生"伤仲永"式的悲剧。

3. 根据孩子的发展水平给孩子提出要求和安排任务

许多父母为了帮助孩子找到成就感，给孩子安排了任务让他独立去完成，结果孩子能力有限，不仅没能顺利完成，自信心又一次受到了打击。因此，父母在给孩子提要求或安排任务的时候一定要符合孩子的发展水平，循序渐进地进行。

4. 对孩子多一些赞美，少一些指责

父母对孩子的赞美可以激励孩子不断地进步，而指责则会打击孩子的自信，不利于孩子的成长和发展。许多父母认为要想让孩子更优秀，就应该严格要求自己的孩子，其实这种观点是错误的。

如果父母忽视孩子的努力和进步，孩子达不到自己的要求就横加指责，只会挫伤孩子的积极性和自信心，影响孩子的学习和进步。因此，父母应该对孩子多一些赞美，少一些指责，帮助孩子最大限度地发挥自己的潜能，以期取得更大的进步。在对孩子进行赞美的时候，父母也应该注意要有建设性，而不是简单地评价。

孩子一味顺从、缺乏独立思维，
如何培养孩子的领导力

什么是领导力？领导力就是通过自己的言行去影响他人、跟随自己达成目的的能力，是一个人综合竞争力的重要体现。

现在大多数孩子都是独生子女，父母对孩子的生活和学习照顾得无微不至，这也导致很多孩子出现任性、自私、缺乏独立思考的能力、独立安排自己的生活和学习的能力比较差等现象。总结来说，其实是孩子缺乏领导力的问题。

拥有领导力不管是对孩子的将来还是现在都会有比较积极的影响。在日常生活和学习中表现出较强领导力的孩子，在步入社会后更容易取得较大的成功。因此，父母应该加强对孩子领导能力的培养，引导孩子形成良好的言行思路和习惯，形成活泼开朗的性格，使孩子在与同龄人交往的时候表现出一定的领导力（见图6-9）。

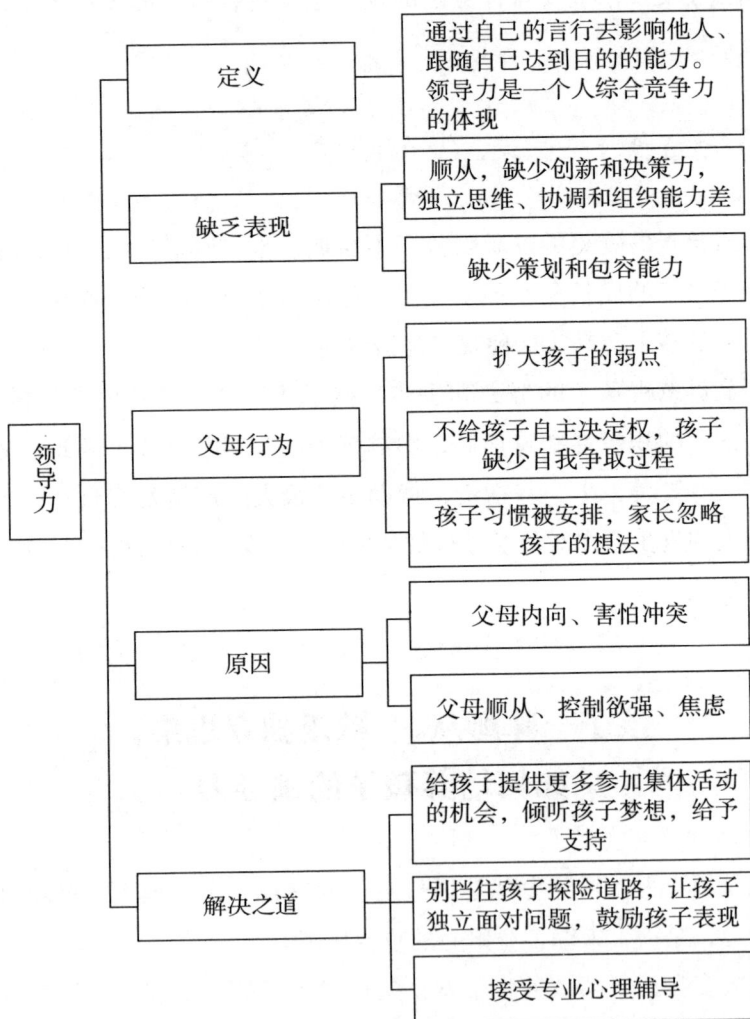

图6-9 领导力心智模式

那么对于父母来讲，应该如何培养孩子的领导力呢？不妨从以下几个方面开始着手：

1. 培养孩子的独立性

对于孩子独立性的培养是培养孩子领导力的第一步。独立性是孩子能够立足社会的根本，一个拥有较强领导力的孩子一定是一个独立性很强的孩子。因此，培养孩子的领导力要先从小培养孩子的独立性开始，可以通过让孩子独立学习、独立外出以及让孩子进行自我管理的方式来实现。

培养孩子的独立性就应该让孩子习惯用自己的头脑来解决问题，也就是说，要培养孩子独立思考的能力。不能独立进行思考的孩子也就谈不上独立性，没有独立性也就没有资格去领导别人。

伊森今年已经上小学四年级了，有一次班里组织同学们一块去山上野营，伊森自己很喜欢这种户外活动，于是就积极报名参加了。

等放学回家之后，伊森兴奋地告诉妈妈说："妈妈，这周末我们同学要一块去野营，要在山上待两晚。"

"哦，是吗？那等过两天妈妈给你收拾行李吧？"

"不用了，妈妈，这次我自己收拾行李。"于是妈妈放心地离开了。

可是在临出发前的时候，妈妈检查行李时，发现伊森都没有带厚衣服，但是山里的温度比平原要低得多，于是妈妈就让伊森再装一件厚衣服，但是伊森却坚持不带，妈妈没有办法也不再坚持了。

两天之后，伊森回来了，妈妈问他玩得怎么样，伊森说："我应该听妈妈的话才对，山里真的很冷。"

妈妈笑了笑说："那我们下个月要去佛罗里达，还需要带厚衣服吗？"

伊森想了一下说："不用，佛罗里达很热。"

于是妈妈接着说："这就对啦，你以后外出的时候应该先提前了解一下当地的天气状况，然后再做决定。"

"嗯，妈妈，我知道了，我下次野营的时候一定会先列个清单，这样就不会落下东西了。"

培养孩子独立思考的能力就是让孩子自己的事情自己解决，在训练孩子养成独立思考的习惯的时候，父母可以给予适当的提示，让孩子自己去动手、动脑，这样在不知不觉中让孩子养成独立思考的好习惯。

当孩子养成了良好的独立思考的习惯之后，当他再遇到什么难题的时候，他就会自觉地去分析和解决问题，独立性也就慢慢形成了。

2. 鼓励孩子勇敢地表现自己

领导力不是随便说说就能培养出来的，而是要经过不断地实践和磨炼。父母可以经常给孩子讲"毛遂自荐"的故事，鼓励孩子勇敢地去表现自己，让孩子在实践中锻炼自己把握全局的能力；鼓励孩子在班上竞选班委或者主动帮助老师分担班级工作，在活动中主动担任负责人等。

3. 放手让孩子去探索

现在的父母为了能让孩子更加健康快乐地成长，给予了孩子过分地保护，什么事情都大包大揽，结果将孩子培养成了一朵温室的花朵，不仅自己不能独立去完成一件事情，对自己学习和生活方面的安排也弄得一团糟。

因此，父母要学会放手，给孩子探索的空间，让孩子大胆去探索未知的世界，就算受到伤痛，对他们来讲也是一种成长。

4. 让孩子在实践中成为领导者

梦想可以让人产生激情，但是只有将这种激情落实到具体的执行中，梦想才有可能转变成为现实，否则梦想就仅仅是空想。在这里也是同样的道理，如果只让孩子空喊领导力的口号，根本就不是真正的领导者，只有将口号付诸实践，领导能力才会发挥出它的实际作用。

因此，父母应该教会孩子在组织活动的时候不要空喊口号，要将自己的想法和领导力具体应用到实践中，才能真正地领导好一个团队，真正地提升自己的领导力。

5. 增强孩子争当"领导者"的信心

许多孩子没有表现出领导力，父母就认为自己的孩子没有当领导的潜质，其实不然，他们没有表现出领导力很大一部分原因是因为他们不够自信，不相信自己也能够做好。

父母要经常给予孩子鼓励，如果孩子单独地完成了一件事情的时候，可以这样跟孩子说："你做得真棒，妈妈相信你下次会做得更好的！"这样的话语就可以增强孩子的自信心，让孩子认识到原来自己也是可以独立完成一件事情的，以后再碰到同样的事情他们做起来会更加有自信。

6. 多倾听孩子的梦想

许多父母为了让孩子更优秀，给孩子报名参加各种补习班、兴趣班，但是他们从来都没有问过自己的孩子真正喜欢什么，导致许多孩子压抑了自己的梦想和兴趣，失去了生活和学习的乐趣。

因此，父母可以找时间跟孩子一起聊一聊各自的梦想，了解孩子的真实想法和需求。这样不仅可以让孩子感觉到父母对自己的尊重，拉近彼此之间的关系，还可以在了解了孩子的梦想之后，给予孩子适当地帮助，帮助孩子找到努力的方向，让孩子自己带着梦想执着向前。

7. 教孩子学会倾听他人的意见

要成为一位杰出的领导者，必须具备良好的倾听能力和整合团队成员意见的能力。父母应该教会孩子换位思考，设身处地地为他人着想，辩证地整合团队成员的意见。

要让孩子知道，在领导团队的过程中不仅要听支持自己的声音，更要听反对自己的声音，要认真听团队成员陈述的理由，尽可能地综合所有成员的意见和想法，做出最具代表性的结论。

知识延展 孩子沉迷于网络游戏，家长应该如何帮助孩子戒除网瘾

　　随着科技的发展，电脑和手机已经成了一种很普及的电子产品，上网也成了一种潮流，如果在这个时代，你不会上网，那么你就真的落伍了。

　　对孩子而言，网络是一把双刃剑，它为孩子的学习提供了便利，也让孩子的视野进一步开阔，但是一旦孩子过度迷恋网游成瘾，就会对孩子的生活和学习造成极大的伤害。许多孩子因为沉迷网络无法自拔，使得成绩一落千丈，许多家庭也因为孩子的网瘾问题失去了家庭的欢乐与和睦。

　　一般来讲，使孩子形成网瘾的原因大致有三个：一是父母教育方式的问题，许多父母为了不让孩子耽误学习，就限制孩子上网，其实这样做并不能转移孩子对网络的注意力，反而让孩子对网络产生了更大的希冀；二是许多孩子学习成绩不好，不能体会到学习带来的乐趣，而在网络游戏中，他们可以获得一种虚拟的荣誉感和自我的肯定；三是孩子性格内向、不善交际，在碰到问题的时候懦弱逃避，借助网络世界来回避现实。

　　西西是一个在单亲家庭长大的孩子，自父母离异之后就一直跟着妈妈生活。因为夫妻俩的问题，使孩子不能像正常家庭的孩子一样享受到父爱，这是妈妈认为对西西最愧疚的地方，所以为了弥补孩子那份缺失的父爱，妈妈一直在尽自己最大的能力来爱孩子，对孩子提出的各种要求也都尽量满足。

　　后来，西西跟妈妈讲想要一台电脑，于是妈妈就在西西生日的时候买了一台电脑当作生日礼物送给了西西，刚开始看到西西上网打游戏，妈妈觉得西西好不容易才对一件东西感兴趣，也就没太在意。再加上平时工作忙，也没时间管西西上网的事情。

　　但是后来西西班主任向西西妈妈反映说，最近西西总是很累，上课经常打瞌睡，做家庭作业的时候也是为了应付老师，别的孩子一下课就去操场上疯玩，但是西西却趴在课桌上睡觉，考试成绩也是直线下降。

这时候西西妈妈才意识到西西已经沉迷网游无法自拔了。西西妈妈后悔不已……

案例中西西的妈妈在刚发现孩子玩网络游戏的时候没有及时地进行引导和限制，使孩子形成了网瘾。如果出现这样的情况，父母应该首先找到孩子沉迷网络的原因，然后认真引导孩子戒除网瘾。

事实上，戒除网瘾的根本方法就是父母要帮助孩子在现实生活和学习中找到乐趣，建立成就感，要让孩子认识到，除了可以在网络世界中获得快乐感之外，现实中的生活和学习也同样充满了欢乐。

具体而言，父母可以做到以下几点。

1. 父母要多关心孩子，经常与孩子进行沟通

许多孩子沉迷网络往往与家庭有很大的关系，父母经常吵架，使孩子长期处于一种很压抑的环境中，孩子在现实生活中感受不到家庭的温暖，于是就选择从网上寻找心灵的慰藉。或者是父母离异，对孩子的心灵造成巨大的创伤，孩子在现实生活中失望，于是开始流连形形色色的虚拟世界。

如此一来，父母与孩子之间的亲子沟通就显得尤为重要了。父母可以利用晚上吃饭或者孩子上床还未入睡的时间，跟孩子聊天，聊聊学校里有什么有趣的事情发生，在学校里学到了什么东西等问题，增进亲子之间的关系，也可以随时了解孩子的心理变化，及时帮助孩子调整心态。

2. 父母要转变自己的观念，不要一味地反对孩子上网

现在许多电视和报纸上都会有网络暴力、网络色情的相关报道或者因为孩子沉迷网络，使孩子成绩一落千丈甚至走向犯罪道路的事件，因此也就造成了现在许多父母谈网色变，只要一提到网络，他们脑海里就会浮现网络暴

力、色情等负面的东西，为了让孩子远离这些可能带来的负面影响，他们就坚决限制孩子上网。

但是越是限制孩子上网，反而让孩子对网络的好奇心更加强烈。因此，与其跟孩子斗智斗勇让孩子不碰网，不如学会正确地引导孩子上网。

父母可以与孩子一起上网，引导孩子如何正确地使用网络。也可以在孩子上网的问题上跟孩子立下规矩，比如说，每天上网的时间不能超过一个半小时，要选择健康的网站浏览，不能在网络上泄露自己的个人信息等。

3. 父母要想办法转移孩子的注意力

如果孩子全身心地扑在网上，父母要想办法转移孩子的注意力，可以经常带着孩子去他感兴趣的地方玩，让他在大自然这个纯净美丽的环境中净化自己的身心，也可以带着孩子一起去公共场所跟同龄的小伙伴一起玩耍，周末的时候可以带孩子参加一些户外运动，如果能让孩子在现实生活中找到乐趣，那么他们的注意力自然就会从网络上转移开了。

4. 父母要经常鼓励孩子

现在许多孩子沉迷网络世界，很大一部分原因是因为孩子感觉周围人都比自己优秀或者父母经常拿自家孩子跟别人家的孩子比，结果让孩子产生了一种自卑的情绪，觉得自己一无是处，在现实生活中他们找不到成就感，就只好去虚拟世界寻求刺激，在虚拟的网络游戏中，没有人会在乎你学习好不好，也没有人认识你，他们还可以获得一种虚拟的奖励，这种成就感使他们获得了快乐，因此才会对网络世界如此地沉迷。

父母应该多发现孩子的长处和优点，经常鼓励孩子，如果发现孩子有自卑或者抑郁的情绪，父母应该多引导孩子看到自己优秀的一面，帮助孩子重新树立自信。

第**7**章

心智教育的本质：
培养孩子良好习惯，
强化孩子心智发展

培养孩子讲卫生爱劳动的习惯，　提高孩子的自理能力

我国教育家陈鹤琴先生曾经说过："凡是孩子能自己做的事情，就应该让孩子自己做，不要替代他。"可是，现实生活中却恰恰不是这样。由于大部分家庭目前都是独生子女，一个孩子有三四个甚至五六个大人照看，极度溺爱孩子，凡事喜欢替孩子代劳，而造成了孩子不讲卫生、不爱劳动、自理能力极差的情况。这样的孩子一般在幼儿园的时候就非常依赖别人，吃饭不能自己吃，上厕所需要老师帮忙，午睡的时候也需要老师在一旁安抚。而进入小学以后，他们也往往不注意个人卫生，学习成绩也十分不理想。

有一次在我做咨询的过程中，一个满脸愁容的妈妈跟我讲了她儿子身上出现的问题。

孩子的父母在各自的单位中都属于管理层的人员，平时的工作比较繁忙。孩子小的时候基本上是由爷爷奶奶带大的，现在爷爷奶奶年纪大了，孩子也到了入学的年龄，父母就把他接回了身边。

自从孩子上小学以后，两个人就经常因为孩子的学习成绩犯愁。孩子十分聪明，平时学习也很用功，但不知什么原因成绩却总是不理想。有很多次，孩子的妈妈都专门抽出时间跟孩子的老师沟通，也在每次考试之后认真和孩子总结原因。可是，一番努力之后，成绩没有丝毫起色，每次考试总是丢掉很多冤枉分，比如把46写成64，难题经常能做对，简单的题反而错一大片。

我问这位妈妈："您的孩子讲卫生爱劳动吗？自理能力怎么样？"她说："孩子不怎么讲卫生，也不喜欢劳动，房间里经常很乱，每天我帮他

收拾干净后，第二天又乱七八糟的了，书包也没什么条理，里面的书胡乱堆在一起。孩子的自理能力也比较弱，他从小生活在爷爷奶奶家，爷爷奶奶很溺爱他，什么事都不让他自己动手。我和他爸爸把他接回来以后，我们比较忙，才开始让他自己的事情自己做。"我听了以后说："那他出现丢冤枉分，做错简单的题的情况就容易理解了。"这位妈妈非常不理解："这跟学习能有什么关系呢？"我解释说："是这样的。就像你去超市买东西一样，东西分门别类地排列清楚了，你才能够比较方便地找到自己想买的物品，如果各种各样的东西随意地摆在货架上，你大概花一天时间也未必能找到你想要的东西。学习和考试的关系也是这样，学习是输入，考试是输出，你输入的知识如果乱糟糟地堆在你的脑袋里，等你考试需要提取的时候就会觉得非常吃力。你儿子由于自理能力比较差，习惯了缺乏逻辑性、顺序性和条理性的处理方式，这样在考试有限的时间里，他就很难应用学习过的知识来解决眼前的问题，而这也就造成了他学习虽然很用功，也很聪明，吸收了足够的知识，成绩却不理想的'怪事'。"孩子的妈妈听完以后恍然大悟，说："看来学习跟习惯和自理能力也有很大关系，我以后要注意培养他的自理能力了。"

上述案例中的孩子已经是一个学龄期的儿童了，但是他所具备的自理能力与他的年龄却十分不相当。培养孩子讲卫生爱劳动的习惯，提高孩子的自理能力的最佳时期应该是在孩子尽可能小的时候，而具体的培养方法可以参考下面提到的几点，如图7-1所示。

家长如何培养和提高孩子的自理能力						
鼓励孩子学做家务，提高孩子的自理能力	给孩子选取良好榜样，提高孩子的自理能力	巧妙安排游戏活动，巩固孩子的自理能力	适当的表扬和鼓励，激发孩子自理能力的提高	正确引导孩子，强化他们的自理能力	以日常生活小事为起点，培养孩子的自理能力	家园、学校密切配合，提升孩子的自理能力

图7-1　家长如何培养和提高孩子的自理能力

1. 鼓励孩子学做家务，提高孩子的自理能力

对年幼的孩子来说，整个世界都充满了新鲜感，他们喜欢模仿成人的举动和言行。比如，孩子看到妈妈在家做家务的时候，有可能会主动要求给妈妈帮忙，这时做父母的切不可打击孩子，说"你太小了，干不了"或者"一边玩去，别捣乱"之类的话，应该对孩子表现出的积极性给予鼓励，然后放手交给孩子去做，从最简单的开始。慢慢地，孩子的卫生和劳动习惯会越来越好，自理能力也会越来越强。

2. 给孩子选取良好榜样，提高孩子的自理能力

孩子往往善于模仿，因此身教的作用大于言传。父母应该为孩子选择良好的榜样，除了自己要以身作则外，也可以为孩子选择习惯良好的同伴，或者孩子所喜欢的故事当中的角色，作为孩子学习的榜样。

3. 巧妙安排游戏活动，巩固孩子的自理能力

由于孩子身心各方面的发展还不完善，因此对他们来说，游戏不仅是主要的活动方式，也是最有效的学习途径。父母可以根据孩子的身心发展特点，选择适合他们的游戏，促进他们的发展。例如，为了培养幼儿的自理能力，家长可以跟孩子一起玩过家家的游戏，让孩子来扮演家长的角色。

4. 给孩子适当的表扬和鼓励，激发孩子自理能力的提高

针对孩子的教育是鼓励好还是批评好的问题，陈鹤琴先生早已经给出了回答，他说："积极的鼓励比消极的刺激好得多。"因此，父母在教育孩子的过程中，应该多说"做得好""继续努力"之类比较积极的语言，而少说"你怎么这么笨""你总是犯错"之类打击孩子的话。

5. 正确引导孩子，强化他们的自理能力

对孩子来说，他们的理解和接受能力有限，家长如果只是一味地指责，他不仅不会改正，反而更容易以一种错误的行为方式吸引别人的注意。因此，家长应学会正确的引导。比如：你不喜欢孩子随地乱扔垃圾，就鼓励他把垃圾捡起来放到垃圾桶里，而不是一味地批评他不能这么做。

6. 以日常生活小事为起点，培养孩子的自理能力

在孩子的日常生活当中，教育的时机无处不在，例如：吃饭、穿衣、系鞋带、大小便等，这些看似日常的小事，却可以用来培养孩子的自理能力，帮助他们养成讲卫生爱劳动的习惯。

7. 家园、家校密切配合，提升孩子的自理能力

在目前的家庭教育当中，不少家长有这样一种观念，认为孩子交给老师之后，自己就不需要再对孩子的教育费心了，如果孩子的习惯不好、能力薄弱，肯定是因为老师的教育有问题。针对这种观念，陈鹤琴曾经说过这样一句话："良好习惯之养成与否，家庭教育应负重要的责任。"我们也经常听到有家长反映，孩子在幼儿园、在学校如何如何听话，跟在家里完全是两个样子。这就是因为家长没有采取正确的方式对孩子进行教育。而只有连贯的教育才能够起到良好的效果，所以，家长在孩子的教育过程中，应该注意与幼儿园或学校之间的配合。

培养孩子赞美和欣赏他人的习惯， 让孩子充满正能量

我们先来看一个故事：

　　很久很久以前，有一对昆虫兄弟，刚出生的时候它们几乎长得一模一样，但是这两兄弟的性格却截然不同。

　　昆虫哥哥生性开朗乐观，它最喜欢各种各样的花朵，在它眼里，每一朵花都有独特的芳香和美丽，它总会忍不住围着它们舞蹈，对着它们歌唱。有时，它还会忍不住亲吻这些美丽的花朵。慢慢地，它的身体变得越来越轻盈，而且呈现出耀眼的金黄色；它的歌声也变得越来越动听，花朵们都喜欢听它唱歌；再后来，它发现，每次它亲吻完这些花朵以后，花朵馥郁的芳香还会在它的身体里存留下来，并且变成甘甜的蜜汁。

　　而昆虫弟弟与哥哥恰恰相反，它好像生来就是个不快乐的人，它觉得这个世界里充满了臭气冲天的垃圾堆，它讨厌这些垃圾堆，但是它又总是忍不住飞到这些垃圾堆面前埋怨它们。时间一长，它觉得世界的一切都跟垃圾堆一样，所以它穿梭于一个又一个垃圾堆，不停地穿梭，不停地埋怨。慢慢地，它的身体有了变化，它变得越来越黑，面色阴郁而凝重，声音也总像充满了不耐烦一样，而且，它发现不喜欢这个世界的自己还有了几项新本领——传播细菌、咬人……

　　随着这兄弟俩越长越大，它们的样子的差别也越来越大，所有人都可以清楚地分出谁是名叫"蜜蜂"的哥哥，而谁是名叫"苍蝇"的弟弟。

如果我们概括一下上面故事里面哥哥和弟弟的性格特点的话，那应该就是：哥哥喜欢赞美和欣赏别的事物，充满了正能量；而弟弟喜欢贬低和埋怨其他事物，充满了负能量。在我们的日常生活中，也不乏这样充满了正能量和负能量的人，而几乎毫无例外的，所有人都喜欢跟充满正能量的人相处和生活。

　　一个能够赞美和欣赏别人的人，往往是一个自信的人。而自卑的人之所以要贬低和埋怨别人，正是希望通过这样的方式来证明自己的价值。在家庭教育中，父母应该培养孩子赞美和欣赏别人的习惯，成为一个乐观自信、充满正能量的人。

　　虽说"金无足赤，人无完人"，每个人身上都有缺点和不足，但孩子的年龄尚小，价值观尚未形成，是非观念还不明确，因此，家长应该注意引导，培养孩子乐观开朗的性格，让孩子以赞美和欣赏的眼光看待世界和他人。

曾经有人这样说过："赞美的效果常常会出乎人的预料，即使是简单的几句赞叹都会让人感到心理上的满足。向别人传递一个真诚的赞美，能给对方的心灵带来光明；赞美是语言的钻石，赞美有着巨大的威力，赞美是我们乐观面对生活所不可缺少的，是我们自强、自信、自我肯定的力量源泉。"能够赞美和欣赏别人，意味着能够发现别人身上的优点，明白自己存在的不足，清楚以后努力的方向，是一种积极乐观、充满自信和正能量的表现。帮助孩子养成赞美和欣赏别人的习惯，不仅有助于培养孩子的情商，而且对孩子以后在社会当中人际关系的处理有很大益处。

有一位妈妈在自己的博客里这样写道：我的女儿妙妙今年5岁了，她有一个特别的称号，叫作"小公主"。你听到这里，大概已经忍不住要说："我知道，不就是特别娇生惯养吗，现在的孩子可不是都这样吗！"你如果这样说可就不对了，大家叫妙妙"小公主"可不是因为她娇生惯养，而且她也不是一个娇气的小姑娘。"小公主"这个称号的由来是因为妙妙嘴特别甜，特别会夸奖和赞美别人，大家觉得她就像公主一样讨人喜欢。

心理学家们曾经做过一项调查，他们发现喜欢赞美和欣赏他人的人，不仅婚姻更为美满，事业更为成功，而且罹患各种疾病的概率也更低。那么，父母应该怎样培养孩子赞美和欣赏他人的习惯，让孩子成为一个充满正能量的人呢？美国儿童教育专家塔尼可博士给出了以下建议：

1. 多看到孩子的优点，适时对孩子进行表扬和鼓励

一个能够赞美和欣赏别人的人，其本身必然是能够得到他人的认可的。因此，家长在孩子的成长过程当中，应该留心观察孩子的优点，并适时对孩子进行表扬和鼓励。

2. 避免严加管教，为孩子营造自由宽松的成长氛围

过于严格的管教和控制不仅会使孩子的天性受到压抑，而且不利于培养孩子积极乐观的心态。当然，自由宽松的成长氛围也并不意味着父母对孩子过于放任，对孩子的错误放任不管。

3. 多带孩子参加户外运动，与大自然亲密接触

现在的孩子接触手机、平板电脑、电视等的机会要远远超过他们参加户外运动和走近大自然的机会。大自然当中充满了各种各样的美，这些美丽的景色不仅有助于陶冶孩子的情操，而且能够提高孩子对美的感受力和鉴赏力，更能帮助孩子培养豁达洒脱的性格。

4. 鼓励孩子多交朋友，鼓励孩子自己选择朋友

目前的家庭以独生子女居多，他们一方面享受着极为丰富的物质条件；另一方面也体验着孤独的煎熬，缺乏友情的陪伴。对孩子来说，亲密的友情不仅有助于他们分享成长的快乐，而且更能够寻找到学习的榜样。父母除了应该鼓励孩子多交朋友以外，也应该鼓励他们选择适合自己的朋友。

5. 鼓励孩子正确面对他人，与他人友好相处

一个能够赞美和欣赏他人的人，必然是一个能够正确面对他人，与他人友好相处的人。作为父母，应该在平时的家庭生活当中时时不忘教育孩子怎样与他人相处，比如，与同龄人友好相处、尊敬爷爷奶奶、礼貌对待陌生人等。

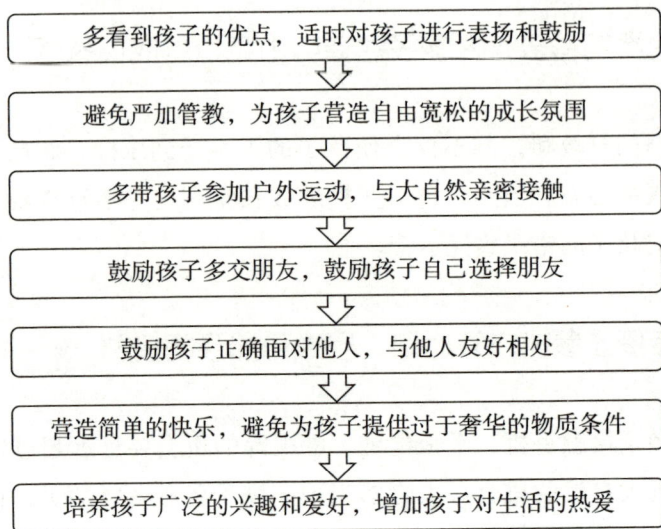

多看到孩子的优点，适时对孩子进行表扬和鼓励

避免严加管教，为孩子营造自由宽松的成长氛围

多带孩子参加户外运动，与大自然亲密接触

鼓励孩子多交朋友，鼓励孩子自己选择朋友

鼓励孩子正确面对他人，与他人友好相处

营造简单的快乐，避免为孩子提供过于奢华的物质条件

培养孩子广泛的兴趣和爱好，增加孩子对生活的热爱

图7-2　如何培养孩子赞美和欣赏他人的习惯

6. 营造简单的快乐，避免为孩子提供过于奢华的物质条件

父母尽力为孩子提供优越的物质条件本无可厚非，但过于奢华的物质条件也容易影响孩子的价值观，让他误认为只有贵的才是好的。父母不妨多为孩子制造一些简单的快乐，例如，阳春三月大家一起去野外放风筝，秋高气爽的时候一起去捡拾各种美丽的落叶等。

7. 培养孩子广泛的兴趣和爱好，增加孩子对生活的热爱

孩子处于幼年期的时候往往对这个世界充满了好奇，家长可以在这个时期培养孩子广泛的兴趣和爱好，这样，一方面有利于孩子发现自己的长处，增强孩子的自信心；另一方面也能够使孩子的内心世界更为丰富，更加热爱生活。

培养孩子注重细节的习惯，让孩子从小具备竞争意识

在日常教育过程中有这样一种现象非常常见——家长喜欢拿自己的孩子与其他的孩子进行比较。虽然，培养孩子的竞争意识是教育不可或缺的一部分，但竞争不仅限于自己和他人之间，也适用于自己与自己的比较，如果父母总是纠结于自己的孩子与其他孩子有什么差距，不仅不会给孩子增加进步的动力，还容易打击孩子的自尊心，使孩子产生强烈的挫败感。

不管是自己与他人间的竞争，还是个人成长的比较，决定竞争结果的一个重要方面是态度。俗话说"态度决定命运"，一个人对人、对事的态度，能够决定他在竞争中处于怎样的地位。而一个人的态度，最直接的体现也就是他对细节的关注。

关于细节的重要性，西方有一首著名的民谣可以对此进行注解：丢失一个钉子，坏了一只蹄铁；坏了一只蹄铁，折了一匹战马；折了一匹战马，伤了一位骑士；伤了一位骑士，输了一场战斗；输了一场战斗，亡了一个国家。培养孩子对细节的关注，不仅有助于良好习惯的养成，而且有助于优秀品格的塑造。

当然，也有很多家长持有一种不同的观点，认为"树大自然直"，孩子小时候一些细节方面的不恰当不需理会，长大以后自己就可以纠正。所谓"细节决定成败"，绝不是一句空话，孩子对细节的关注一定要从小培养（如图7-3所示）。

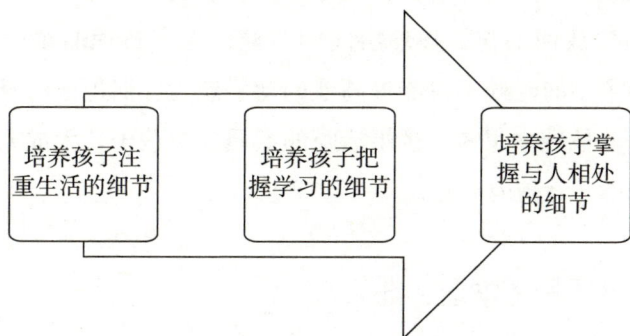

培养孩子注重生活的细节　　培养孩子把握学习的细节　　培养孩子掌握与人相处的细节

图 7-3　如何培养孩子注重细节的习惯

1. 培养孩子注重生活的细节

一位幼儿园老师在自己的日志里这样写道：在今年我带的小班里有一个特别的孩子叫林林，他的生活自理能力似乎特别差，每次小便如果没有老师帮忙他就会尿裤子。有一次，我让小朋友们画画，结果林林一边画就一边把裤子尿湿了，既没有和老师说，自己也不主动去厕所。

我了解了一下，发现由于林林的爸爸妈妈都在外地工作，所以他跟爷爷奶奶住在一起。奶奶非常宠爱林林，不舍得让他做一点事、受一点委屈。与林林在家的时候，林林一边乱扔玩具，她一边跟在屁股后面收拾；出门的时候，她总担心林林会摔倒，总是抱着他；吃饭的时候，怕林林自己会吃到身上就一口一口地喂他……结果，林林已经4岁了还跟一两岁的小孩子一样，不仅身体发育得不好，而且心智能力也比较弱。

前几年曾经有一个新闻：一个孩子因为从小吃的都是家长剥好的鸡蛋，所以，到了学校以后不认识带壳的鸡蛋。确实，独生子女的增多直接导致了孩子生活自理能力的降低，很多父母认为自己的孩子只要聪明、学习好就行，生活方面的琐事自己会一并代劳。这样，孩子连基本的锻炼机会也没有，更谈不上注重生活的细节。

然而，很多事情的成败其实就在细节之间，父母应该从小培养孩子对细节的关注。比如：玩具玩好后，整理好并放回该放的位置；作业写完后，认真检查并按顺序放回书包；整理房间的时候，注意整理的顺序和物品的摆放……这在孩子小的时候不仅能提高他的动手能力，促进他的身体发育；而且，有助于培养他独立思考、逻辑清晰的品质。在孩子长大成人后，更能影响他个人的修养，让他时时受益。

2. 培养孩子把握学习的细节

学习的细节也即学习的习惯，良好的学习习惯不仅有助于提高学习的效率、促进学习积极性和主动性的形成，而且有助于形成有效的学习策略，培养创造力和求知精神。良好的学习习惯包括：

（1）学习计划的制订

学习应该是有计划的，而非盲目的。家长应该引导孩子除了理解教师所制订的教学计划以外，还应制订属于自己的学习计划。这个计划既包括短期计划，也包括长期计划。计划制订好以后，应该严格地执行。

（2）正确的书写姿势

现在不仅中学和大学里患近视的学生越来越多，小学甚至幼儿园里也有一些孩子戴上了眼镜。家长应该注意从小培养孩子正确的读书和写字姿势，这样不仅有利于身体健康，而且更能够端正孩子的学习态度。

（3）良好的课堂习惯

良好的课堂习惯除了包括课前预习和课后复习外，主要指课堂上应该认真听讲、记笔记、踊跃回答问题和提出疑问。

（4）独立完成作业

有很多家长都有这样的抱怨：孩子放学不写作业，总是先玩，第二天去学校抄其他同学的作业。这样对待作业的态度，不仅对于孩子的学习是不利的，更容易导致这种坏习惯扩散开来，影响到他整个为人处世的态度。

（5）专心致志的态度

如果你看一下老师对孩子的评语，"粗心"这个词恐怕出现的频率很高。目前，很多孩子写作业或考试的时候，态度确实离"专心致志"隔了十万八千里，不仅容易写错字，还会落字，简单的题目也经常算错。

当然，上面提到的这些学习的细节只是一部分，家长应该注意在孩子的学习过程中及时纠正孩子错误的习惯，培养良好的习惯。

3. 培养孩子掌握与人相处的细节

像本节开始我们提到的那首歌谣一样，在与人相处的过程中，经常会发现有些人本来具有十分出色的能力，但就是缺少了那么一颗或几颗"铁钉"。

小张从小说话声音就很大，上学的时候同学们给他起了个外号叫"小喇叭"，经常他在宿舍里一说话，整个楼层的人都能听见。毕业以后，小张去了一家民企工作，老板原本觉得小张能力不错，就给他安排了办公室助理的职位。但工作以后没几天，小张大嗓门的本性就暴露了。他不仅经常在单位走廊里大声地跟同事聊天，还在办公室里大声打电话，并且还不时发出笑声和清嗓子的声音，搞得同事们都十分不喜欢他，老板觉察到以后也把他辞退了。

家长如果希望自己的孩子能够"人见人爱"，很好地跟他人相处，就应该注意培养他与人相处的一些细节，比如：在公共场合，不随地吐痰、不乱扔垃圾、不大声喧哗、不追逐打闹；收到别人赠予的礼物时，应该表示感谢；不小心打扰或伤害到别人时，应该及时道歉；在地铁或公交车上，应该给需要的人让座；听演讲或看演出时，应该礼貌地鼓掌……

培养孩子的时间管理观念， 引导孩子养成守时的习惯

很多家长，尤其是孩子刚刚升入小学的家长都有这样的体会：孩子做事总是慢慢吞吞、拖拖拉拉，放学以后总想着玩儿，结果作业写到很晚才能上床睡觉，平日的生活中做事情也非常随意，通常都是家长催促很多遍才会去做……其实这些都是孩子缺乏时间观念和时间管理技巧的表现。

虽然几乎所有的家长都明白培养孩子时间管理观念的重要性，但在具体的实践过程当中仍然是困难重重。我认为，家长在培养孩子的时间管理能力时，应该照顾到孩子所处年龄阶段的身心发展特点，注意循序渐进、因材施教地引导和培养。

1. 引导孩子感受时间

家长如果希望孩子具有时间管理观念，首先应该引导孩子感受时间。而

这应该从孩子年幼的时候开始，从生活当中的小事入手。

（1）让孩子了解基本的时间概念

年幼的孩子容易对未知的事物感兴趣，因此在孩子小的时候教给他基本的时间概念能起到事半功倍的效果。比如，给孩子讲解"早上""明天""去年"这类表示时间的词分别代表什么意思。

（2）跟孩子一起感受时间的长度

待孩子对基本的时间概念有一定的了解以后，家长可以跟孩子一起感受时间。比如：家长可以定一个一分钟的闹钟，跟孩子一起闭上眼睛感受一分钟有多长。

（3）用有趣的方式命名做不同事情的时间

家长可以用孩子熟悉的有趣的方式对不同的时间段进行命名，比如：早上刷牙的时候，妈妈可以说："现在是熊孩子的刷牙时间，请准备好哦！"

（4）带孩子观察和认识时钟

家长可以和孩子一起观察和认识时钟，引导孩子发现时钟有几根指针，它们转动的速度有什么不同。

（5）告诉孩子具体的时间

在父母平时与孩子的交流中，应该适时地以具体的方式告诉孩子时间，比如：当孩子询问动画片什么时候开始时，不要说"很快就开始了"，可以说"还有 5 分钟开始"或"5：45 开始"。

（6）在游戏当中渗透时间的概念

在父母与孩子一起玩游戏时，可以渗透进时间的概念，比如：跟孩子玩搭积木的时候，家长可以说："让我们看看两分钟时间谁搭的积木更好。"

（7）给孩子讲述时间所带来的不同

比如：对孩子讲以前他更小的时候的事，或者跟孩子一起展望未来他更大的时候的事。

（8）让孩子理解时间的期限

比如：让孩子明白不仅食品都有保质期，我们生活当中的很多事都会有期限。当孩子理解了时间期限的概念以后，也为孩子要做的事情设定时间期限。

2. 教育孩子理解时间的意义

当孩子的年龄稍大，对时间的概念也有了基本的了解以后，家长可以通过各种各样的方式引导孩子理解时间的意义。

（1）家长可以为孩子讲解"一寸光阴一寸金，寸金难买寸光阴""少壮不努力，老大徒伤悲"等与时间有关的名句，让孩子理解时间的意义和价值。

（2）家长可以让孩子讲述同样的时间可以做哪些不同的事情，比如：一个小时可以看电视，可以玩电脑，可以踢足球，也可以看书，让孩子理解时间虽然是固定的，但是时间的价值取决于你怎样利用它。

（3）家长可以用讲故事的方法，让孩子明白时间的价值。比如：从前有一个地方叫光阴村，光阴村里有一家时间银行，时间银行里每天有各种各样的客户，有的想把时间全部提取出来，一下挥霍完；有的想节约时间，能够充分利用时间……

（4）家长可以采取假设的方式，让孩子理解时间的意义。比如：家长可以问孩子"如果一星期有8天，你打算怎么分配？""如果你有额外的时间可以作为礼物送人，你希望送给谁？"

3. 让孩子学会给要做的事情分类

当孩子对时间有了比较深刻的感受，对时间的意义也有了比较清晰的了解以后，家长应该通过列时间表的形式让孩子学会对事情进行分类。

首先，家长应该清楚所列的时间表具体应该包括哪些事情。如果所有的事情不分主次、轻重、缓急，统统列在表中的话，并不能培养孩子的时间管理观念。我认为孩子应该列出的是一个"要做事情的时间表"。

其次，家长应该引导孩子怎样对时间表上要做的事情进行评估。比如：哪些事情必须要做，哪些事情可以不做；哪些事情应该尽快做，哪些事情并不那么紧急；哪些事情是自己迫不及待想做的，哪些事情是不得不做的……

最后，家长可以教育孩子怎样对评估完的时间表重新进行安排。比如：

紧急的事情排在前面，想做的事情用一个微笑符号标出，然后，再统观一下时间表，如果不喜欢做的事情或同一类的事情排得过多，应该再进行调整。

　　需要说明的一点是，列时间表只是一个形式，目的是为了培养孩子的时间管理观念，等孩子基本的观念培养起来以后，则没有必要再囿于这样的形式。

4. 培养孩子时间观念的四个诀窍

培养孩子的时间观念是有诀窍的，如图7－4所示。

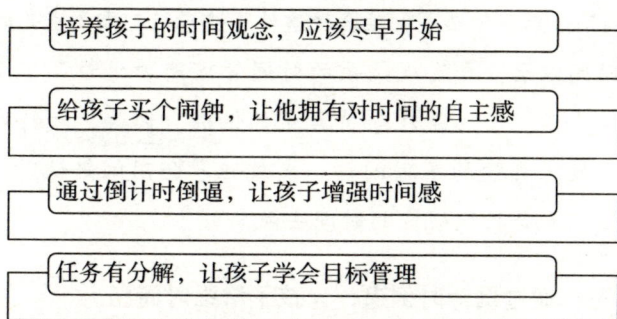

> 培养孩子的时间观念，应该尽早开始
>
> 给孩子买个闹钟，让他拥有对时间的自主感
>
> 通过倒计时倒逼，让孩子增强时间感
>
> 任务有分解，让孩子学会目标管理

图7－4　培养孩子时间观念的四个诀窍

（1）诀窍一：培养孩子的时间观念，应该尽早开始

　　我曾经在一个育儿论坛看到一个母亲这样抱怨：我们家的妞妞从小做事情就比较磨蹭，以前上幼儿园我还没有特别在意，现在上一年级了还是这样，早上上学我急得跟火烧眉毛一样，她还是慢慢悠悠，晚上写作业，一会儿削铅笔，一会儿发呆，人家半小时能写完的作业，搁她身上至少需要两个小时。

孩子的时间观念应该尽早培养，而且应该如上文中所提到的那样，从引导孩子感受时间和认识时间的意义开始。当孩子进入小学以后，不仅课业的负担加重了，而且培养的难度也提高了。

（2）诀窍二：给孩子买个闹钟，让他拥有对时间的自主感

埃里克森的心理社会发展阶段理论认为，幼儿期自主性已经有了一定的发展。具体到实践管理方面，幼儿希望能够对自己的时间进行管理。但是，在家庭教育当中，很多家长一方面希望孩子具有时间管理观念；另一方面又不给孩子充分的发展机会，凡事喜欢催促和帮孩子做决定。长此以往，孩子的时间管理能力只会越来越弱。

> 从小，我就很注重培养朵朵的时间管理观念，朵朵一直做得也不错。但进入小学以后，由于早上起床的时间提早了，所以，每天早上都需要我喊她，她才能够起床。而放学以后，因为多了家庭作业，所以朵朵原先的钢琴练习时间被挪到了饭后，但朵朵往往会把这件事情忘记，需要家长的提醒。
>
> 一段时间以后，我发现朵朵的时间管理能力退步了很多，好像凡事都不能主动去做，而总是在等待大人的催促。因此，我特地带她到文具店选了一个她很喜欢的龙猫闹钟。我教她学会用闹钟认时间以后，她做事不再拖拉，而是按照规定的时间去做。

（3）诀窍三：通过倒计时倒逼，让孩子增强时间感

因为身心发展的限制，孩子在幼年阶段对时间的感知能力并不强，因此，在有些时候，需要家长的催促和提醒。比如：在孩子写作业的时候，提醒他作业应该多久完成，并在进行的过程中告诉他所剩的时间，慢慢增强他对时间的感知。

（4）诀窍四：任务有分解，让孩子学会目标管理

一般，当孩子某件事情做得不好时往往这方面的能力有所欠缺，如果笼统地要求孩子利用多长时间改进的话，目标的制定方面具有难度，因此，家长可以对复杂的任务进行分解，让孩子在具体的目标管理中更好地管理时间。

孩子懒惰不爱运动，如何帮助孩子养成爱运动的习惯

> 天天今年4岁了，长得虎头虎脑的，看上去特别结实。不过，天天

却不怎么喜欢运动。同龄的小朋友都在小区里荡秋千、踢足球、玩跷跷板，天天虽然也想找小朋友玩，但是对这些运动项目却一点儿兴趣也没有。

爸爸要教他踢足球，他怕会踢得脚痛，就连出门走几步，他也觉得累，总想让爸爸妈妈抱着。爸爸妈妈都以为天天是一个完全没有运动细胞的孩子，可是，每当外出旅游的时候，天天的表现就跟平时截然不同。去年暑假，爸爸妈妈带天天去了他盼望已久的海边，他兴奋地在海滩上玩了一下午，一会儿找小螃蟹，一会儿挖沙子，一会儿追着爸爸玩，一点看不出疲惫的样子。今年五一，一家人去爬泰山的时候，天天的表现则更堪称"神勇"，不仅没让爸爸妈妈抱，还一直走在爸爸妈妈的前面。不过，旅游回到家之后，"运动达人"天天就不见了，又变成了"怕累"天天。

从上述案例中天天旅游时的表现来看，他虽然平时不爱运动，但他的运动潜能却很大，如果运动的项目比较有新鲜感和趣味性，他就乐意参与。因此，为了帮助天天这样的孩子养成爱运动的习惯，父母应该注意方式方法，帮助孩子由自发性的运动转变为自主性的运动。

人体大肌肉运动的发展会经历一个由自发性向自主性转变的过程。在一两岁的时候，人体的动作发展最为迅速，这个时期也是一个自发性运动时期。处于这个时期的孩子受身体内部力量的驱使，会自发性地多动。而过了这样一个阶段以后，内在的驱力就减弱了，身体也会逐渐变得"懒惰"，而这时家长就应该注意培养孩子运动的自主性，让孩子不仅具备完成基本运动的身体素质，而且保持对运动的兴趣和热情，另外，还能够从运动当中获得友情和成就感，真正使运动成为孩子的内在需要。

1. 运动习惯对孩子重要吗

幼儿的天性一般都是比较爱动的，丰富多彩的体育活动也容易吸引孩子的兴趣，不过，让孩子养成运动的习惯，能够自主坚持运动并不是一件容易的事。叶圣陶先生曾经说过这样一句话："什么是教育，简单一句话就是要养成良好的习惯。"而具体到运动方面，家长的教育就应该帮助孩子养成热爱运动、自觉进行体育锻炼的习惯。

良好的运动和锻炼习惯不仅有利于孩子的身体健康，促进身体各项机能的提高，而且对孩子良好心理素质的培养也极其有利。根据脑科学领域的研究成果，个体早期的体育锻炼能够刺激大脑的发育，而进入成人期以后，良好的运动习惯则能改善和增强大脑的功能。

通过积极地运动，能够提高孩子的感知觉功能，为他进行思维、想象等认知活动打下良好的基础；通过积极地运动，能够提高孩子的自我意识，使他更好地处理自己与内心、与他人，以及与整个外部世界的关系；通过积极地运动，还有利于改善孩子的社交，获得他人的尊重。总之，运动习惯的培养对孩子的成长具有不可估量的价值。

2. 如何培养孩子热爱运动的习惯

要培养孩子热爱运动的习惯，需做到以下几点（如图7-5所示）。

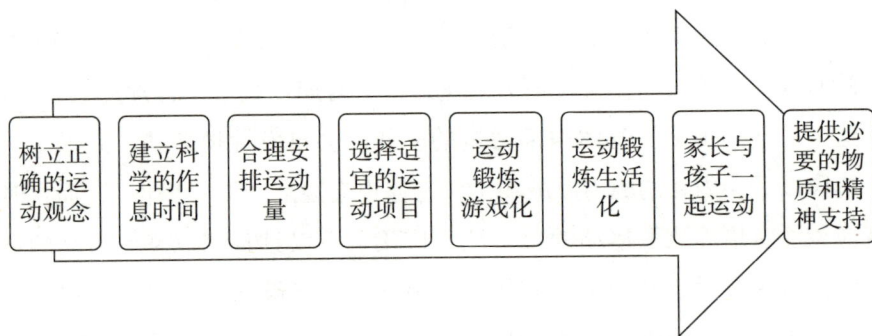

图7-5　如何培养孩子热爱运动的习惯

（1）树立正确的运动观念

很多家长认为运动的目的是锻炼孩子的身体，让孩子少生病，这虽然是运动的一个功能，但绝非所有。良好的运动习惯不仅能够促进孩子的身心发育，而且有利于个人潜能的发挥。

（2）建立科学的作息时间

良好的运动习惯应该是建立在科学的作息的基础上的。家长应该首先为孩子制定有利于其健康成长的作息，比如，每天几点起床、几点上床睡觉，一周进行几次运动，每次运动的时间应该为多久等。当订立了作息时间表以后，家长就应该督促孩子严格按照作息时间执行，这样才能够使孩子形成科学的生物钟和良好的运动习惯。

（3）合理安排运动量

家长为孩子安排的运动量应该是合理的，综合考量到孩子的年龄、身体状况等因素。对年幼的孩子来说，一次运动的时间不宜过长，因为过量的运动容易引起孩子的疲劳，打消孩子的积极性和主动性。

（4）选择适宜的运动项目

家长为孩子选择的运动项目应该尽可能丰富，有利于孩子的身心发展，并且照顾到孩子的兴趣点。因为，不同的运动项目所能够锻炼到的身体部位和技能是不同的。比如：游泳、长跑有利于增强身体的耐力；舞蹈、体操能够促进身体的灵活性和协调性……另外，运动项目的选择也应该考虑到难易的程度，家长应该尽可能地通过多种运动增强孩子身体的综合机能。

（5）运动锻炼游戏化

很多家长把运动当作一项特长让孩子进行学习，所提供的训练也比较枯燥和单调，这样的运动容易使孩子丧失兴趣，不利于运动习惯的培养。尤其对年幼的孩子来说，家长应该注意运动的游戏化和趣味性。比如：在运动过程中加入情境和故事，以竞争的方式进行运动，也可以适时带孩子到游乐场等运动设施丰富的地方进行运动。

（6）运动锻炼生活化

对一些涉及大肌肉群粗大动作的运动项目来说，家长需要带孩子到户外或者专门的运动场所进行锻炼；但对一些涉及小肌肉群的精细动作项目，家长完全可以让孩子在日常的生活当中得到锻炼。

（7）家长与孩子一起运动

一方面，家长与孩子一起运动能够起到很好的榜样作用，让孩子意识到运动确实是有益处、有乐趣的；另一方面，家长与孩子一起运动能够增进亲子之间的感情，使孩子的运动更有动力，运动习惯更容易保持。

（8）提供必要的物质和精神支持

家长要培养孩子养成良好的运动习惯，不能只停留在口头上，应该提供必要的物质和精神支持。物质方面，比如，运动所需要的服装、鞋子和器械，家长都应该尽可能地提供，物质方面的支持绝不是表面功夫，而真正能够使孩子将运动这件事认真看待；精神方面，家长应该在孩子参与运动的过程中给予适时的鼓励和安慰，长期的运动毕竟需要毅力的维持，而且有时在运动过程中难免受伤，这时家长都应该及时安抚和鼓励孩子。

提高孩子的执行力和学习效率，
让孩子远离 "拖延症"

近几年，"拖延症"一词出现的频率越来越高，而且，值得注意的是，不仅成人，一些年幼的孩子也面临着类似的问题，比如，放学以后先玩，作业拖到很晚才写，写的过程中注意力总是不能集中。其实，正规的心理学术语当中并没有"拖延症"一词，它指的是在能够预料后果有害的情况下，仍然把计划要做的事情往后推迟的一种特质和行为倾向。

如果一个孩子做事喜欢拖延，那么，我们几乎可以断定这与其父母的教养方式有很大关系。一般情况下，当父母双方或者其中的一方性格急躁或者易焦虑的话，孩子更容易出现拖延的行为倾向。因为，对他们来说，做任何事情都会有"是为了让父母满意"的感觉，而不容易获得自我满足感。采取拖延的应对方式，一方面会让他们体会到一种自主性的快乐，另一方面又会让他们难以避免地担心被惩罚焦虑。

孩子如果长期采取拖延的应对方式，不仅容易对所要做的事情丧失兴趣，降低学习效率；而且也会造成孩子创造力的缺失和自信心的减退，会直接影响孩子良好性格的形成。

1. 导致孩子"拖延症"的可能因素

导致孩子"拖延症"的可能因素有如下几方面，如图7-6所示。

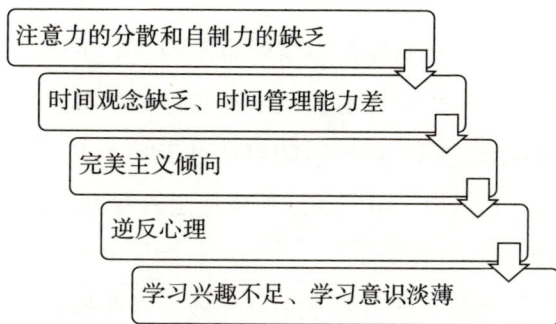

注意力的分散和自制力的缺乏

时间观念缺乏、时间管理能力差

完美主义倾向

逆反心理

学习兴趣不足、学习意识淡薄

图7-6　导致孩子"拖延症"的可能因素

（1）注意力的分散和自制力的缺乏

已经上小学二年级的童童是一个非常乖巧可爱的女孩儿，但是让爸爸妈妈和老师都非常烦恼的是，童童的学习效率非常低，做事情总喜欢拖拉。上课的时候，她一会儿对着黑板发呆，一会儿跟同桌说话，一会儿摆弄自己的衣服，总喜欢做与学习无关的事情；放学以后回到家，爸爸妈妈总是让童童先写作业，童童每次也答应了，可是写作业的时候她一会儿想看看自己养的小兔子，一会儿又挂念周末种的花发芽了没有，结果，作业从放学一直写到吃饭，又一直等到爸爸妈妈都准备睡觉了她还没有写完，几乎天天如此。

通过大部分父母和家长的反馈，注意力的分散和自制力的缺乏是大部分孩子学习成绩不理想的主要原因。对处于幼年或童年期的孩子来说，他们往往不善于控制自己的愿望、动机、情绪和行为，做事缺乏持久性和集中性，因此，父母应该采取合适的方式对孩子的注意力和自制力进行培养。

（2）时间观念缺乏、时间管理能力差

虽然几乎每一个孩子在成长的过程当中，都曾经被教育应该珍惜时间、

应该合理利用时间，但往往所接受的也只是这些让年幼的他们无法深刻理解的语句，因此，家长一方面应该及早培养孩子的时间观念和时间管理能力；另一方面应该采取符合孩子年龄特点的方式对孩子进行教育，譬如前面提到过的"故事法""假设法"等。

（3）完美主义倾向

其实，不仅成人在面对具体的事情时容易抱有完美主义倾向，成人如果采取了不科学的教育方式，也容易让孩子在具体的做事过程中对自己的期望过高，设定的目标脱离实际，对所做的事情过于吹毛求疵，以致在不必要的地方浪费过多的时间和精力，最终导致形成拖延的行为习惯。

（4）逆反心理

在造成孩子执行力差、学习效率不高、做事喜欢拖延的原因当中，逆反心理也是非常重要的一个因素。尤其现在的孩子以独生子女居多，当觉得老师或家长没有顺从自己的意愿的时候，便喜欢通过相反的方式来应对。

（5）学习兴趣不足、学习意识淡薄

虽然我国的教育一直致力于培养孩子广泛的兴趣和爱好，但由于师资等方面因素的影响，毕竟不是每一个孩子都会对所有的科目都抱有同样的兴趣。一般，当孩子对某一科的学习或者某一件事情感兴趣的时候，他的执行力就比较强，学习效率也比较高；而当接触自己不感兴趣的科目或事情的时候，他的执行力表现得就会比较差。

2. 孩子"拖延症"问题的专家支招

（1）第一招：一分钟专项训练

父母可以通过一分钟做题训练、一分钟写汉字训练等不同的形式，让孩子体会时间的宝贵，同时锻炼孩子的学习效率。以一分钟做题训练为例，我们来说一下大体的操作方法：根据孩子年龄和年级等的不同，准备一些难度适宜的数学题，如加减乘除法心算题，让孩子亲身尝试一分钟可以算出多少题。

（2）第二招：停止催促，坚持表扬

由于孩子身心发展等方面的限制，他们做事情的条理性和速度往往都不能令成人满意。这时，家长往往习惯通过催促或呵斥的方式逼迫孩子，刚开始的时候孩子还会努力希望能够令父母满意，但一段时间以后，如果父母仍然采取这样的方式，孩子就容易出现一种类似习得性无助的表现，出现拖延倾向。比如，当孩子刚刚学会自己穿衣服或者系鞋带的时候，速度往往比较慢，这时家长应该多给予孩子一些耐心；而当孩子穿衣服的速度已经比较快的时候，家长应及时夸奖孩子的进步。

（3）第三招：节约的时间由孩子自由支配

现在很多的家长将培养孩子的主要精力都放在了孩子的学习以及特长方面，经常在老师布置的作业以外，又会给孩子布置一部分做题、练书法或弹钢琴等任务。这样，孩子就容易形成一种信念，那就是：只要我有空闲时间，就需要不停地学习。所以，他们往往就会一边学习一边玩耍，而这样时间一长，孩子就更容易形成做事拖延的习惯。

家长可以采取以下对策：大体估计一下老师布置的作业完成所需要的时间，如果能够给孩子留下比较多的空闲时间，那么，可以根据孩子的兴趣和需要适当布置一部分作业；如果已经剩不下太多时间，那么就无须再额外给孩子布置任务。总之，总体思想就是让孩子有一定的可供自由安排的空闲时间。

（4）第四招：从生活习惯训练

提高孩子的执行力和效率不必仅限于学习，家长也可以从日常生活当中的小事入手进行训练。比如，曾经有一位妈妈向我反映说，她的孩子每天早上穿袜子就要用10分钟左右的时间，家长在一旁特别着急和恼火。针对这样的情况，家长就可以采取与孩子比赛等的游戏方式训练孩子的速度，在孩子取得进步时可以进行额外的奖励。

（5）第五招：规定时间没有完成立即停止

很多家长认为老师布置的作业必须写完，所以就会要求孩子无论写到多晚都要把作业写完。这样，孩子刚开始写的时候一般就会一边玩耍一边写，而最后写到很晚，不仅不能保证作业完成的质量，而且第二天的学习效率也会受到影响。长此以往，就会形成一个恶性循环。在这样的情况下，家长也可以采取一种比较刚性的应对方式——规定时间没有完成立即停止。也就是说，本来规定孩子9点上床睡觉，到了9点如果作业没有写完也应该立刻上床睡觉。在这样的情况下，孩子第二天有可能就会因为作业未完成被老师批评，能让他认识到问题的严重性。但是，由于这样的方式也可能伤害孩子的自尊心，所以应该慎用。

引导孩子学会为他人着想，培养孩子的仁爱和付出精神

从2004年令人震惊的云南大学马加爵杀人事件到2013年的复旦大学研究生投毒案，这些年频发的高校学生伤人事件不得不让我们反思：我们的教育到底出了什么问题？

快节奏的生活和飞速发展的经济的确使人与人之间的竞争越来越激烈，为了让自己的孩子在人生的道路上走得更为"平坦"、更加"广阔"、更有"前途"，大部分家长把孩子的学习放在了家庭"头等大事"的位置上，不惜人力、物力和财力，但是却忽视了孩子的内心世界。

由于我国独生子女的家庭越来越多，在这样的环境中长大的孩子，往往习惯了别人的付出和包容，而不擅长为他人着想。因此，当他们进入学校与同伴一起相处的时候，往往也缺乏宽容和体谅，经常因为一点小事就会内心愤愤不平，甚至做出伤害自己和他人的举动。能够为他人着想，具有仁爱和付出精神，不仅是一种高尚的精神境界，而且是一个人格健全的人必须具备的道德品质。家长如果希望自己的孩子能够更好地适应社会和生活，除了应该获取一定的本领外，必须学会如何与他人相处、怎样关心他人、怎样对社会有所贡献（如图7-7所示）。

1. 增强孩子的情感体验，让孩子先感受到被爱

在教育界，有一句人人皆知的名言："谁爱孩子，孩子就爱他。只有爱孩

增强孩子的情感体验，让孩子先感受到被爱

指导孩子心理换位，设身处地地明白关心他人

家长以身作则，从身边小事做起

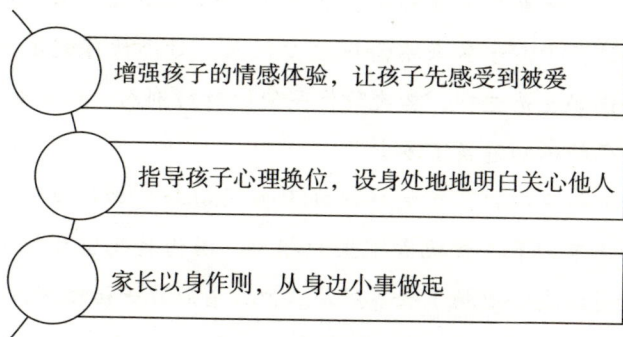

图 7-7　如何引导孩子学会为他人着想

子的人，他才可以教育好孩子。"

　　家长如果希望孩子能够为他人着想，首先应该让他感觉到被爱。很多家长大概会反问：作为家长，还有不爱孩子的吗？当然，大部分家长都非常爱自己的孩子，但爱要注意方式方法，要让孩子感觉到你的爱。很多家长因为工作繁忙，自觉"我忙工作，还不是为了养家养孩子"，在这样的情况下，虽然孩子得到了丰富的物质，但成长的过程缺乏陪伴，未必能够感觉到被爱；有的父母爱孩子的表达方式是关心孩子的学习，给孩子报各种辅导班和特长班，孩子如果考试成绩好就能够得到家长的表扬和奖励，如果成绩不理想就有可能要面对家长的冷言冷语，甚至打骂，在这样的情况下，孩子只会觉得家长在乎的是自己的成绩，未必真正爱自己……家长只有让孩子感觉到被爱、被信任和理解，他们才会学着去爱别人、去为他人着想。

　　对孩子来说，情感的体验应该是一种倾注全部心智的关注、感受、理解和评价，只有当孩子自己有了深刻的情感体验，才能够发自内心地将体验转化为行动。其实，很多孩子之所以不会关心体贴别人、为他人着想，最根本的原因就是他们对这种关心和爱没有深刻的体验，为此，家长不妨专门拿出一些时间跟孩子进行探讨。

　　一位妈妈在自己的空间里写了这样一篇日志：

　　　　我们家的萌萌今年 5 岁了，由于他出生的时候体重比较轻，身体看上去十分赢弱，所以我几乎把所有的精力都投入到了他身上。看着他一

天天长大，身体也越来越强壮，我发自内心地高兴。但令我觉得心痛的一点是，这孩子似乎从来不懂得关心别人。对小伙伴就不用说了，对自己的爸爸妈妈也是这样，喜欢颐指气使地对待别人，稍不如意就摔东西，家里的碗已经不知道换了多少了。

随着他越来越大，我觉得这样下去问题会更加严重。于是，我专门找了一个周末的下午带他看家里的相册。因为我想留住他成长过程的点点滴滴，所以我给他拍了很多照片。他拿着照片一张张问我："妈妈，这是什么时候照的？"我就顺着照片跟他讲了妈妈怎样把他带到世界上，怎样喂他吃奶、教他说话、扶着他学走路……看完照片以后，萌萌看着我说："谢谢妈妈这么爱我，我以后也会好好爱妈妈。"

从那以后，萌萌真的变了很多，我生病的时候他会帮我端水，我提很多东西的时候他也会帮我分担，看来，父母不光要爱孩子，还应该亲口告诉他们，让他们感受到你的爱。

2. 指导孩子心理换位，设身处地地明白关心他人

在日常生活中人们经常会说"将心比心""换位思考""己所不欲，勿施于人"，所说的就是在与他人相处时的心理换位。在家长教育孩子的过程中，也应该教会孩子心理换位，让他设身处地地明白应该如何关心他人。

瑞士心理学家皮亚杰做过一个著名的三山实验，实验结果表明：处于前运算阶段的儿童具有明显的自我中心性，无法通过他人的角度来看问题。实际上，不仅仅是前运算阶段的儿童，即使是成人也避免不了容易以自我为中心。因此，家长应该指导孩子学会心理换位，克服自我中心，设身处地地为他人着想。

在一次一年级的实践课上，班主任刘老师发现自己带过来的实验材料少了3包，这样，就有3个小朋友没法动手操作了。于是，刘老师说道："我们的实验材料不够了，大家说应该怎么办啊？"结果，同学们面面相觑，没有一个人愿意跟没发到实验材料的同学分享。

刘老师想：这个年龄段的孩子难免会以自我为中心，而且现在都是独生子女，他们也没有分享的习惯。于是，刘老师决定引导同学们为别人着想。刘老师说："同学们，如果是你没有发到实验材料，你会怎样呢？""很伤心。""觉得不公平。""希望别人跟我分享。"……同学们陆陆续续地都发表了自己的看法。于是，刘老师又问："那现在有 3 个小朋友没有实验材料，谁愿意跟他们分享啊？"结果，这次几乎所有的同学都把手举了起来，有一个同学还主动说："我的家里也有一包跟这个一样的材料，我明天可以带过来给没发到的同学用。"刘老师及时鼓励了同学们乐于为他人着想的行为，而他们也体会到了关心和帮助他人的乐趣。

3. 家长以身作则，从身边小事做起

苏霍姆林斯基曾经说过："儿童的心灵是敏感的，它是为了接受一切好的东西而敞开的。"家长如果希望儿童向着好的方向发展的话，就应该努力地引导他。我国伟大的教育家孔子说："其身正，不令而行，其身不正，虽令不从。"作为孩子的第一任老师，家长在日常生活当中的言行举止都会影响到孩子，家长如果希望孩子为他人着想，具有仁爱和付出精神，就应该以身作则，以实际行动来感染孩子。

叶圣陶先生不仅是一位受人喜爱的作家，也是我国著名的教育家。曾经担任过教育部副部长的他，非常重视子女的教育。他在对子女的教育中，特别重视教会他们如何时时处处为他人着想。

比如：有一次，叶老让儿子递给他一支笔，儿子顺手就递了过来，叶老一看冲着自己的那一端正是笔头，他就教育儿子，递给别人东西时，应该考虑别人是否方便接，这样笔头对着别人，就很容易把墨水沾到别人的手上，而且像剪刀、刀子之类的物品，如果递不好，还容易伤到别人。

又比如：冬天的时候，叶老教育子女们出门一定要随手关门免得进风，如果孩子们忘记关门，叶老就会说"怕把尾巴夹着了吗？"另外，叶老还说当房间里有其他人的时候，门一定要轻开轻关。

培养孩子的责任意识，让孩子学会自我总结和目标管理

责任意识作为一种重要的非智力因素，不仅影响到一个人的品德和人格，而且能够影响到与学习以及智力开发等有关的自我总结和目标管理。几乎每一位父母都会希望自己的孩子具有责任意识，但责任意识并非天生的，每个孩子的心里都有一颗这样的种子，需要家长的细心培养。

心理学的研究表明：儿童责任意识的高低与其社会行为的出现有密切关系。反观我们周围的孩子，你会发现：不尊敬长辈、不爱护同伴、不体谅他人的孩子越来越多，而这也主要是由于我国独生子女家庭越来越多，这样的家庭环境造成了孩子责任意识淡薄。那么，具体到日常的教育中，父母应该怎样培养孩子的责任意识呢？

1. 孩子缺乏责任意识的表现

【案例1】

闫飞已经上高中了，但就是不喜欢写作业，作业能拖就拖、能不写就不写。有时候，一整个暑假，父母天天催促他，可他今天拖明天，明天拖后天，到开学了仍一个字都没写。父母找他谈心，他也答应会改，但一到周末和假期就又总想着玩了。没办法，父母只能百忙之中抽出时间，专门监督他写作业。

【案例2】

小学一到放学的时间，校门口就站满了等待的家长，很多孩子的父母工作都比较忙，所以都是爷爷奶奶来接。经常有些小朋友出来以后就直接把书包给爷爷奶奶了，自己一点东西都不拿，欢快地跑在前面。

【案例3】

早自习之前的时间，也是值日生们打扫卫生的时间，有一天，班主任张老师观察了一下，发现几乎没有人认真打扫卫生，男孩子们挥舞着扫把追来追去，女孩子们则几个人聚在一起聊天，一直到上课铃响了，他们才匆匆扫了几下，拿着工具回教室了。

【案例4】

每天中午，学生们在餐厅里吃完饭以后，餐厅就会一片狼藉。地上有撒的饭菜，有滴的菜汤，还有四处散落的餐巾纸和垃圾袋。虽然，餐厅的墙上写着"饭后请将餐盘送到回收处"几个字，但有些同学还是视若无睹。

从上面列举的几则案例可以看出，目前在我国各个年龄阶段的孩子当中，责任意识淡薄的现象十分明显。在家里，他们是典型的"小公主"和"小皇帝"，不尊敬长辈，不做力所能及的家务，习惯了一家人围着自己转；在学校里，他们对自己的学习不负责任，对集体活动也漠不关心，动辄跟同学闹矛盾，不能宽容待人；在社会上，他们不爱护公共财物，不能以礼待人，缺乏基本的社会责任感。

2. 孩子缺乏责任意识的原因

根据皮亚杰的认知发展阶段理论，2～7岁的儿童处于前运算阶段，其思维具有明显的自我中心倾向。不过，除了身心发展方面的限制外，孩子缺乏责任意识与家庭的教育有很大关系。

（1）家长过于以孩子为中心，过分宠溺、保护孩子

我们经常会听到家长对孩子说这样的话："饭要凉了，我喂你吃""路太远了，我抱着你""书包太重了，我帮你背"，诸如此类的话，不胜枚举。我们经常说"家长是孩子的第一任老师"，试问：如果老师事事为孩子代劳，时时以孩子为中心，怎么能够培养他的责任意识呢？

（2）家长过于重视孩子的学习，而忽视其他方面的培养

与上面那一类话对应的还有一类话："你只要学习成绩上去了，我再苦再累也愿意""这个时候，你的精力应该放在学习上，不要搞什么歪门邪道""家里的事情不用你管，你的责任就是把学习搞好"……平时孩子们总是被埋在书山题海里，到了周末和假期应该休息的时候，还要上各种各样的辅导班。于是，孩子们感受到的便是：除了学习，什么都不重要。

3. 如何培养孩子的责任意识

培养孩子的责任意识有以下几种方法，如图 7－8 所示。

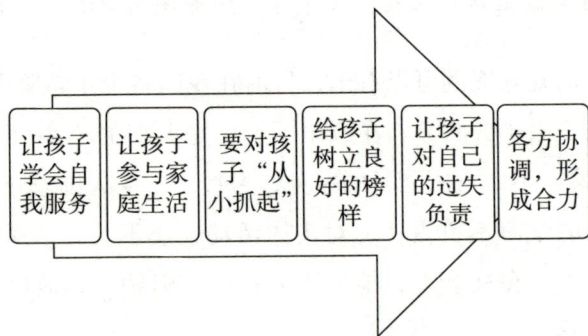

| 让孩子学会自我服务 | 让孩子参与家庭生活 | 要对孩子"从小抓起" | 给孩子树立良好的榜样 | 让孩子对自己的过失负责 | 各方协调，形成合力 |

图 7－8 如何培养孩子的责任意识

（1）让孩子学会自我服务

为人父母应该给予孩子应有的爱，但却不能因为这种爱而害了孩子。如果孩子一直心安理得地享受父母对自己的付出，又怎么会具有责任意识，为他人着想呢？家长应该从小培养孩子自己的事情自己做，并尽可能地帮助他人。比如：袜子穿脏了，自己洗干净。虽然可能刚开始的时候，孩子做得并不好，但如果家长愿意给孩子足够的耐心和时间，他必然成长得更快、更出色。

（2）让孩子参与家庭生活

要培养孩子的责任意识，就应该让他尽可能地参与家庭生活，使他认识到自己是家庭中平等的一员，能够为家庭尽自己的一份力。比如：家庭当中与孩子有关的事情，可以让孩子表达自己的观点；有客人到家里来玩的时候，可以让孩子帮忙递水果；平日家庭当中的家务劳动，也可以由孩子负责一部分。

（3）要对孩子"从小抓起"

我们这里提到的"从小抓起"有两层含义，一层是从孩子小的时候抓起，另一层是从生活当中的小事抓起。

就第一层含义来说，孩子年幼的时候往往就已经萌发了自主的意愿，希望能够自己穿衣或帮妈妈做事情，如果这时家长对孩子的行为予以肯定并顺势培养的话，他的责任意识也必然会越来越强。就第二层含义来说，所谓"勿以善小而不为，勿以恶小而为之"，家长对孩子的培养只有立足于小事，才能让他习惯成自然。

（4）给孩子树立良好的榜样

根据班杜拉的社会学习理论，观察学习是人类的一种重要学习方式，尤其是在孩子幼年的时候，他们特别喜欢模仿他人的行为。很多家长本身就无多少责任意识，在家不做家务、不赡养老人，在外面没有公德心和社会责任感，孩子耳濡目染自然就会受到影响。

（5）让孩子对自己的过失负责

处于成长过程中的孩子，有时并没有非常明确的是非观念，因此，会有意或者无意地犯错。作为家长，应该根据具体情况决定孩子是否应该为自己的过失负责，以增强他的责任意识。

（6）各方协调，形成合力

为了培养孩子的责任意识，家长必须注意与学校、社会等方面的配合。首先，家长要树立正确的教育理念，确保孩子向着正确的方向发展；其次，家长应该注意与学校的信息沟通，及时了解孩子在学习上的表现和存在的问题；最后，家长可以借助社会平台培养孩子，让孩子在社会这个大家庭中更好地与他人相处。

培养孩子乐于助人的习惯，塑造和提升孩子的社交能力

孩子的成长需要一个和谐的支撑系统，这个系统当中不仅包括父母，更

应该包括同伴乃至陌生人，因此，培养孩子的社交能力是至关重要的。我曾经在大学、中学、小学和幼儿园都做过这样一个调查：你喜欢什么样的人？你希望和具有什么品质的人交朋友。在给出的答案当中，出现频率最高的就是乐于助人。

其实，孩子的天性是十分喜欢尝试和帮助别人的。比如，已经为人父母的人都有这样的体会，当你在忙一些事情的时候，孩子总希望能够帮忙。但是，这时往往大部分的父母都不会允许孩子插手，一部分父母会觉得孩子年纪还小、能力不够，还有一部分则会认为孩子越帮越忙，给自己添麻烦。其实，对于孩子表现出的希望能够帮助别人的意愿，父母应该给予孩子肯定和鼓励，并尽可能给他们提供尝试的机会。例如：三岁左右的孩子可以让他帮忙摆放筷子，五岁左右的时候可以让他尝试择菜，七八岁的时候就可以让他尝试洗碗或者扫地……虽然这些都是小事，但通过这些力所能及的小事能够培养孩子乐于助人的品质。

为了培养孩子乐于助人的习惯，塑造和提升孩子的社交能力，父母不妨从以下几方面入手，如图7-9所示。

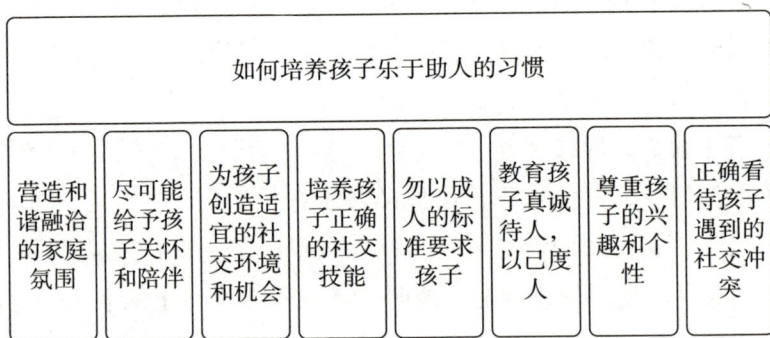

图7-9　如何培养孩子乐于助人的习惯

1. 营造和谐融洽的家庭氛围

所谓和谐融洽的家庭氛围，是指家长和孩子之间能够和谐平等相处的家庭氛围。在这样的家庭当中，父母不掌握生杀予夺的大权，孩子也不是能够呼风唤雨的"小皇帝"或"小公主"。

由于幼儿的模仿能力很强，因此，家长如果在家庭当中以不正确的方式对待孩子，孩子极有可能会以同样的方式与他人相处。比如：父母如果经常以强势身份苛求孩子，那么孩子有可能也会对别人苛责或者在别人面前总是畏畏缩缩。因此，在家庭当中，涉及与孩子有关的问题，家长不妨征求一下孩子的意见，并让孩子提供力所能及的帮助。

2. 尽可能给予孩子关怀和陪伴

我曾经参观过多所幼儿园的托班教学，发现陪伴托班孩子上课的主要是祖辈的家长或者保姆，偶尔也会有妈妈陪同，但极少有爸爸陪同。虽然大部分的父母确实工作十分繁忙，孩子的教育也需要一定的资金支持，但在孩子成长的各个阶段，家长的关怀和陪伴都应该是必不可少的。因为，家长只有尽可能地陪伴孩子，才能更了解孩子，与孩子交心，让孩子体会到正确的与人交往的方式。

3. 为孩子创造适宜的社交环境和机会

目前，我国最新一代的家庭基本上都是"1＋2＋4"式的。也就是说，随着80后第一代独生子女为人父母，他们的孩子面临的抚养环境就是：一对父母，一对祖父母和一对外祖父母。这样的家庭状态，极易造成6个大人围着1个孩子转，孩子习惯了以自己为中心的社交方式。

为此，家长应该尽可能地为孩子创设适宜的社交环境和机会。比如：带孩子到公园或游乐场所，鼓励孩子与同龄人玩耍；带孩子到同事朋友家做客，让孩子学会怎样礼貌对待他人；带孩子去超市等公共场所，让孩子学会怎样与陌生人交流。

4. 培养孩子正确的社交技能

我们可以把孩子的社交大致分为：孩子与成人的社交和孩子与孩子的

社交。

就孩子与成人的社交来说，这种交往对孩子更为容易，因为成人会主动理解和迁就孩子。我们这里主要讲一下孩子与孩子的社交，因为同伴的交往对孩子的成长和发展是不可或缺的。在孩子与孩子的社交当中，家长应该培养孩子正确的社交技能，比如：对人友好，理解对方，对他人着想，乐于分享和帮助别人。

另外，由于3~6岁和8~9岁是孩子语言发展的关键时期，所以，家长应该注意培养孩子的语言理解和语言表达能力。比如：怎样理解他人的意图，怎样清楚地表达自己的想法，学会使用礼貌用语和问候语，等等。

5. 勿以成人的标准要求孩子

一方面，孩子具有其天真活泼、童言无忌的特点；另一方面，孩子社交能力的培养既需要心智的发育和成熟，也需要经验的学习和积累，因此，其与人交往的方式与成人有所不同，家长切不可强制以成人的标准要求孩子。

6. 教育孩子真诚待人，以己度人

虽然我们提倡让父母培养孩子的社交技能，但在所有的社交技能当中，能够真诚待人和以己度人是最为重要的。在美国心理学家所做的一项调查中，要求被试者在500多个与人的品质有关的形容词当中选择自己最喜欢的一个，结果大部分被试者所选择的都是真诚、诚实、真实、可靠等类型的词汇。我国也有古语言："以诚感人者，人亦诚而应。"所以，在孩子社交技能的培养中，最不可忽视的便是真诚待人，以己度人。

7. 正确看待孩子遇到的社交冲突

大部分家长在育儿过程中都不可避免地遇到一个难题：如何正确看待和合理解决孩子遇到的社交冲突？其实，孩子在与他人的交往过程中遇到冲突是在所难免的，而且孩子之间的冲突与成人之间的冲突不同，很多时候是无对错可分的。所以，家长首先不能把冲突严重化、扩大化，怕自己的孩子"吃亏"或"受委屈"；其次，家长应该尽可能不插手或少插手，教给孩子正确的社交方法，引导孩子自己去面对和解决；最后，在冲突过后，应该与孩子一起总结社交经验，比如：不能以大欺小，要勇于承认自己的错误，应该对别人宽容等。

8. 尊重孩子的兴趣和个性

在实际生活中，有很多家长扮演着孩子"军师"的角色，总喜欢为孩子的同伴交往"出谋划策"。比如说，告诉孩子不能跟某某小朋友玩，因为他爸爸很凶；叮嘱孩子不能总是把自己的玩具送给某某小朋友玩……这样的引导既不应该也不恰当。每个人都有自己的交往自由，孩子也是如此，通过与不同小朋友的交往，再经过家长的适当引导和点拨，他才能够提升自己的社交能力，并获得属于自己的伙伴。

知识延展　孩子叛逆不听话，家长应该采取怎样的教育措施

一般来说，孩子在成长过程中会经历一个特殊的时期，在这个时期，家长能够明显地感觉到孩子会出现很多问题，比如，敏感、不听话、容易发脾气等，而这也就是心理学上通常说的"孩子的叛逆期"。

叛逆期的出现往往与孩子的身心发展是联系在一起的，随着自我意识的提高和人格的成熟，他们不希望再遵从家长的要求，而倾向于依照自己的判断分析问题和解决问题。而这样一个时期的到来，也意味着家长应该改变自己以往的教育方式，采取更有针对性的教育措施。

1. 孩子成长中的三个叛逆期

心理学研究认为，一个人的成长过程中会经历三个叛逆期：第一个叛逆期出现在两岁左右，称为"宝宝叛逆期"；第二个叛逆期在七岁左右到来，称为"儿童叛逆期"；而到了 12 岁时，会出现我们最常见的一个叛逆期——"青春叛逆期"。不同叛逆期的成因和具体表现是不同的，因此，家长应采取不同的应对措施（见图 7-10）。

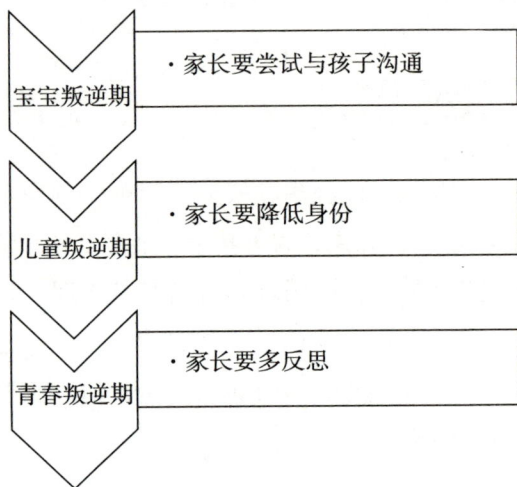

宝宝叛逆期 · 家长要尝试与孩子沟通

儿童叛逆期 · 家长要降低身份

青春叛逆期 · 家长要多反思

图 7-10　家长如何应对孩子的三个叛逆期

（1）宝宝叛逆期：家长要尝试与孩子沟通

一般，到孩子两三岁的时候，家长刚刚体会到孩子成长所带来的喜悦，却也要面对迎面而来的问题了。

图图以前非常乖巧，尤其是刚刚学会走路的时候，还经常帮妈妈把桌子上的垃圾扔到垃圾桶里。但到了两岁多大的时候，图图似乎变得很叛逆了，妈妈让他做什么他都喜欢说"不"，还喜欢发脾气。有一次和爷爷奶奶一起吃饭的时候，因为奶奶把图图不喜欢吃的萝卜夹到了图图碗里，图图就生气地把碗里的米饭和菜都倒到了地上，然后，又望着大家笑。

对于孩子出现的第一个叛逆期，很容易让家长产生"孩子调皮捣蛋、不听话"的感觉。实际上，这是因为孩子两岁左右的时候自我意识萌发了，他们不再单纯地只是执行家长的要求，而希望能够表达自己的意愿。但由于身心以及语言等方面发展的限制，他们并不能很好地理解别人的语言、分辨对错，并表达自己的要求，所以才会出现一些"叛逆不听话"的表现。

这个阶段的孩子虽然自我意识萌芽了，但由于心智能力有限，所以很容易出现"软硬不吃"的情况，有时候甚至你越批评他，他越发觉得有意思。这时，家长的应对一定要慎重。首先，应该努力为孩子营造民主和谐的家庭氛围；其次，对孩子的合理要求应该给予满足，对孩子出现的不恰当行为则要以宽容和耐心的态度来对待；最后，培养孩子广泛的兴趣，分散其注意力，适当的情况下也可以冷处理。

（2）儿童叛逆期：家长要降低身份

民间有句俗语叫"七岁八岁狗都嫌"，这其实指的就是孩子的第二个叛逆期。

　　七岁的明明是一个令同学、老师和家长都感到很头疼的孩子。他虽然很聪明，但这"聪明"却经常用在不该用的地方，比如：上课的时候，把后面同学两只鞋子的鞋带绑在一起；老师喊他回答问题，他会故意捣乱，搞得全班同学哄堂大笑；在家里，则经常偷偷把东西藏起来，还捉弄家里的小狗。

处于叛逆期的孩子的表现主要有：好奇心重、喜欢捉弄人、坚持自己的观点和拒绝他人的帮助。事实上，这个时期孩子的生理和心理已经相对比较成熟，并且有了独立自主的愿望，希望能够让别人看到自己所具有的能力。但与孩子的变化相对应的是家长的迟钝，家长往往还喜欢用以前对小孩子的方式对待这个年龄段的儿童，因此，就容易引起矛盾和冲突。

由于此阶段的孩子相比"宝宝叛逆期"的孩子，理解和表达能力都更强，所以，家长应该注意与孩子的沟通，以朋友的身份理解孩子，了解孩子的想法，并循序渐进地对其进行引导。

（3）青春叛逆期：家长要多反思

这是大家最熟知的一个叛逆期，也是孩子的反应最为强烈、处理难度最大的一个时期。

甜甜从小学习就认真刻苦，学习成绩也一直名列前茅，但进入高中以后，她的成绩出现了明显的下滑。对此，甜甜非常苦恼，但是，上课的时候无论她多么努力地想认真听讲，仍是会分心，等回过神儿的时候，发现老师讲的自己已经听不懂了，课下她想自己补课，但效果也不理想。一段时间之后，甜甜的成绩不仅没有提高，而且她的生活也发生了很大变化，她越来越敏感情绪化，睡眠很差，有时候还会出现明显的幻听。

这个时期的孩子出现明显叛逆的原因，主要在于身体的快速发育和心理的不成熟之间的矛盾，他们希望别人能够平等地看待自己，能够得到别人的尊重和重视。主要的表现为：相比以前变得沉默寡言，不愿意向父母等长辈倾诉自己的心声；对以前感兴趣的东西兴趣度降低；容易与父母、老师、同学等发生冲突。

一般来说，青春叛逆期有长有短，度过这段时期之后，孩子的思想以及处事方式都会更为成熟，但在这个时期，家长应该多理解和尊重孩子，不能以压制性的方式强迫孩子做他不愿意做的事情，不然，不仅容易加重孩子的叛逆表现，而且有可能产生不可逆转的心理偏差。

2. 针对孩子叛逆期，家长容易出现的教育误区

作为家长而言，首先应该对孩子的叛逆期辩证看待，它不仅是孩子人生必经的一个时期，需要家长的耐心引导和正确教育，而且通过这个时期，孩子的身心能够获得更好的发展。不过，当孩子进入叛逆期时，家长也容易出现一些教育误区。

（1）误区一：全面打击

有些家长认为孩子出现叛逆不听话的表现是由于没有严加管教，于是就采取高压式的方式对孩子进行全面打击，一旦孩子出现叛逆的行为动辄打骂。

（2）误区二：放任自流

有些家长原先对孩子的要求总是很高，当孩子进入叛逆期以后，便认为孩子"朽木不可雕"，因此，便大失所望，对孩子采取放任自流的态度。

（3）误区三：放大孩子的缺点

孩子进入叛逆期以后，一般都会表现出比较明显的缺点，因此，有些家长就会盯着孩子的缺点不放，并进行放大，还喜欢拿自己的孩子与别的孩子进行比较。

（4）误区四：凡事从学习入手

在"望子成龙，盼女成凤"的心态指导下，家长很容易将注意力集中在孩子的学习上，每次与孩子交流，总是喜欢从学习入手。

（5）误区五：语言运用不当

当孩子进入叛逆期以后，家长容易过于情绪化，倾向于使用"你必须""你应该"之类命令的口气与孩子交流。

（6）误区六：剥夺孩子的时间支配权

有些家长通过采取自作主张帮孩子支配时间的方式，让孩子听话、不叛逆，而非以商量的态度与孩子共同决定。

（7）误区七：不尊重孩子的表决权

针对家里一些与孩子有关的大事，比如：买房子、搬家、更换学校，家长应该征求孩子的意见。

（8）误区八：侵犯孩子的隐私权

青春期以后，孩子往往不喜欢将心事向父母吐露，而采取记日记的方式，于是很多父母为了了解子女的情况，便会通过偷看孩子的日记、信件以及聊天记录等侵犯孩子隐私的方式获取信息。

3. 针对孩子叛逆期，家长的应对措施

（1）多和孩子沟通，少用命令式、规劝式的口吻

不管孩子处于哪个叛逆期，家长都应该注意及时与孩子沟通，理解孩子真实的想法和意愿，不以武断的方式对待孩子，少用命令式、规劝式的口吻与孩子交流。

（2）适当授权，放飞雏鹰，给他们历练的机会

有一个故事叫作《小马过河》，相信大部分的家长都看过。家长虽然有教

育孩子的义务和权利，但毕竟没法陪伴孩子一生，不能事事为他做决定。因此，不妨适当授权，给他们历练的机会，然后与孩子一起总结经验。

（3）充分信任孩子，多鼓励，少打击其积极性

当孩子进入叛逆期以后，不仅家长需要考虑如何应对，孩子内心更在经历剧烈的冲突和矛盾，这时候家长一定要充分信任孩子，并及时给予鼓励和指引。

（4）用无言的爱来教育孩子

当孩子进入叛逆期以后，家长除了必要的语言沟通和指导外，还应该多给予孩子无言的爱，在爱的感召下，孩子更容易领会家长的用心，向着好的方向发展。

后 记

伴随着第 90 期"养成好习惯"心智能力训练营的结束，我的稿件也接近了尾声。写到此处，宾馆的时钟敲响了，时针已经指向了子夜 12 点，而我却没有一丝困意，甚至带着久违的兴奋憧憬着美好的明天——能够让《杰出教子方程式：$1+2+3+4=?$》帮助更多的家长，解决更多父母的困惑是我最幸福的事情！

时光荏苒，岁月如织。在繁忙的工作之外能挤出时间写成此书，实属不易，单凭我自己的力量是无法做到的。在这个过程中，我真诚地感谢在我身边工作的庄红香、王昕、李依廷、王佳、姚远、任海涛等同事，是他们对我的支持和爱让我收获了很多的温暖和感动，是他们帮我承担了很多的工作，才能让我腾出时间安心写作，甚至他们会把发现的一些孩子的经典案例讲给我听，及时地为写作增加素材。

我能进入这个领域，有一个人我一定要提的，那就是我的恩师屈开老师，是他引导我进入青少年教育培训及家庭教育这个行业，她对我的影响很大，曾记得是她对教育的热情点燃了我对教育的梦想和激情。同时还要感谢在我生命中对我在教育领域影响很大的人，如：于丹、一横、曹廷珲、杜冠平、李世杰、李峰、杜波、高燕飞、杨树通、邱宝胜、刘艳、高伟、陈赞洪、闫顺林、李国林、谭平、田舍之等师友，以及我的中科院的同学：随晓兰、沈闯、甘宁、张俊国、姜雨轩、于晓莲、崔兰等，他们对我书稿都给了宝贵的意见和思想启迪，这本书能够完成是和他们的帮助分不开的。

更要感谢能够让我走到今天的伯乐、给我广阔平台、让我还继续在教育领域发光发热、对我有知遇之恩的聚智堂教育集团董事长杨志先生，他博大的胸怀为我的教育梦想撑起一片蓝天，让我知道使命不容苟且、马虎。还要感谢具有大将风范、睿智豪爽的聚智堂执行总裁杨宽先生，是他让我看到了教育要接地气，教育更要做到实处，他用一种博大的情怀在书写着教育神奇。还要感谢我生命中的最重要的人聚智堂教育集团副总裁宋修华先生，是他用具体行动在诠释着教育的伟大——敬天爱人，他平和、智慧、大气，让我有了从事教育工作的伟大动力。还要感谢曾经帮助我，给我更多机会的聚智堂教育集团副总裁欧阳雷；聚智堂教育集团总裁、感恩励志第一人一横老师；聚智堂教育集团副总裁何占锋先生；一横子丰五天写好钢笔字的创始人赫子丰老师，是他们让我知道了集体爱的力量，让我有归属感、有安全感，让我收获了温暖和感动！

还要提及我的家人——感谢可爱的女儿思思。她是我做家庭教育的骄傲，我把我的教育思想和教育理念全都用到了她的身上，神奇的是女儿开心快乐，有爱心，懂感恩，每天像一个小燕子一样充满了活力，可以说她也为本书的素材贡献不少。还要感谢我的爱人丹阳，她忍受了生育之苦，同时还要承担对孩子的养育之苦，自从有了女儿她就没有睡过一个安稳觉，我虽然是做家庭教育，但是我对女儿的陪伴和付出远远不及我的爱人，有了她的付出才让我有足够的时间去写作，才让我有足够的空间去思考。还要感谢我的父母，他们从我小时就教育我，让我有深深的思考。我是一个没有任何背景的农村孩子，我靠着自己的拼搏一步步的努力和执着的精神走到北京这个大都市当中，找到了自己的使命，明确了自己的方向，这一切都应归功于我的父母对我的教育；还要感谢我的妹妹高雅、妹夫一飞，每一次我出差讲课的时候，都是他们帮忙照顾家里，可以让我毫无顾虑地在讲台上挥洒自如，享受着那份对教育的付出和安然！

在此我还要隆重的提到帮助我把关的几位专家：王景老师、小孙老师、冬萍老师、建华老师、建志老师。是他们不辞辛苦一遍又一遍地帮我校对和修改。在这个繁忙的都市中，自己的事还都一大堆，他们还能够挤出时间帮助我，实在难能可贵，发自内心地对他们说一句"谢谢，谢谢你们！"

另外，感谢中央电视台中学生频道的赵强主任和徐小丽老师，谢谢你们为该书书稿提出的建议和意见；还要感谢文化部儿促会"榜样少年"之"榜样家庭"组委会的燕京主任、李小波主任。

最后，我更要感谢所有的孩子和家长们。没有他们就没有我今天的事业，更不会有今天的这本书。就在我们正在举办的这一期训练营中，最大的孩子15岁，而最小的才5.5岁，他们勇敢和坚持的精神让观者无不动容。他们一次次冲上竞争的舞台，虽屡遭挫折而热情不减时，你自会为他们喝彩；他们跳动的激情和火焰永远是激励着我不断前进的旋律，所以我会更加努力，永远做孩子的真诚朋友，永远会和家长做孩子们的守望者！

　　我也像所有人一样，无法超越自己的这个肉身，要想做到心无挂碍、心无贪念很难。当下已经是凌晨1点，但是还是想多写点。我工作时也是那样，总想给孩子讲得更多点，给家长说得更清楚些。可我清楚地知道每个人都有接受的进度和规律，无法做到强求。这只是自己一厢情愿罢了。尤其，我知道自己的水平还是非常有限，根本不能作为教育指南为大家解决所有问题，但是每次培训完，看到家长为孩子焦虑，说出不适合孩子教育规律的话时，我反思到，是我在追求着完美。但当我一切都准备好时，很多的孩子都也已长大，错过了最佳的教育关键期，我实际上在成就自我，而放弃了大家！想到这里时，我心怵然，再也不想追求我所谓的完美，提前写出了这本书。因为时间的仓促，肯定会有写得不足和欠缺之处，请所有的读者海涵。为了便于跟读者沟通，我还可以留下我的联系方式，您可以随时把您的想法和建议发给我，让我有机会成长。亲子服务热线13311266855留言。

　　再一次感谢所有帮助过我的朋友！真诚地祝福大家开心快乐！

作　者

2015年2月6日于凌晨1：30